KB058719

인라이어
INLIERS

INLIERS

인라이어

스스로 성공을 만들어낸 사람들

헬렌 S. 정 지음

랜덤하우스

우리 시대의 작은 영웅, 인라이어

"성공은 스펙이나 환경의 차이로 결정되지 않는다!"

웨스트포인트 사관학교의 미스터리

세계 최고의 대학이라 불리는 하버드는 물론 스탠퍼드, 예일 등 아이비리그 명문대학들을 제치고 대학평가 1위를 차지한 학교가 있다. 바로 미국의 웨스트포인트 사관학교(West Point Academy)이다. 미국의 대표적인 경제지《포브스(Forbes)》가 2009년 전국 600여 개 대학을 대상으로 학부 졸업률, 학생 및 교수진의 수상경력, 국내외 인지도, 강의 만족도, 졸업 시 평균 학자금, 부채 그리고 졸업 후 평균 급여 등을 평가 기준으로 삼아 대학 순위를 매긴 결과였다.

　미국 최고의 대학으로 인정받는 만큼 매년 1천여 명의 신입생을 뽑는 웨스트포인트 사관학교의 입시는 치열하기 이를 데 없는 경쟁률을 보인다. 그 단적인 예로, 웨스트포인트에서 발간한 얇은 안내책자에는 졸업생에 관한 다음과 같은 내용이 담겨 있다.

"1만 2,440장의 입학 원서를 받은 입학 사무처는 그중 2,245명의 젊은이에게 소집 명령(1차 경쟁 관문)을 내려 웨스트포인트의 학과 시험과 신체검사를 받게 했다. 그 결과 1,246명이 합격했다. 최종 합격자 가운데 74퍼센트는 출신 고등학교에서 5등 안에 들었던 학생들이다. 또한 64퍼센트가 수학능력시험(SAT)의 언어 영역에서 600점 이상을 받았고, 78퍼센트는 수리 영역에서 600점 이상을 받았다. 78명이 졸업생을 대표해 고별사를 읽었고, 233명이 메리트 스칼라십(Merit Scholarship, 성적 우수 장학금)을 받았으며, 723명이 내셔널 아너 소사이어티(National Honor Society, 전국우수학생회) 회원이었고, 224명이 소년·소녀 주의원이었으며, 222명이 학생회 회장이었고, 191명이 학교 신문의 편집장 또는 부편집장이었다. 556명이 스카우트 단원이었는데, 그중 139명이 이글 스카우트(보이스카우트 최상위 대원) 또는 골드 어워드(걸스카우트 최상위 대원) 수상자였다. 또한 합격자의 89퍼센트인 1,121명이 바르시티 레터(Varcity Letter, 스포츠 분야 우수 학생들에게 주는 상) 수상자였고, 774명이 스포츠팀 주장이었다…."

웨스트포인트에 입학하는 젊은이들은 한마디로 '엄친아', '엄친딸'들이다. 우수한 학업 성적과 건강한 신체는 기본이며 화려한 수상경력과 함께 주목할 만한 사회활동을 해온 젊은이들이 부푼 꿈을 안고 웨스트포인트에 입학한다. 그들은 그곳에서 뜻깊은 4년의 시간을 보낸 후 사회에 나와 미국을 이끌어갈 리더로 자리매김한다. 졸업생 가운데는 율리시스 그랜트 대통령과 드와이트 아이젠하워 대통령, 더글러스 맥아더 장군, 조지 S. 패튼 장군, 노먼 슈워츠코프

장군과 같은 저명한 정치가나 고위 장성은 물론 세븐일레븐의 최고 경영자 자리에 오른 조세프 드피토에 이르기까지 이름만 들어도 알 만한 사회 각 분야의 리더들을 쉽게 찾아볼 수 있다.

그런데 이렇게 유서 깊은 명문학교에도 말 못할 고민거리가 한 가지 있었다. 인기순위는 물론 대학평가에서도 1위를 달리는 웨스트포인트이지만 첫 학기 수업이 미처 시작되기도 전에 상당한 숫자의 신입생들이 자진해서 학교를 떠나는 일이 반복되고 있다는 사실이었다. 엄청난 경쟁률을 뚫고 합격한 우수한 인재들 중 무려 5%가 일명 '비스트 배럭스(Beast Barracks, 야수 막사)'라 불리는 생도 기초훈련(Cadet Basic Training)을 받다가 중도에 하차하고 만다.

비스트 배럭스는 1학년 과정이 시작되기 전 첫 여름에 실시하는 훈련으로 새벽부터 밤늦게까지 학생들의 육체적 · 감정적 · 정신적 능력의 한계를 시험하는 훈련이다. 우수 장교의 양성이 목적인 웨스트포인트인 만큼 강도 높은 수업량과 체력단련을 '끝까지 해낼 수 있는' 학생을 가려내기 위해 고안한 것이다. 그런데 아쉽게도 20명 중 1명꼴로 학교를 그만두겠다는 학생들이 나온다. 본인 의지로 그만둔다고는 해도 신입생의 처지에서 이것은 하늘이 무너지는 일이다. 웨스트포인트에 입학하기 위해 20여 년 가까이 쏟아부었던 모든 노력이 한순간에 물거품이 되기 때문이다. 학비 전액 면제, 졸업 후 보장된 취업 등 웨스트포인트 사관학교에 입학해서 누릴 수 있는 다양한 기회를 포기하면서까지 그들이 나가떨어지는 이유는 무엇일까?

웨스트포인트는 자체적으로 그 이유를 찾아내기 위해 노력했다. 왜 최고 중의 최고로 뽑혀온, 지·덕·체를 모두 겸비한 우수한 학생들만을 선발했는데도 어떤 학생은 수업을 시작하기도 전에 포기하고, 어떤 학생은 성공적으로 학업을 마치는 것일까?

이것은 이 책을 관통하는 주제이기도 하다. '똑같은 환경과 위치에서 똑같은 재능을 가지고 시작했는데도 왜 어떤 사람은 뛰어난 성과를 올리고, 어떤 사람은 그렇지 못한가?'에 대한 해답이 되기 때문이다.

결론적으로 웨스트포인트 사관학교 신입생들이 비스트 배럭스를 통과할 수 있느냐 없느냐는 SAT 점수나 지능지수(IQ)와는 아무 상관이 없었다. 체력의 우수성과 탈락 여부의 상관관계도 전혀 찾을 수 없었다. 오히려 모든 면에서 가장 우수한 조건을 가졌던 이들은 탈락하고, 비교적 하위 그룹에 속했던 이들이 첫 관문을 무사히 넘기는 경우가 빈번하게 일어났다.

웨스트포인트는 그 원인을 찾기 위해 펜실베이니아대학 심리학과의 안젤라 리 덕워스(Angela Lee Duckworth)와 동료 연구진을 초빙해 신입생들을 평가하도록 했다. 그 결과 아무도 예상하지 못했던 원인이 드러났다.

성공을 좌우하는 요소는 높은 SAT 점수, 뛰어난 지능지수, 강인한 체력에 있는 것이 아니라 꾸준함과 끈기를 측정하는 '그릿(Grit)'에 있었다. 그릿에 대해서는 1장에서 조금 더 자세히 살펴보도록 하자.

앞으로 우리는 우리와 다를 바 없는 평범한 사람들이지만 자신의 힘으로 놀라운 성공을 이끌어낸 우리 시대 영웅들의 이야기를 통해 지금까지 간과하고 있었던 성공의 비밀을 파헤쳐볼 것이다. 그들은 겉으로 보기에는 특별할 것이 없고, 오히려 열악하기까지 한 환경에서 출발했지만 결국은 모든 악조건을 딛고 성공한 사람들이다. 이 책에서는 그들을 '인라이어(Inliers)'로 통칭하고, 그 성공 비결을 살펴볼 것이다.

잘못된 통계 속에 숨겨진 가치 있는 데이터, 인라이어

우리 시대 최고의 경영사상가 중 한 명인 말콤 글래드웰(Malcolm Gladwell)은 그의 저서 『아웃라이어(Outliers)』에서 성공의 비결에 대한 새로운 패러다임을 제시해 화제를 일으켰다. 그 전까지 사람들은 성공의 비결을 지극히 개인적인 특성에서 찾으려 했다. 타고난 지능이나 재능, 개인적인 열정과 노력, 생물학적인 유전 등의 차이가 성공을 가져온다고 믿어왔다. 그러나 글래드웰은 "성공은 특정한 장소와 환경의 산물이다"라고 주장하며 지금껏 우리가 믿고 있던 성공 공식의 통념을 뒤엎으며 일대 혁신을 불러일으켰다.

그는 캐나다의 하키팀 선수 가운데 1월생이 11월생보다 다섯 배 이상 많은 데 주목했다. 캐나다에서는 1월 1일을 기준으로 나이를 헤아리고 그에 맞춰 하키 선수를 선출한다. 그 때문에 몇 개월 더 일찍 태어났다는 것은 또래에 비해 키나 몸무게가 더 나감을 의미하며, 결국 선발에 유리해진다. 따라서 출전 기회도 많아지며, 그 결과 성공할 확률도 높아진다는 것이다. 결국 생일이 빠른 아이일수록 천재적 아웃라이어로 거듭날 수 있는 기회를 더 많이 제공받는 셈이다. 또한 그는 "어느 분야에서든지 성공하려면 약 1만 시간의 훈련이 필요한데 이 또한 개인의 노력 여부에 달린 것이 아니라 사회 혹은 부모가 제공하는 특별한 기회 덕분이다"라고 말한다. 1만 시간이라는 엄청난 시간 동안 연습에만 매진할 수 있으려면 환경적인 여건이 뒷받침되어야 하기 때문이다. 학비를 댈 수 없을 만큼 가난한 가정에서 태어났거나 지원을 받을 수 있는 어떤 요건도 충족되지 못했다면 성공을 위해 필요한 연습에만 몰두할 수 없다는 것이다. 글래드웰은 "성공한 사람들은 어떤 식으로든 1만 시간 동안 연습에만 몰두할 수 있는 기회를 누렸으며, 그 결과 아웃라이어로 거듭난다"고 말한다.

그의 이론에 따르면 진정한 의미의 자수성가란 없다. 성공은 개인의 노력이나 자질로만 결정되는 것이 아니며 어느 정도 환경적 기회와 시대적인 운이 뒤따라야 하기 때문이다. 그렇다면 그의 주장처럼 성공한 사람들은 모두 운명적인 기회를 부여받았을까?

이론을 검증하기 위해 일반적으로 가정하는 성공의 모든 요소를 갖추고 있었던 한 사람의 이야기를 해보고자 한다. 그의 이름은 새뮤얼 피어폰트 랭글리(Samuel Pierpont Langley)다. 비행에 대한 관심이 오늘날의 닷컴 열기와 비슷했던 20세기 초 무렵, 랭글리는 당시 가장 권위 있는 기관 중 하나였던 스미스소니언 학술협회에서 일하고 있었다. 그는 대인관계에 매우 능통한 사람이었다. 소위 '사회적 지능'이 뛰어났다. 그가 하버드를 거쳐 좋은 직장에 들어가 쌓은 인맥은 나무랄 데 없이 훌륭했다. 이를 증명이라도 하듯, 그는 미 육군성에서 당시 돈으로 5만 달러나 되는 어마어마한 지원금을 받아내어 비행기계를 발명하는 일에 착수했다. 그의 훌륭한 인맥과 뛰어난 협상력이 빛을 발하는 순간이었다. 그는 이름을 날리던 당대의 모든 지식인을 알고 있었으며, 그중에서도 최고의 지식인들만 고용했다. 시장 상황도 훌륭했으며, 자본과 직원들의 능력도 아무런 부족함이 없었다.

《뉴욕타임스》는 랭글리를 집중 취재했고, 그 누구도 랭글리가 비행기계 발명에 성공할 것이라는 데 이의를 제기하지 않았다.

이처럼 랭글리가 최적의 환경에서 비행기계를 발명하느라 열을 올리던 무렵, 약 160킬로미터 떨어진 오하이오 주 데이턴에 사는 올빌과 윌버 라이트 형제는 그 어떤 조건도 갖추지 못한 채 비행기계 발명에 착수했다.

라이트 형제는 자전거 가게에서 일하는 동안 비행기계 제작에 필요한 자금을 직접 조달했다. 올빌과 윌버 모두 대학 교육을 받지 못했고, 《뉴욕타임스》는 물론 그 어떤 언론도 이들 형제를 취재하지 않았다. 그러나 열악한 환경은 라이트 형제가 품은 비행기계 제작의 꿈을 조금도 시들게 하지 못했다. 이들 형제는 매일 아침마다 비행기계의 부품을 다섯 세트씩 챙겨 나갔다. 그들이 발명하고 있는 비행기계가 저녁 식사 전까지 적어도 다섯 번은 충돌할 것이 불 보듯 뻔했기 때문이다. 그 누구도 라이트 형제가 비행기계 제작에 성공할 것이라고는 생각하지 못했다.

그러나 모두의 예상을 뒤엎고 1903년 12월 17일, 동생 올빌을 태운 비행기계가 하늘을 날아올랐다. 12초라는 짧은 시간에 불과했지만 외부의 어떤 도움도 받지 않고 이뤄낸 성공이었다. 그 반면, 랭글리에게 주어진 성공의 기회는 천만 명 중 한 명이 가질까 말까 한 특별한 것이었으나 결국 무용지물이 되고 말았다.

앞으로 우리는 이 책을 통해 우리 시대의 라이트 형제를 만나볼 것이다. 그들의 공통점은 어떤 악조건에서도 낙담하거나 포기하지 않고 스스로 '기회'를 만들어냈다는 데 있다. 이들은 보통 사람의 범주를 벗어난 특별한 존재인 '아웃라이어'가 아니다. 오히려 보통 사람과 다를 바 없지만 가치 있는 존재인 '인라이어'이다.

> 인라이어 Inliers / 명사
> 1. 새로 생성된 암석으로 둘러싸인 아주 오래된 암석층.
> 2. 잘못된 여러 통계 데이터 속에 둘러싸인 가치 있는 데이터.

평범한 흰 백조로 멋지게 성공하는 법

아웃라이어가 검은 백조라면 평범한 보통 사람들은 흰 백조이다. 철학자이자 역사가, 수학자이며 현직 월가의 투자 전문가이기도 한 나심 니콜라스 탈레브(Nassim Nicholas Taleb)는 『블랙 스완(Black Swan)』에서 '검은 백조 이론'을 펼쳤다. 탈레브는 백조가 희다는 통념을 뒤엎고 오스트레일리아에서 발견된 한 마리의 검은 백조처럼 "상상 그 이상의 최악의 파국이 앞으로 월가를 덮칠 것"이라고 예견한 바 있다. 『블랙 스완』은 발간 직후 많은 혹평을 들었지만 이 책의 경고대로 2008년 서브프라임 모기지 사태로 금융위기가 터지자 그의 이론은 큰 주목을 받기 시작했다. 탈레브가 예견하고 경고했던 블랙 스완이 월가에 홀연히 나타난 것이다.

그러나 한 마리의 검은 백조가 발견되었다는 사실 때문에 기존 통계치를 모두 무시하는 잘못을 저질러서는 안 된다. 탈레브의 블랙 스완처럼 아주 극단적인 경우를 제외하고 백조는 거의 모두 하얗다.

우리 시대의 가장 큰 화두인 성공에 대한 분석도 마찬가지다. 성공한 사람들이 결국 아웃라이어였다는 분석은 검은 백조 한 마리가 출몰했다고 해서 기존에 있던 흰 백조들의 존재 자체를 의심하는 것과 같다. 세상에는 분명 사람의 힘만으로 이루었다고 보기 어려운 성공이 존재한다. 마이크로소프트의 창업자 빌 게이츠, 전설적인 록밴드 비틀스, 선마이크로시스템의 창업자 빌 조이 등은 진정한 아웃라이어다. 흰 백조들로 가득한 세상에 나타난 극소수의 검은 백조다.

이와 반대로 이 책에서 소개할 우리 시대의 주인공들은 아웃라이어가 아니다. 그들은 흰 백조에 속하지만 조금 특별한 존재, '인라이어'이다.

이 책의 목적은 말콤 글래드웰이 주장한 아웃라이어를 부정하기 위한 것이 아니다. 다만 시대와 공간이 제공한 특별한 기회를 얻어서 놀랍게 성공한 특별한 사람들의 반대편에 서 있는, 다시 말해 맨손으로 시작해 작은 성공을 차곡차곡 일군 보통 사람들을 살펴보는 데 있다. 그들이야말로 가치 있는 통계, 즉 인라이어이기 때문이다.

2011년 현재, 우리나라 통계청이 발표한 자료에 따르면 비경제 활동 인구 가운데 전문대졸 이상의 고학력 백수만 약 300만 명에 육박한다고 한다. 특히 이 가운데 4년제 대학 이상 졸업자 수만 해도 200만 명이 훌쩍 넘는다. 이런 고학력 백수의 증가는 국가적으로도, 개인적으로도 엄청난 손실이다. 그러나 그에 못지않은 뇌관이 또 다른 곳에 도사리고 있다. 취업 준비생들이 매년 가장 입사하고 싶은 직장으로 꼽는 대기업에 다니는 직장인들조차 살얼음판 걷듯 위태로운 상황이라는 것이다. 치열한 경쟁을 뚫고 들어가도 다시 경쟁 속으로 뛰어들어야 한다. 온종일 회사에서 치열하게 일하지만 승진이라는 보상을 받고 살아남는 인원은 극소수에 불과하다. 임원에 들지 못한 대다수 사람들은 한창 일해야 할 중년의 나이에 자의 반 타의 반으로 명예퇴직을 해야 한다. 그들에게 다른 선택이란 없는 것일까?

이 책 『인라이어』는 미래에 대한 불안과 고민으로 얼룩진 우리 시대의 젊은이들에게 바치는 글이다. 책 속에 나오는 인라이어들은 특정한 환경의 혜택도, 타고난 재능도 없었지만 오로지 개인이 연마해온 노력과 끈기로 놀라운 성공을 일궜다. 누구나 인라이어가 될 수 있고, 멋지게 성공할 수 있다.

자, 그럼 이제부터 우리 시대의 인라이어를 만나러 떠나보자.

차례

인라이어 Inliers / 명사

1.
새로 생성된 암석으로 둘러싸인
아주 오래된 암석층.

2.
잘못된 여러 통계 데이터 속에 둘러싸인
가치 있는 데이터.

1

성공지수를 측정하는 그릿Grit 테스트

1

왜 성공을 복잡하게 설명하는가

누구에게나 평등한 교육의 기회가 주어진다고 알려진 미국이지만, 실체를 들여다보면 그렇지만도 않다. 경제적으로 부유한 가정의 자녀들은 사립학교에 들어가 좋은 교육을 받고, 그 결과 명문대에 진학할 확률이 높다. 그 반면에 어려운 가정형편에서 자란 자녀들은 고등학교를 겨우 졸업하거나 그마저도 학습 능률이 현저하게 낮은 수준에 그치는 경우가 많다.

1989년, 프린스턴대학 졸업반이던 웬디 콥(Wendy Kopp)은 미국 교육이 자꾸만 빈익빈 부익부로 흘러가는 현실에 반기를 들었다. 고작 21세였던 그녀가 생각해낸 아이디어는 다음과 같다.

"대학을 졸업한 젊은이가 2년간 전국 각지의 학교에서 '교사'로 일하면 세상은 어떻게 바뀔 것인가?"

웬디 콥은 티치포아메리카(Teach For America, TFA)라는 비영리단

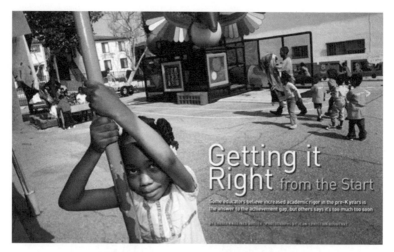

: 미국의 저소득층 학생들을 위한 비영리 교사양성기관인 티치포아메리카의 홍보 포스터

체를 조직해 미국 전역의 대학생들에게 빈민 지역의 공립고등학교
에서 교사로 2년간 봉사할 것을 촉구했다.

　뜻을 함께하는 대학생들이 하나둘씩 참여하기 시작하면서 이 아
이디어는 순식간에 미국 전역으로 퍼져 나갔다. '자기밖에 모르는
세대'라고 일컬어지던 젊은이들이 서로 같은 꿈을 가지고 일어선 것
이다. 오늘날 티치포아메리카는 낙후된 지역에 사는 수많은 아이들
의 인생을 바꿨으며, 미국 대학생들이 선호하는 직장 10위에 오르
는 쾌거를 거두었다.

　《뉴욕타임스》에 따르면 이제 티치포아메리카를 통해 교사가 되
는 일은 상상을 초월할 정도로 어려워져, 2011년 교사 선발에서는
하버드대와 예일대, 스탠퍼드대 등 미국 제일의 명문 사립대 출신
학생들조차 줄줄이 고배를 마셨다고 한다. 2010년에는 4,500명을

뽑는데 무려 4만 6,000여 명이 몰려 10대 1의 경쟁률을 기록했다. 이렇게 모여든 수많은 지원자 가운데 20%만이 초급교사로 선발되어 워싱턴 D.C, 프린스조지 카운티, 볼티모어 등 전국 30여 개 도시에 있는 416개 학교에서 교육의 혜택을 충분히 받지 못하는 아이들을 가르치고 있다. 티치포아메리카의 효율성에 관한 결과는 아직 분명하지 않지만 지난 3년간의 연구 결과에 따르면 채용 교사들이 가르친 학생들의 성적은 놀라울 정도로 향상되었다.

재미있는 사실은 여기서도 잘 가르치는 교사와 그렇지 못한 교사의 차이가 현격했다는 것이다. 놀랍게도 처음 교사를 선발할 때 기준이 되었던 객관적인 요소들, 즉 어느 학교 출신인지, 충분한 동기가 있는지, 학생들을 가르친 경험이 있는지 등은 교사의 자질을 측정하는 데 별 쓸모가 없었다. 그렇다면 무엇이 아이들을 잘 가르치는 교사와 그렇지 못한 교사의 차이를 만드는 것일까?

티치포아메리카는 그 원인을 찾아 나섰다. 프롤로그에서 살펴봤던 웨스트포인트 사관학교의 미스터리를 조사했던 펜실베이니아 대학 심리학과의 안젤라 리 덕워스와 그의 동료들이 이번에도 그 원인을 밝히는 임무를 맡았다. 그들은 티치포아메리카 교사 390명을 평가해 유의미한 결과를 도출해냈다. 놀랍게도 또 한 번 예상을 벗어나는 결과가 나왔다. 교사로 성공하느냐를 결정짓는 가장 중요한 요소는 화려한 스펙도, 직업에 대한 태도도 아니었다. 그것은 전혀 생각지도 못했던 한 가지 요소에 의해 좌우되었다. 덕워스는 교사뿐 아니라 학생들에게도 이 요소가 똑같이 적용됨을 알아냈고, 성공이라 부르는 뛰어난 성취 뒤에는 한결같이 이 요소가 작용하고 있음을 밝혀냈다.

'그릿(Grit)'이 바로 그것이다. 그릿은 덕워스와 동료들이 개발한 개개인이 지닌 성향을 측정하는 지표로서 불굴의 의지와 끈기, 열정을 모두 아우르는 개념이다.

성공의 조건, 그릿Grit

불굴의 투지, 기개를 뜻하는 그릿은 1969년 존 웨인이 주연한 서부극 「트루 그릿(True Grit, 국내명 '진정한 용기')」에서 아이디어를 얻어 탄생한 개념이다. 덕워스는 말한다.

"그릿은 좀 더 큰 그림을 그리는 것에 관한 것이다. 먼 미래에 대한 특정한 목표를 세우고, 절대로 그것을 굽히지 않는 불굴의 투지를 의미한다."

한마디로 그릿은 꾸준함과 관련이 있다. 이것은 장기간 유지되는 삶의 스태미너다. 다이어트를 지속하는 것과 같이 특정한 관심사를 그것이 성취될 때까지 지속하는 능력이기도 하다. 이를 위해서는 상대적으로 덜 중요하거나 비교적 단기간에 성취할 수 있는 목표를 우선순위의 뒤로 놓는 능력이 필요하다.

2007년 미국의 권위 있는 전문학술지인 《성격 및 사회심리학지

(Journal of Personality and Social Psychology)》에는 그릿에 대한 덕워스와 동료들의 논문이 실렸다. 덕워스는 심층 인터뷰와 잘 고안된 객관식 질문지 테스트를 통해 그릿이 높은 순으로 교사들의 순위를 매겼다. 그러자 누가 학생들을 성공적으로 잘 가르칠 수 있을지에 대한 결과가 명확해졌다.

그릿이 높은 교사에게 배운 학생들이 더 좋은 학업 성적을 거두었는데, 그 차이는 약 31%에 달했다. 그릿에 따른 성취도 차이는 학생들에게도 마찬가지로 일어났다. 덕워스는 같은 환경에서 공부하는 비슷한 지능의 학생들 사이에서도 학업 성취도가 개개인별로 큰 차이를 보이는 데 주목했다. 과연 어떤 차이가 학생들을 더 똑똑하게 만드는 것일까?

그 원인 역시 '그릿'에 있었다. 타고난 재능도, 지능도 아니었다. 공부할 기회가 똑같이 주어진 조건에서 학생들의 학업 성취도를 결정짓는 것은 그 아이가 얼마나 높은 수준의 그릿을 가지고 있느냐에 달려 있었다.

웨스트포인트 사관학교의 미스터리를 푸는 열쇠 또한 간단했다. 그릿이 높은 신입생들은 첫 여름에 실시되는 훈련을 무사히 통과했다. 그러나 아무리 우수한 성적과 강인한 체력을 가진 신입생이라도 그릿이 낮은 경우 5%의 탈락자 대열에 합류했다.

그렇다면 그릿 테스트는 얼마나 신뢰할 만한 것일까? 인터뷰와 질문지를 통해 개인의 성향을 파악한다는 것이 과연 합리적이고 과학적인 연구방법일까?

표 1 그릿 평가 문항

	예	아니요
흥미의 일관성		
1. 나는 종종 목표를 정해놓고, 나중에 바꾼다.		
2. 때때로 이미 정해놓은 목표보다 새로운 아이디어나 프로젝트에 정신을 뺏길 때가 있다.		
3. 나는 몇 달에 한 번씩 새로운 것에 끌린다.		
4. 나의 관심사는 매년 바뀐다.		
5. 나는 특정한 아이디어나 프로젝트에 짧은 기간 동안 사로잡혔다가 이내 흥미를 잃곤 한다.		
6. 나는 수개월이 걸려야 완성 가능한 프로젝트에 집중하는 데 어려움을 겪곤 한다.		
목표의 지속성		
7. 나는 여러 해가 소요되는 목표를 성취한 적이 있다.		
8. 나는 중요한 과제를 풀어냄으로써 좌절을 극복한 적이 있다.		
9. 나는 뭔가 시작했으면 끝장을 본다.		
10. 나는 장애물 때문에 실망하지 않는다.		
11. 나는 열심히 일하는 편이다.		
12. 나는 부지런한 편이다.		

※ 2004년 4월부터 www.authentichappiness.org(50만 명 이상의 회원을 보유한 미국 펜실베이니아대학의 긍정심리학 연구 관련 공공 사이트)에서 방문자들의 자발적인 참여를 통해 그릿의 정도를 평가한 설문 중 일부임.

※ 평균적으로 1~6번 문항에 "그렇다"고 대답했으면 그릿이 낮은 것이고, 반대로 7~12번 문항에 "그렇다"는 대답이 많았다면 그릿이 높은 것임.

지능을 측정하는 IQ 테스트처럼 그릿 테스트도 일정한 기준에 따라 객관적으로 측정된 것인지가 궁금하다면 노벨 경제학상을 받은 시카고대학의 저명한 경제학자 제임스 헤크먼(James J. Heckman)의 이야기를 들어보자.

"한 세대의 사회학자들이 지능과 학업 성취도를 높이는 데 초점을 맞춰 엄청난 노력을 기울였다. 이런 노력 뒤에 잠재된 가정은 바로 지능이 가장 중요한 요소이며, 이를 측정할 수 있다는 생각이었다. 잘 계획된 질문지와 인터뷰를 통해서 개인적인 특성인 지능을 측정하는 것이 가능하다면, 자기통제력(self-control)이나 그릿 역시 수치로 나타낼 수 있다는 데는 어떤 이론의 여지도 있을 수 없다."

다시 말해 지능을 사회학·심리학적 연구방법을 동원해 측정할 수 있다면, 그릿도 이와 마찬가지로 측정 가능한 영역이라는 것이다.

불굴의 의지와 끈기를 측정하는 '그릿'은 다소 생소한 개념 같지만, 그에 대한 연구의 첫 시도는 꽤 오래전으로 거슬러 올라간다.

다윈의 편지

1869년 프랜시스 골턴(Francis Galton)은 모든 분야에 걸친 놀라운 성과 뒤에 숨어 있는 요소들을 밝혀낸 『유전적 천재(Hereditary Genius)』를 출간했다. 골턴이 자신의 최고 업적 가운데 하나로 인정받는 이 책을 내기 위해 사용한 연구방법은 매우 직설적인 것이었다. 바로 사회적으로 명망 있다고 평가받는 시인과 정치가, 과학자에 이르기까지 최대한 많은 사람을 모아 그들에 대한 정보를 수집한 것이다. 골턴은 이 연구를 통해 다소 충격적인 사실을 발견한다. 결코 그가 생각했던 것과 같이 단순히 타고난 지능만이 성공을 좌우하는 요소가 아니라는 것이었다. 그전까지 골턴은 다윈의 진화론을 근거로 인간의 지능과 특질은 유전된다고 믿었으며 '인간의 타고난 본성이 양육보다 인간의 형질을 규정하는 우선적 요인'이라고 생각했다. 이런 생각은 훗날 유전학적으로 우수한 인구 개량을 목적으로 하는 우생학으로 발전해 많은 논란이 되기도 했다. 그러나 우생학을 창시한 골턴 역시 성공을 결정하는 요인으로 타고난 지능 외에 다른 요소가 있음을 인정할 수밖에 없었던 것이다.

골턴이 내린 결론은 진화론의 창시자이자 사촌형이었던 찰스 다윈에게 보낸 편지에서도 엿볼 수 있다. 그는 성공을 결정하는 요소는 다음의 세 가지 요소에 달렸다고 결론을 내렸다. 첫 번째가 타고난 지능, 두 번째는 열정 그리고 마지막이 충분한 노력이다. 이 세 가지 중 하나라도 부족하면 성공을 거머쥘 수 없다는 것이다. 이에 대해 다윈이 골턴에게 보낸 답장은 다음과 같다.

"나도 항상 무엇이 성공을 좌우하는가에 대해 궁금하게 생각해왔네. 바보를 제외하고는, 대부분의 사람은 지능이라는 면에서는 큰 차이가 없네. 그렇기 때문에 '충분한 노력'이 그 무엇보다 중요하네. 이는 노력을 지속할 수 있는 열정이 뒷받침되었을 때 가능한 일이네."

아이큐 테스트의 창시자로 유명한 루이스 터먼(Lewis Terman)도 다윈과 비슷한 결론에 도달했다. 그가 일생을 바친 지능지수와 성공의 상관관계에 대한 종단연구는 세계 최대의 프로젝트로 1921년부터 약 35년 동안이나 진행됐다. 터먼과 연구진은 미국 초중학생 25만 명을 대상으로 실시한 지능검사에서 지능지수가 140이 넘는 영재 1,500명을 선발했다. 그리고 그들의 학업 성취도부터 직업과 승진, 결혼에 이르기까지 인생의 전반을 기록하고 분석했다. 과연 터먼이 선발한 영재들은 누구나 부러워할 만한 성공한 삶을 살았을까?

그 결과는 뜻밖이었다. 이 중 일부만이 평균 이상의 소득을 올리는 직업을 가졌으며, 전국적으로 이름을 떨친 사람은 극소수에 불과했다. 다수가 그저 그런 평범한 직업에 종사하며 뛰어난 지능과는 어울리지 않는 수준의 삶을 살았다. 터먼이 기대했던 것과는 달리 이들 중 노벨상을 받은 사람은 단 한 명도 없었다. 오히려 연구 초기에 실시했던 지능검사에서 지능이 별로 높지 않아서 선발되지 않았던 아이들 가운데 노벨상 수상자가 나왔다. 윌리엄 쇼클리(William Shockley)와 루이스 앨버레즈(Luis Alvarez)가 그 주인공이다. 터먼은 자신의 천재집단 연구의 결정판인 『천재 유전학(Genetic Studies of Genius)』 4권을 내면서 이전에 출간했던 1, 2, 3권을 뒤엎는 결론을 내렸다.

"실제로 어린 천재들은 천재로 남아 있지 않았다. 우리가 본 것처럼 지능과 성취도 사이에는 어떠한 상관관계도 없었다."

결국 타고난 지능은 아무것도 아니었다. 다윈이 골턴에게 보낸 편지에서 밝힌 충분한 노력과 이를 지탱할 만한 열정, 즉 그릿이 없다면 놀랄 만한 지능을 타고났다 할지라도 사회가 인정할 만한 성공을 이루지 못했다.

그릿과 자기통제력

그릿 지수가 높은 사람일수록 성공 가능성이 커진다는 사실은 매년 1,000만 명 이상의 초등학생과 중학생이 참가하는 세계 최대 규모의 영어 철자 말하기 대회 '스크립스 내셔널 스펠링 비(Scripps National Spelling Bee)'에서도 확인할 수 있다. 이 대회는 각국의 대표 학생들이 모여 출제자의 발음을 듣고 단어의 철자를 한 글자씩 또박또박 발음하는 형식으로 진행되는데 라운드마다 정답자만 다음 단계로 진출하는 일종의 퀴즈쇼다. 미국과 영어권 국가에서 가장 인기 있는 교육 행사 중 하나로 무려 80년이 넘는 역사를 가지고 있으며 최종 우승한 학생에게는 4만 달러의 상금과 부상이 수여된다. 놀라운 것은 '암기능력'이 성공의 척도인 이 대회에서조차 우승자를 가리는 가장 중요한 요소가 지능이 아니었다는 사실이다. 연구 결과, 우승자를 포함해 최종 라운드에 선 학생의 지능은 평균 지능지수를 크게 벗어나지 않았다. 오히려 평균에 못 미치는 아이들도 많았다. 탁월한 암기 실력을 발휘한 최종 라운드에 오른 학생들의 공통점은

'지능지수'가 아닌 '그릿'에 있었다. '그릿'이 높지 않으면 결코 최종 라운드에 설 수 없었다. 모든 종류의 뛰어난 업적은 그릿의 수치가 높은가와 비례한다고 해도 과언이 아니었다. 그렇다면 그릿은 도대체 어떤 능력인 걸까?

그릿은 자기통제력과 비슷해 보이지만 도전적인 목표를 장기적으로 꾸준히 추구한다는 점에서 구분된다. 자기통제력은 나중에 얻을 더 큰 만족을 위해 순간의 즐거움을 뒤로 미룰 줄 아는 만족지연 능력을 뜻한다. 그에 비해 그릿은 순간의 욕구 충족을 지연시키는 능력에 비례하지 않는다. 자기통제력은 높지만 그릿이 낮은 아이들에게 한 시간 동안 철자 외우기 연습을 시키면 아이들은 놀러 나가고 싶은 욕구를 참고 철자를 외운다. 그 반면 자기통제력은 낮지만 그릿이 높은 아이들의 경우에는 장기적으로는 목표한 만큼 철자를 외우지만 그 순간에는 놀러 나갈 수도 있다. 즉 단기적으로 연습시간에는 뒤쳐지나 장기적으로는 더 많은 노력을 기울이는 것을 볼 수 있었다. 그릿이 높은 사람이라 할지라도 자기통제력이 다소 낮을 수 있다. 그래서 그릿이 높은 사람들은 종종 눈앞의 유혹을 참지 못하고 초콜릿 케이크를 지나치게 먹어댈 수는 있지만 매년 직장을 바꾼다거나 커리어를 수시로 수정하는 일은 절대로 없다.

한편 그릿이 높은 아이일수록 모르는 것에 집중해서 연습하는 경향을 보였다. 그릿이 높은 아이들은 최종 우승자가 되겠다는 목표를 세우고 거기에 도달하기 위해 끈질기게 노력하는 성향이 있기 때문에 자신의 취약점을 개선하고 실력을 발전시키는 데 모든 역량을 집중했다. 그릿이란 결국 도전적이고 어려운 과제에 집중하는 능력으로 쉽게 말해서 '끈기'와 '장기 목표에 대한 열정'을 뜻한다. 따라서 그릿이 높은 사람은 실패나 역경, 슬럼프를 극복하고 장기 목표를 향해 여러 해에 걸쳐 꾸준히 정진한다.

그릿과 성취욕

그릿은 행동심리학의 권위자인 데이비드 매클렐런드(David Mcclland)의 성취욕(need for achievement)과도 구분된다. 그는 능력이 비슷하다면 '해내겠다'는 의지가 있느냐 없느냐를 결정하는 성취욕에 따라 결과가 달라진다는 연구 결과를 내놨다. 즉 무엇인가 성취하려는 욕구가 강하면 목표를 달성할 가능성도 커진다는 것이다. 이 때문에 성취욕이 높은 사람은 무의식적으로 너무 쉽지도, 너무 어렵지도 않은 목표를 추구하면서 성과에 대한 즉각적인 보상을 즐긴다. 그에 비해 그릿이 높은 사람은 즉각적인 보상을 얻을 수 없더라도 어려운 과제에 집중하며 장기 목표를 설정해 꾸준히 밀고 나간다는 점에서 차이가 있다.

똑똑하고 재능이 있다고 다 성공하는 것은 아니다. 터먼이 연구한 영재들의 일생에서 알 수 있듯이 다른 사람보다 월등히 지능이 높거나, 명문대학 출신이라고 해서 보통 사람들을 능가하는 업적을 남기지는 않았다. 노벨상 수상자의 다수가 하버드나 예일, 프린스턴 등 아이비리그 대학 출신이 아닌 어디선가 겨우 이름을 들어본 대학 출신이었으며, 터먼이 천재라고 극찬해 마지않았던 지능지수 140이 넘는 영재들 역시 대부분 그저 그런 인생을 살았다.

펜실베이니아대학의 안젤라 리 덕워스와 동료 연구원들이 밝혀 낸 성공의 비밀인 그릿은 성공의 조건에 대한 해답이 될 수 있다. 그 릿이 높은 것은 지능이 높거나 특별한 시대에 태어나 특별한 기회를 잡는 것보다 훨씬 가치 있는 특권이다. 게다가 그릿은 누구나 마음 만 먹으면 얼마든지 연마할 수 있는 능력이다. 그렇다면 높은 수준 의 그릿은 어떻게 만들어지는 걸까? 그릿은 과연 후천적으로 습득 할 수 있는 것일까?

그릿이 타고나는 능력이 아니라 훈련을 거쳐서 얼마든지 배울 수 있는 요소라는 점은 열아홉 살에 뒤늦게 골프를 시작한 농부의 아 들, 양용은의 놀라운 성공 스토리를 통해서도 입증할 수 있다.

일요일의 기적

"와이(Y) 이(E) 앵(Yang)? 와이 이 앵! 와이 이 앵!!!"

미국프로골프(PGA) 마지막 메이저 대회인 PGA 챔피언십을 중계 하던 CBS 방송의 스포츠 앵커 짐 내츠는 몇 번이나 이 이름을 부르면서 놀라움을 금치 못했다.

2009년 8월의 어느 화창한 일요일, 랭킹 110위의 무명 골퍼 양용은이 골프 황제라 불리는 랭킹 1위의 타이거 우즈를 따돌리고 기적의 역전 우승을 거머쥐었기 때문이다.

양용은이 얼마나 믿기지 않는 일을 해냈는지는 당시의 여러 정황이 잘 설명해준다. 우즈는 대단한 기세를 뿜내고 있었다. 시즌 세 번째 메이저 대회인 디오픈챔피언십(브리티시오픈)을 생애 처음으로 컷오프(예선 탈락)한 뒤 절치부심, 이어진 뷰익오픈과 월드골프챔피언십(WGC) 브리지스톤챔피언십에서 2주 연속으로 우승했다.

거의 모든 사람들은 타이거 우즈가 여세를 몰아 PGA 챔피언십에서도 3연속 우승에 성공할 것이라고 예상했다. 심지어《뉴욕타임스》는 "우즈를 꺾을 자는 우즈뿐"이라는 기사로 분위기를 고조시켰다. 모두의 예상대로 무서운 뒷심이 강점인 우즈는 1라운드부터 치고 나가더니 3라운드까지 무난하게 단독선두로 나섰다. 그런데 사람들이 단 2%의 의심마저 털어내려는 순간, 양용은이라는 전혀 예상치 못한 무명의 선수가 등장해 골프 황제 타이거 우즈를 따돌리고 역전을 하는 놀라운 일이 벌어졌다. '3라운드를 리드하면 절대 역전당하지 않는다'는 타이거 우즈의 불패공식이 깨지는 순간이었다.

양용은은 어떻게 타이거 우즈라는 골프 역사상 한 번 나올까 말까 한 거물을 상대로 이런 엄청난 결과를 얻어낼 수 있었을까?

이 놀라운 한판 승부가 결정 난 것은 14번 홀이었다. 공동선두였던 양용은은 기막힌 이글 퍼팅을 해냄으로써 버디에 그친 우즈의 기를 꺾었다. 중계석에서는 "놀라운 샷"이라는 감탄이 연신 흘러나왔다. 그럼에도 중계석에서는 양용은이 한 타차로 앞서면서 마지막인 18홀에 들어갈 때까지도 연장전을 기대하고 있었다. 하지만 그것도 잠시뿐이었다. 놀랍게도 양용은이 두 번째 샷으로 200야드가 넘는 샷을 3번 하이브리드로 쳐내며 홀에서 4m 이내로 붙자 중계석은 물론 갤러리의 분위기도 급반전되기 시작했다.

뒤이어 우즈가 단단히 긴장한 탓에 샷이 그린을 살짝 비켜가면서 버디를 기대하기 어렵게 되자 그 제야 양용은의 우승이 점쳐졌다. 그 전까지 관중들은 타이거 우즈가 기회를 잡아 치고 나갈 것이며, 양용은은 기가 죽어 큰 실수를 할 것이라고 예상했다. 그러나 결과는 그 반대였다.

: 2009년 메이저 대회 PGA 챔피언십에서 우승하며 세계를 놀라게 한 양용은의 모습

"이건 단지 게임일 뿐인 걸요. 타이거와 내가 서로 싸우는 것도 아니고…. 그저 내가 아는 골프를 즐기자고 생각했고, 충분히 승산이 있다고 생각했습니다. 긴장하지는 않았습니다."

PGA 역사상 동양인으로서는 처음으로 메이저 대회 우승, 그것도 한창 잘나가던 골프 황제 타이거 우즈를 꺾고 거둔 승리 앞에서 미국 언론들은 갈피를 잡지 못하고 어리둥절해했다.

"양용은은 누구인가?(Who is Y.E. Yang?)" 이날 경기를 중계한 CBS-

TV, 골프 전문 방송인 골프채널, ESPN닷컴 등 주요 언론이 다음 날 헤드라인으로 장식한 질문이다. 언론도 양용은이 누군지 정확히 몰랐다. 미국 언론들은 양용은이 3라운드를 끝내고 공동 2위로 올라설 때까지만 해도 그에 대해 알아볼 시간이 충분했지만 끝까지 우즈가 우승할 것이라고 믿었기에 정작 필요한 정보를 수집하지 않았다. 결과적으로 양용은에 대한 팬들의 궁금증에 제대로 답해줄 수 없는 상황이 돼버렸다.

대체 양용은은 누구인가? 서둘러 양용은에 대한 프로필 작업에 착수한 언론들이 알아낸 사실은 다음과 같다.

1972년 1월 한국의 제주도 서귀포시 남원읍에서 태어난 양용은은 골프가 뭔지도 모르고 자란 섬 소년이었다. 천혜의 관광지 제주도라는 지역 특성에 맞게 제주관광산업고를 졸업한 그는 장차 관광업계에 종사하겠다는 소박한 꿈을 꿨다. 졸업 후 관광나이트클럽의 웨이터를 거쳐 서귀포시 근처의 한 골프연습장에서 직원으로 일했다. 이때부터 골프와의 인연이 시작되었다. 골프의 묘미를 알게 된 그는 온갖 허드렛일을 도맡으며, 스승도 없이 사장의 눈치를 보면서 틈틈이 골프를 익혔다.

그렇게 골프채를 잡은 지 15년 만인 1997년에야 한국프로골프(KPGA) 입회에 성공했다. 하지만 주니어 시절 제대로 된 골프 수업을 받은 적이 없던 탓에 프로 데뷔 후에는 이렇다 할 성적을 내지 못했다.

오랜 무명의 길을 걷던 중 한줄기 서광이 비쳤다. 프로 데뷔 6여

년 만인 2002년, SBS프로골프 최강전에서 우승하면서 국내무대의 스포트라이트를 받게 된 것이다. 그의 나이 34세 때의 일이었다. 그 여세를 몰아 2006년에는 한국프로골프 대상인 최우수선수상을 받기도 했다. 늦깎이 골프 인생이 서서히 빛을 발하기 시작하자 양용은은 자신감을 얻고 과감하게 국제무대를 두드렸다. 일본프로골프(JPGA)에 진출해 좋은 성적을 거뒀음은 물론 유럽 무대로도 눈을 돌렸다.

하지만 좋은 시절도 잠깐이었다. 존경하는 선배 최경주의 길을 따라 올랐다는 미국 PGA에서 양용은은 퀄리파잉 스쿨(자격시험)을 3수 끝에 통과해 2008년 데뷔했지만, 29개 대회에서 일곱 차례 컷을 통과하지 못하면서 상금 순위 157위로 어렵게 딴 카드를 잃고 말았다. 36세라는 적지 않은 나이에 이런 역경을 만났다면 자신의 한계를 인정하고 돌아올 법하다. 그런데 그는 또다시 새로운 도전에 나섰다. '골프 검정고시생'이라 할 만큼 독학으로 골프를 배웠던 한계에서 벗어나고자 처음으로 미국에서 체계적인 골프 레슨을 받기 시작했다. 그립부터 어드레스, 밸스윙 등 골프의 ABC를 처음부터 다시 배운 것이다. 사실 말이 쉽지 이미 굳어진 자세를 교정하는 것은 보통 사람은 하기 어려운 일이다. 특히 주변의 격려나 도움, 등을 떠미는 압력이 없을 때는 더욱 그렇다. 그러나 그는 프로골퍼로 성공하겠다는 목표를 세우고 불굴의 의지를 다졌다. 매일 밤 조명마저 꺼진 어두운 골프장에서 밤새 연습하고는 잠도 제대로 못 자고 일하러 나가는 강행군을 계속했다.

"골프 인생을 건 마지막 모험이라 생각하고 아침부터 밤까지 죽을 각오로 스윙 교정에 매달렸습니다."

양용은이 한 인터뷰에서 밝힌 이 한마디 말이야말로 모든 뛰어난 성취에 얽혀 있는 비밀을 푸는 열쇠가 될 수 있다. 즉각적인 보상을 받을 수 없는데도 도전적인 목표를 설정하고 그 목표를 향해 꾸준히 매진하는 모습은 그릿이 높다는 증거다. 양용은은 열악한 조건에 굴하지 않았다. 오히려 열악한 조건은 남보다 더 많이 연습하겠다고 다지는 원동력으로 작용했다. 그는 자신이 남보다 뛰어나지 않다는 사실을 잘 알고 있었기 때문에 집요할 정도로 자신의 결점을 수정하고 또 수정했다. 이것은 그릿이 높은 사람들이 보여주는 가장 큰 특징 중 하나다. 이들은 자신이 처한 현실을 신랄할 정도로 객관적인 눈으로 본다.

'스스로를 어떻게 보느냐'가 성공을 좌우한다는 것은 컬럼비아대학의 심리학자인 캐럴 드웩(Carol Dweck)이 밝혀낸 재능과 노력의 상관관계에 관한 연구에서도 증명된 사실이다. 드웩과 연구진은 뉴욕에 사는 초등학교 5학년 학생 500여 명을 두 그룹으로 나눈 다음 간단한 퍼즐 문제를 냈다. 그러고는 각각의 학생들에게 점수 결과를 알려주며 다른 종류의 칭찬을 했다. 한 그룹에게는 "이런 점수를 받다니 참 똑똑하구나"라고 칭찬했고, 다른 그룹에게는 "정말 열심히 노력했구나"라고 칭찬했다. 이렇게 첫 테스트를 끝내고 난 후 두 번째 테스트에 앞서 학생들에게 어려운 퍼즐 문제와 쉬운 퍼즐 문제 중 하나를 선택하게 했다. 그러자 지능을 칭찬받은 학생들의 70%가

쉬운 문제를 선택했다. 이들은 어려운 문제에 도전했다가 실패해서 '똑똑하지 못한' 아이가 돼버리는 위험을 감수하고 싶지 않았던 것이다. 그 반면에 노력을 칭찬받은 학생들의 90%는 어려운 문제를 선택했다. 이들은 똑똑함을 증명하는 것보다는 도전에 관심이 있었다. 더 어려운 도전을 통해 자신이 얼마나 더 노력할 수 있는지를 증명해보이고자 한 것이다.

이 두 그룹 간에는 실패에 대응하는 자세에서도 확연한 차이가 드러났다. 세 번째 테스트에서 아이들이 풀지 못할 만큼 어려운 문제를 내자, 지능을 칭찬받았던 학생들은 실패를 자신들의 '지능이 미치지 못한다'는 의미로 해석했다. 문제를 풀기 위해 시도하는 횟수 또한 몇 번 되지 않았다. 그 반면에 노력을 칭찬받은 학생들은 퍼즐을 풀기 위해 훨씬 오랫동안 노력했으며 실패하더라도 그 과정 자체를 즐겼다. 이들은 실패하더라도 자신감을 상실하지 않았다. 마지막으로 드웩은 처음의 퍼즐 문제와 비슷한 난이도의 문제를 두 그룹의 학생들에게 똑같이 냈다. 그 결과 지능을 칭찬받았던 그룹의 점수는 20%나 하락한 반면, 노력을 칭찬받았던 그룹의 점수는 30% 정도 더 높아진 걸 확인할 수 있었다.

드웩과 동료학자들은 처음엔 이 의외의 결과를 반신반의한 나머지 각기 다른 지역과 인종의 학생들을 대상으로 동일한 실험을 세 번이나 반복해서 실행했다. 놀랍게도 세 번의 실험 모두 동일한 결과가 나왔다. 결국 스스로를 어떻게 인식하느냐에 따라 엄청난 변화를 이룰 수도, 혹은 이루지 못할 수도 있는 것이다. 드웩의 연구는 모든 종류의 놀라운 성취의 이면에 숨겨진 '노력'이라는 요소가 어떻게 발현되며, 왜 지속되는지에 대한 해답의 실마리가 될 수 있다. 다음의 '1만 시간의 법칙'과 관련된 사례들을 통해 그 의문의 해답을 더 명확히 살펴보자.

특별한 사례를 일반적인 법칙으로 설명하는 오류

어느 분야건 1만 시간의 훈련을 한 사람들만이 정상의 자리에 설 수 있다. 양용은도 성인이 되고 나서야 골프를 시작한 만큼 정상 수준에 오르기까지 누구보다 힘겨운 1만 시간 이상의 고된 훈련을 거쳤다. 신경과학자인 다니엘 레비틴(Daniel Levitin)은 오랜 연구 끝에 '1만 시간의 법칙'에는 예외가 없음을 밝혀냈다.

"연구를 거듭하면 할수록 작곡가, 야구 선수, 소설가, 스케이트 선수, 피아니스트, 체스 선수, 숙달된 범죄자와 그 밖의 어떤 분야에서든 이 수치를 확인할 수 있다. 1만 시간은 대략 하루 세 시간, 일주일에 스무 시간씩 10년간 연습한 것과 같다. 물론 이 수치는 '왜 어떤 사람은 똑같은 시간 동안 연습을 하고도 남보다 더 많은 것을 얻어내는가'에 대해서는 아무것도 설명해주지 못한다. 하지만 어느 분야에서든 이보다 적은 시간을 연습해 세계적인 수준의 전문가가 탄생

한 경우를 발견하지 못했다. 어쩌
면 두뇌는 진정한 숙련의 경지에
접어들기까지 그 정도의 시간을
요구하는지도 모른다."

심리학자 앤더스 에릭슨(Anders
Ericsson)이 동료 두 명과 함께 발
표한 「재능 논쟁의 사례 A」라는
연구 결과에서도 이러한 사실이
증명되었다. 그들은 바이올린을

: 타이거 우즈와 그의 아버지 얼 우즈

배우는 베를린 음악아카데미 학생들을 세 그룹으로 나눴다. 첫 번째
그룹은 장래에 세계적인 수준의 솔로 연주자가 될 만한 실력을 갖춘
엘리트 학생들이었다. 두 번째 그룹은 그저 '잘한다'는 평가를 받는
학생들이었고, 세 번째 그룹은 연주 실력은 별로지만 음악 교사가
꿈인 학생들이었다. 연구진은 그룹과는 상관없이 모두에게 다음과
같은 공통 질문을 했다.

"처음으로 바이올린을 집어든 순간부터 지금까지 얼마나 많은 연
습을 해왔는가?"

그 결과는 놀라웠다. 첫 번째 그룹에 속하는 엘리트 학생들은 모
두 1만 시간의 연습을 한 데 비해 두 번째 그룹의 학생들은 8,000시
간, 세 번째 그룹의 학생들은 4,000시간의 연습에 그쳤다.

이 같은 결과에 고무된 에릭슨과 동료들은 똑같은 실험을 아마추
어 피아니스트와 프로 피아니스트들을 대상으로 해보았다. 결론은

같았다. 1만 시간은 정상급 연주자가 되기 위한 매직넘버였다.

그렇다면 무엇이 이런 1만 시간의 고된 훈련을 가능하게 하는 걸까? 누가 시킨다고 가능한 것일까? 혹은 1만 시간 동안 연습에만 집중할 수 있도록 해주는 환경적 기회가 주어졌기 때문인 걸까? 아니면 또 다른 요인이 있는 것일까? 그 해답을 찾기 위해 우리가 타고난 천재라고 여겼던 사람들을 살펴볼 것이다. 먼저 대기만성형 골퍼 양용은과 대비되는 어릴 때부터 골프 신동으로 불린 타이거 우즈의 어린 시절로 돌아가 보자.

타이거 우즈가 세상에 막 첫 울음을 터뜨렸을 무렵, 그의 아버지 얼 우즈는 이렇게 말했다.

"나는 제대로 훈련받았고 이제 그 노하우를 전수할 모든 준비가 되었다."

얼 우즈는 학생들을 가르치는 교육자였고, 스포츠에도 남다른 열정이 있었다. 그는 처음에 군대에서 경력을 쌓았는데, 주로 맡은 일은 뉴욕시립대 학사장교 후보생들에게 전쟁사와 전술, 기동훈련 등을 가르치는 것이었다. 그는 고등학교 시절 잘나가는 야구 선수였을 뿐 아니라 잭 니클라우스의 열성적인 팬으로 한때 골프 선수로도 활동한 바 있는 만능 스포츠맨이었다. 다시 말해 타이거 우즈에게는 실력 있는 골프 선수이자 가르치는 일을 좋아해 이제 갓 태어난 아들에게 골프 가르칠 날만 손꼽아 기다리며 스스로 '골프 중독'이라고 고백한 아버지가 있었다. 우즈의 어머니 역시 엄격한 훈육으로 아들이 골프에만 집중할 수 있도록 도왔다. 얼은 겨우 7개월 된 우즈에게 처음으로 골프채를 쥐어주었고 곁에 두고서 몇 시간이고 자신의 골프 연습을 지켜보게 했다. 우즈는 두 살도 되기 전에 골프장에서 연습을 시작했고, 골프 신동으로 TV에도 출연했다. 초등학교 때 이미 지역의 유명 인사였으며, 대학 때는 미국 전역에 이름을 날렸다.

여기서도 놀라운 사실이 하나 발견된다. 우즈가 그렇게 신동이었음에도 그가 최초로 국제대회에서 눈에 띄는 성과를 달성한 나이는 열아홉 살 때였다는 점이다. 즉 생후 7개월부터 네 살 때까지는 아버지에게, 그 이후로 17년 동안은 전문 코치에게 강도 높은 훈련을 받은 뒤에야 세상이 인정하는 첫 성공을 거뒀다.

"나에게 골프는 내가 가장 존경하는 분, 바로 아버지를 닮으려는 노력이었습니다. 그가 없었다면 오늘의 나도 없었을 겁니다."

타이거 우즈에게 엄청난 성공의 비결을 물었을 때 그가 내놓은 대답이다. 이 모든 이야기를 종합해볼 때 우즈는 과연 날 때부터 골프채를 휘둘렀던 천재가 맞을까? 우즈의 재능은 타고난 것일까?

이와 유사한 사례가 또 있다. 바로 세기의 천재라고 불리는 모차르트에 대한 이야기다. 모차르트는 다섯 살 때부터 작곡을 시작해 여덟 살에 공식 석상에서 피아노와 바이올린을 연주했으며, 평생 수백 곡에 달하는 수많은 작품을 발표했다. 그중 몇몇 작품은 서양 문화의 보물이자 위대함의 상징으로 널리 인정받았고, 그는 이 모든 것을 35년이라는 짧은 기간에 이루었다.

여기서도 사람들이 간과하고 있는 사실이 발견되었다. 바로 그의 아버지 레오폴트 모차르트(Leopold Mozart)에 대한 이야기다. 레오폴트는 당시 유명한 작곡가이자 연주자로서 세 살 때부터 아들 모차르트에게 강도 높은 작곡과 연주 훈련을 하게 한 권위적인 아버지였다. 실제로 레오폴트는 아이들을 대상으로 하는 음악 교수법에 관심이 많았고, 작곡보다는 교육자로서 훨씬 소질이 뛰어난 사람이었다.

모차르트가 태어나던 해에 그가 펴낸 바이올린 교습서가 이후 수십 년 동안이나 권위 있는 책으로 인정받았다는 사실이 이를 증명한다. 타이거 우즈가 그러했듯이 모차르트는 아주 어려서부터 한 집에 사는 대단한 스승에게 최고의 가르침과 훈육을 받았던 셈이다.

모차르트가 초기에 작곡한 곡들은 나이에 비해 뛰어난 솜씨였지만 그에 관한 논란도 많았다. 자필 악보를 쓴 사람은 모차르트가 아닌 그의 아버지 레오폴트였다는 것이다. 레오폴트는 다른 사람이 보기 전에 항상 모차르트가 쓴 악보를 '바르게 고쳤다'. 또한 몇몇 곡은 어린 모차르트가 작곡한 게 아니라는 사실이 드러나기도 했다. 심리학자 마이클 호위(Michael Howe)는 『천재를 말하다(Genius Explained)』에서 이렇게 주장한다.

"숙달된 작곡가의 기준으로 볼 때 모차르트의 초기 작품은 그리 놀라운 것이 아니다. 가장 초기에 나온 작품은 대개 모차르트의 아버지가 작성했을 것으로 추측되며 그 이후 점점 발전해왔다. 모차르트가 어린 시절에 작곡한 협주곡, 특히 처음 일곱 편의 피아노 협주곡은 다른 작곡가들의 작품을 재배열한 것에 지나지 않는다. 현재 걸작으로 평가받는 진정한 모차르트의 협주곡(협주곡 9번, 작품번호

271)은 스물한 살 때부터 만들어졌다. 이는 모차르트가 협주곡을 만들기 시작한 지 10년이 흐른 시점이었다."

다시 말해 모차르트는 혹독한 20여 년의 트레이닝을 거치고 나서야 첫 번째 작품을 내놓을 수 있었다는 이야기다.

미국의 저널리스트 출신 저자인 말콤 글래드웰은 보통 사람의 범위를 뛰어넘는 이들을 아웃라이어라고 지칭하며 "이들이 1만 시간의 노력을 할 수 있었던 것은 열성적인 아버지를 둔 것과 같은 주어진 환경의 산물 덕분이었다"라고 말한다. 그의 말처럼 타이거 우즈나 모차르트는 분명 아웃라이어다. 이들은 말 그대로 일반적인 통계에서 지극히 벗어나 있는 데이터다. 태어날 때부터, 아니 태어나기 전부터 집중양육을 받은 수혜자이기 때문이다. 타이거 우즈와 모차르트는 아웃라이어의 조건인 환경적 기회와 문화적 유산의 영향을 톡톡히 받아 엄청난 성공을 이루었다. 그러나 그 사실을 뒤집어보면 '태어날 때부터 정해진 천재란 없다'는 것을 반증하기도 한다. 누구나 어릴 때부터 그 정도의 훈련을 거치면 천재가 될 수 있다는 말이 성립하기 때문이다.

타이거 우즈와 모차르트가 특별한 아버지를 둔 아웃라이어라면, 양용은은 그릿이 높은 인라이어다. 양용은에게는 어떤 특별한 환경이나 기회도 주어지지 않았다. 양용은은 진작 골프를 그만둘 수밖에 없는 셀 수 없이 많은 이유를 가진 사람이었다. 그가 처자식을 둔 한 집안의 가장으로서 생계를 걱정하면서도 28년간이나 무명 골퍼 생활을 계속해왔다는 것 자체가 경이로운 일이 아닐 수 없다. 그는 자신이 처한 열악한 환경을 극복하기 위해 끊임없이 연습했다. 이는 드웩이 학생들을 대상으로 한 테스트에서 발견한 '노력을 통해 성취를 맛본 사람은 노력을 모든 가치의 우선순위에 놓는다'라는 연구 결과와도 일맥상통한다. 그들은 설사 실패하더라도 노력이 부족했던 탓으로 돌리기 때문에 결코 타고난 자질이나 환경을 탓하며 좌절하는 법이 없다. 그릿이 높은 사람이 성공하는 이유는 다음의 이야기를 통해서도 살펴볼 수 있다.

누군가는 사과가
왜 떨어지는지 생각한다

1666년 어느 날, 케임브리지 외곽에 있는 정원을 한가롭게 산책하던 뉴턴은 우연히 나뭇가지에서 사과 한 개가 떨어지는 순간을 포착했다. 사과는 땅으로 끌려가듯 떨어졌다. 마치 보이지 않는 힘이 사과를 끌어당기는 것 같았다. 이 놀라울 것도 없는 관측을 바탕으로 뉴턴은 사과가 떨어지는 이유도, 달이 자기 궤도를 돌며 떨어지지 않는 이유도 모두 중력 때문임을 밝혀냈다.

자, 그렇다면 이러한 뉴턴의 업적을 타고난 재능이나 지능, 혹은 사과가 떨어진 것을 우연히 목격한 후 연구를 지속할 수 있었던 환경 덕분으로 돌릴 수 있을까? 이전에도 사람들은 사과가 나무에서

저절로 떨어진다는 사실을 알고 있었다. 그들 중에는 분명 뉴턴보다 연구 환경이 더 좋은 과학자도 있었을 것이다. 그러나 중력의 법칙을 발견한 것은 뉴턴이다. 그 이유는 무엇일까?

뉴턴의 업적은 결코 그의 예리한 지적 능력이나 순간의 통찰에서 나온 것이 아니다. 그것은 사실 수십 년간의 노력이 요구되는 발견이었다. 뉴턴이 1687년에 이르러서야 자신의 이론을 『프린키피아(Principia)』에 발표한 것이 그 증거다.

"달은 여전히 하늘에 떠 있는데 왜 사과만 땅으로 떨어질까?"라는 질문에 만족스러운 답을 얻을 때까지 계속해서 고통스러운 연구를 수행할 수 있는 능력, 그것이 바로 그릿이 높은 사람들의 특징이며 그릿이 높은 사람이 성공할 수밖에 없는 이유다.

그렇다면 그릿은 어떤 계기로 연마되는 것일까? 무엇이 그들을 그토록 열심히 자신의 목표에 몰두하게 하는 것일까? 다음 장에서 살펴볼 '도전과 응전의 법칙'을 통해 그 해답을 찾아보자.

2

도전과 응전의 법칙

2

청어와 메기

청어는 영국인들에게 가장 인기 있는 생선으로 아침식사에 곁들이면 더할 나위 없이 좋은 단골 메뉴다. 영국인들의 청어 사랑이 얼마나 남다른지는 영국인을 가리키는 속어로 '훈제청어(Kippered herring)'라는 말을 쓰는 것만 봐도 잘 알 수 있다.

대부분의 영국인이 아침식사로 바삭하게 구운 베이컨과 아침 햇살처럼 샛노랗게 부쳐낸 계란 프라이 그리고 빵과 과일에 커피를 곁들이는 정도지만, 여기에 청어를 함께 내면 꽤나 신경 써서 잘 차려낸 먹음직스러운 식사가 된다. 냉동청어라면 소금에 절이거나 구워서 먹고, 조금 여유가 있는 집이라면 싱싱한 청어에 생양파를 듬뿍 썰어서 곁들여 회로 먹곤 한다. 한국은 청어가 인근 연안에서 쉽게 잡혀 예로부터 청어를 두고 가난한 선비를 살찌우는 음식이라 일컬었던 것과 달리, 영국은 북해나 베링 해 같은 먼 바다에서 잡혔으므로 싱싱한 청어를 구하기가 쉽지 않았다. 그나마 배에 싣고 먼 길을 오는 동안 대부분의 청어가 죽어버리기 일쑤였으므로 살아 있는 청어는 냉동청어에 비해 두 배가 넘는 비싼 값에 팔렸다. 우리나라에서 생태와 동태의 가격 차이가 큰 것과 같은 이치다. 그런데 언젠가부터 살아 있는 청어가 런던 수산시장에 대량으로 공급되기 시작했다. 대체 무슨 일이 있었던 것일까?

수많은 어부들 가운데 유독 한 명의 어부만 싱싱하게 산 채로 청어를 판매하자 다른 동료 어부들이 그를 추궁하기 시작했다. 좀처럼 이유를 가르쳐주지 않던 그는 강요에 못 이겨 마침내 입을 열었다.

"난 청어들을 넣은 수조에 물메기 몇 마리를 풀어놓는다네."

그러자 동료 어부들이 의아한 얼굴로 물었다.

"물메기가 청어를 잡아먹으면 어쩌려고 그런 짓을 하나?"

어부가 다시 대답했다.

"물론 물메기가 청어 몇 마리를 잡아먹긴 하네. 하지만 그 덕분에 수조 안에 있는 청어들이 물메기에게 잡혀 먹히지 않으려고 계속 도망칠 수밖에 없지. 런던에 올 때까지 청어들은 살기 위해 열심히 헤엄치고 필사적으로 몸부림을 친다네. 그러니 먼 길을 와도 청어들이 여전히 싱싱하게 살아 있는 거라네."

어부가 수조에 넣은 물메기는 꼼치라고 불리는 사나운 육식 어종으로 우리나라에서 잡히는 아귀와 모양새가 흡사하다. 청어의 천적인 물메기를 청어와 함께 넣어서 생겨난 긴장이 결국은 청어가 죽지 않게 하는 원동력이 된 것이다. 오징어 양식장에 천적인 꽃게 몇 마

: 역사학자 토인비와 그가 즐겨 찾았던 파르테논 신전

리를 함께 넣는 것도 그런 이치다.

영국의 역사학자 아널드 토인비는 이 청어 이야기를 자주 인용하며 "좋은 환경과 뛰어난 민족이 위대한 문명을 만드는 것이 아니라 가혹한 환경이 문명을 낳고 인류를 발전시키는 원동력으로 작용한다"고 했다. 자신의 역사 이론을 비유를 통해 효과적으로 전달하고 싶었기 때문이다. 이를 '청어와 메기 이론' 또는 '도전과 응전의 법칙'이라고 부른다.

이 이론은 옥스퍼드 밸리올대학에서 고대사를 전공한 토인비가 그리스와 로마로 1년 동안 여행을 떠났을 때 태동되었다.

고대사를 꾸준히 연구해온 토인비에게 아크로폴리스 광장의 파르테논 신전과 그 언덕 밑으로 보이는 아테네 시가지는 큰 감동으로 다가왔다. 사람은 아는 만큼 더 즐길 수 있는 법이다. 토인비는 그

후로 틈만 나면 파르테논 신전을 찾아가 그동안 역사를 연구하면서 품었던 여러 가지 의문에 대한 사색에 잠겼다. 그러던 어느 날이었다. 불현듯 도리아식 건축물의 백미로 일컬어지는 파르테논 신전의 웅장함과 아름다움이 그 언덕 아래로 펼쳐진 낙후된 아테네 시가지의 풍경과 겹쳐지며 묘한 인상을 남겼다. 그 순간 토인비가 평생의 연구 주제로 삼게 된 근본적인 의문이 고개를 들었다.

"이처럼 웅장하고 화려한 문명을 건설한 민족의 후예들이 지금은 왜 이렇게 초라하게 살고 있을까? 도대체 그 원인이 어디에 있는 걸까?"

토인비 이전의 역사가들은 문명을 하나의 생명체처럼 여겨 탄생과 사망이라는 필연적인 과정을 밟게 된다고 주장했다. 그러나 토인비는 문명의 흥망성쇠는 결코 필연적인 것이 아니라고 생각했다. 토인비는 자연조건이 지나치게 좋은 환경에서는 문명이 탄생하지 않는 점에 주목했다. 실제로 역사를 살펴보면 자연환경이 좋은 나라는 늘 발전에서 뒤처졌다. 고대 문명과 세계 종교의 발상지가 모두 척박한 땅에서 발생했다는 사실이 이를 뒷받침한다.

토인비는 구상부터 완결까지 40년, 집필에만 27년이 걸린 역작 『역사의 연구(A Study of History)』에서 세계의 모든 역사를 26개 문명으로 나누고, 모든 문명은 도전과 응전의 결과로 발생, 성장, 쇠퇴, 해체의 과정을 되풀이한다고 분석했다. 한때 우수한 문화를 꽃피우던 잉카 문명이나 마야 문명, 메소포타미아 문명이 흔적도 없이 사라져버린 것은 도전이 없었기 때문이다. 가혹한 환경은 오히려 지금의 이집트 문명, 수메르 문명, 미노스 문명, 인도 문명, 안데스 문명 그리고 중국 문명 등을 낳게 하는 바탕이 되었다. 지금도 계속해서 발전하고 있는 이들 문명은 혹독한 자연환경이라는 도전에 적극적으로 응전한 결과로 탄생한 것이다. 한 국가의 멸망도 외부의 침입이 원인이기보다는 내부의 타락에서 비롯된다고 설명한다. 내부 문제에 적극적으로 응전한 나라와 민족만이 계속해서 발전할 수 있고 살아남을 수 있다.

이처럼 토인비는 불리한 여건이야말로 인류의 역사를 발전시킨 원동력이며 도전하게 하는 축복이었음을 밝혀냈다. 실제로 사막에서 피어난 꽃이라 불리는 이집트 문명이 탄생하게 된 역사를 살펴보자. 토인비는 이집트 문명을 일으킨 민족이 원래 아프리카 북부 지역에서 수렵생활을 하고 살았다는 사실에 주목하며 다음과 같이 서술하고 있다.

"유럽의 빙하지대가 축소함에 따라 아프라시아(북아프리카와 남아시아) 지역은 건조화가 진행됐다. 그때까지 수렵생활을 하던 주민들에게 열려진 길은 세 갈래였다. 익숙해진 기후대를 따라 북으로 이동하거나, 그 지역에 남아 수렵생활을 하며 근근이 살아남거나, 그 지역에 남기는 하지만 새로운 환경에 맞는 유목과 농경을 새로 개척해 나가는 것이었다."

무엇이 문명의 탄생을 부르는가에 대한 의문은 던져졌다. 그렇다면 기존의 역사가들이 설명하는 것처럼 인종 차이나 주어진 환경의 차이가 위대한 문명을 낳았을까? 토인비가 밝혀낸 이집트 문명과 수메르 문명의 건설 비밀은 다음과 같다.

"거주지도 생활양식도 바꾸지 않았던 무리는 건조화라는 도전에 응하지 않았던 셈으로 전멸이라는 벌을 받았다. 생활양식을 바꿔 수렵인에서 양치기로 변신한 무리는 아프라시아 초원지대의 유목민이 되었다. 생활양식을 바꾸지 않고 거주지를 변경한 무리는 새로운 환경의 도전을 받아 이에 굴하지 않은 사람들의 경우 또 다른 응전을 불러일으켰다. 마지막으로 건조화라는 도전에 대해 거주지와 생활양식을 모두 바꿔서 응전한 집단이 있었다. 이 보기 드문 이중의 반응이야말로 소멸돼가던 아프라시아 초원지대의 미개사회에서 이집트 문명과 수메르 문명을 건설하게 된 역동적인 행위였다."

2,000년 가까운 세월 동안 나라 없는 고통을 당하며 전 세계를 떠돌아다닌 유태인은 '도전과 응전의 법칙'이 지역뿐 아니라 민족을 설명하는 데도 유용함을 입증하는 예이다. 유태인은 로마 시대에는 로마인들의 노예로, 기독교가 지배하던 중세에는 예수를 죽인 민족이라는 이유로 가혹한 핍박을 받았다. 히틀러의 나치 치하에서는 600만 명이나 되는 유태인이 학살을 당했다. 제1, 2차 세계대전 중에 나치의 탄압을 피해 몰려든 유태인을 받아준 나라는 오로지 세계의 인종 전시장이라고 불리는 미국뿐이었다. 그중에서도 전 세계의 핍박받는 민족들이 모여든 다민족 다인종의 도시인 뉴욕으로 대거 유입되었다. 뉴욕이란 도시 자체도 세계에서 몰려든 인종과 민족들의 복잡성 때문에 초기에는 심각한 도시 문제를 겪으며 범죄발생률 또한 높았다. 하지만 그런 시련을 겪은 덕분에 오늘날의 뉴욕은 세

계 최고 수준의 문화는 물론 경제적으로도 막강한 파워를 가진 도시로 성장했다.

유태인들도 마찬가지다. 그토록 많은 시련을 겪고 살아남은 민족이기에 강한 민족으로 거듭날 수 있었다. 세계 인구의 0.3%에 불과하지만 노벨상 수상자의 30%를 배출했으며 노벨 경제학상만 놓고보면 60%를 차지한다. 또한 록펠러, 빌 게이츠, 스티븐 스필버그, 조지 소로스, 골드만삭스, 모건 스탠리, 유럽의 로스차일드 가문 등 세계적으로 최상위 부자의 40% 정도가 유태인이다. 재미있는 사실은 유럽에서 박해받던 유태인이 제1, 2차 세계대전을 치른 이후 미국으로 몰려들자, 대량 난민을 수용하기 어려웠던 미국이 이들에게 내준 거주지가 바로 허드슨 강변이었다는 것이다. 이곳은 뉴욕에서도 가장 험한 지역으로 1년에도 몇 번씩 강물이 넘치곤 했다. 유태인들은 강물이 범람하는 것을 막기 위해 먼저 옹벽(wall)을 쌓았다. 그다음 환경의 영향을 가장 덜 받고 소자본으로 많은 돈을 벌 수 있는 금융업을 시작했다. 그곳이 바로 지금의 월가(Wall Street)다. 2,000년 동안 세계를 떠돌면서 어떤 환경에도 적응할 수 있는 능력을 키워온 유태인은 이제 금융자본주의 나라인 미국에서 월가를 장악하며 세계적으로 그 영향력을 발휘하고 있다.

토인비가 역사의 연구를 넘어 인간 연구에도 적용했듯이 한 민족, 더 나아가 한 개인의 역사를 연구하는 데 '도전과 응전'은 많은 것을 설명해준다.

다음으로는 '경영의 신'이라 불리는 일본의 세계적인 부호이자 존경받는 기업가 마쓰시타 고노스케의 이야기를 살펴보자. 그는 아흔넷의 나이로 세상을 떠날 때까지 마쓰시타그룹을 창업해 산요, 내셔널, 파나소닉 등 계열사만 570개, 종업원 수 25만 명을 헤아리는 일본 제일의 전자회사로 키워낸 입지적 인물이다.

악조건을 모두 가졌다는 축복

마쓰시타 회장이 고희를 넘겼을 무렵, 한 직원이 그에게 다음과 같은 질문을 했다.

"회장님은 어떻게 이처럼 큰 성공을 이루었습니까?"

그러자 예상치 못한 대답이 돌아왔다.

"나는 태어날 때부터 하늘의 은혜를 세 가지 받았기 때문이네. 첫째는 가난, 둘째는 허약한 몸, 셋째는 못 배운 것이라네."

그 직원은 의아해하면서 다시 물었다.

"어떻게 그것이 은혜가 됩니까? 이 세상의 모든 불행은 다 가지고 태어났는데 오히려 그것이 하늘의 은혜라고 하시니 이해할 수 없습니다."

마쓰시타 회장이 빙그레 웃으며 말을 이었다.

"나는 가난 속에서 태어났기에 어려서부터 보모와 공장 직공으로 일하면서 남들보다 다양한 경험을 쌓을 수 있었네. 가난했으므로 부

지런히 일하지 않으면 잘살 수 없다는 진리도 깨달았지. 또한 태어
날 때부터 허약했기에 건강의 소중함을 일찍 깨달아 몸을 아끼고 건
강에 힘써 일흔 살이 넘은 지금도 겨울철에 냉수마찰을 할 정도로
30대의 건강을 유지하고 있다네. 초등학교도 졸업하지 못했기에 세
상의 모든 사람을 스승으로 모시고 배우는 데 늘 주저하지 않았지.
이러한 불행한 환경이 나를 이만큼 성장시키기 위해 하늘이 준 시련
이라고 생각해 늘 감사하고 있다네."

이처럼 가지가지로 불행했던 최악의 환경과 조건이 훗날 마쓰시
타 회장에게 '청어와 메기 이론'으로 작용한 것이다.

이것은 비단 마쓰시타 회장에게만 나타나는 현상이 아니다.
2,000달러를 가지고 미국으로 간 지 30년 만에 20억 달러의 부를
일궈내 미국 기업인들 사이에서 '아시아의 빌 게이츠'로 불리는 스
티브 김은 "가난했기 때문에 성공했다"고 이야기한다.

"가난과 싸워 이겨본 사람은 그 과정에서 강한 정신력과 의지를
몸에 익힌다. 이렇게 형성된 위기의식이 있으면 공부를 하든 일을
하든 어떤 분야에서든지 반드시 성공할 수 있다."

가난한 가정 형편 때문에 한국에서 어렵사리 대학을 마치고 미국
으로 직장을 찾아 떠난 한국인 공대생 김윤종은 미국에서 생활하기
위해 '스티브'라는 영어 이름을 지었다. 당시 그의 유일한 꿈은 미국
의 건실한 대기업에 들어가 가난에서 벗어나는 것이었다. 그는 중산
층의 삶을 누리겠다는 꿈을 이루고자 낮에는 직장에 다니고 밤에는
야간 대학원에 다니며 열심히 공부했다. 첫 직장에서 받은 급여는

시간당 2달러 85센트에 불과했다. 온종일 일해봤자 일당 2, 3만원에
도 못 미치는 박봉이었다. 고작 이런 잡일을 하려고 미국까지 건너
왔나 싶었지만 선택의 여지가 없었다. 그럴수록 더욱 열심히 일하며
공부한 끝에 대학원을 졸업하고 원하던 대로 대기업의 엔지니어로
입사했다. 꿈에 그리던 2만 5,000달러의 신입 연봉을 받게 된 것이
다. 우리 돈으로는 2,500만 원가량 되는 돈으로 20여 년 전의 일이
니 꽤 높은 연봉을 받았던 셈이다. 반드시 대기업에 들어가서 남들
부럽지 않게 잘살겠다는 꿈이 이루어진 순간이었다.

그런데 막상 일을 시작하고 보니 대기업의 구조는 그가 꿈꿔온
직장과는 거리가 멀었다. 자신이 무슨 일을 하고 있는지, 회사에 어
떻게 이바지하고 있는지, 앞으로 회사가 나가야 할 방향은 무엇인지
도 모르는 상태에서 마치 기계의 부속품처럼 시키는 일만을 해야 했
다. 스티브 김은 안정적인 직장에 오히려 회의를 느꼈다. 그래서 모
두가 부러워하는 대기업을 버리고 스스로 메기를 찾아 나선 청어가
되었다. 자신의 능력을 발휘하기 위해 직원 30명가량의 중소기업에
들어간 그는 비록 규모는 작지만 자신이 핵심 엔지니어로 활동할 수
있다는 사실에 자부심을 느꼈다. 대기업에 비해 엄청난 책임감과 도
전정신이 요구되고 무에서 유를 창조해야 하는 일들이 맡겨졌지만,
그런 임무를 하나씩 수행해낼 때마다 그만큼 성장한 자신을 발견했다.

스티브 김은 중소기업에서 쌓은 경험을 바탕으로 창업에 나섰다.
그는 광케이블 사업체 파이버먹스(Fivermux)로 첫 번째 성공을 이뤄
냈다. 창업 투자자에게 무려 25배의 수익률을 남겨주며 ADC 텔레콤

에 자신의 기업을 5,400만 달러에 매각하는 성과를 거둔 것이다. 두 번째로 도전한 자이랜(XLAN)은 컴퓨터 간의 네트워크 시스템을 만드는 랜 사업체였다. 이 회사 역시 3년 만에 나스닥 상장을 이뤄냄으로써 초기 투자자에게 100배의 수익을 안겨주며 다시 프랑스 기업 알카텔에 2억 달러(약 2조 원)에 매각했다. 그는 자신을 비즈니스라는 총칼 없는 전쟁에서 60분기 동안 60번의 성공을 이뤄낸 사람이라고 정의한다.

오늘날 스티브 김은 성공한 경영자를 넘어 아시아의 빌 게이츠라는 별명처럼 우리나라의 가난한 고학생과 북한 주민 그리고 해외 동포를 위해 한 해 20억 원을 지원하는 재단 '꿈·희망·미래'을 세워 사회복지가로도 활동하고 있다.

결론적으로 마쓰시타 고노스케와 스티브 김은 아웃라이어가 아닌 인라이어다. 맨손으로 성공을 이뤄낸 이들에게는 '시련'이라고 표현할 수밖에 없는 불리한 악조건이 끊이지 않았다. 하지만 이에 맞선 끝없는 응전은 이들을 펄펄 살아 숨 쉬게 하는 원동력이 되었다. 인라이어가 된다는 것은 이렇게 계속해서 닥쳐오는 도전에 좌절하지 않고 더욱 분발해 응전하는 것을 뜻한다. 바로 이러한 응전의 경험이 거듭되면서 더 큰 도전이 온다 해도 이겨낼 수 있는 진정한 의미에서의 경쟁력이 생겨나는 것이다.

위대한 문명이 척박한 환경에서 발생하듯이 개인이 맞서게 되는 모든 시련은 그에 대해 효과적으로 응전했을 때 더 큰 성공을 가져다준다. 그 반면에 아무리 좋은 환경과 뛰어난 재능을 타고난 사람이라도 아무런 도전이 없는 상황에 놓이면 경쟁력을 잃고 도태되고 만다. "위기가 기회다"라는 말처럼 시련이야말로 그 무엇보다 우리를 더욱 높은 레벨로 발전시키는 원동력이 되는 것이다. 다음으로 소개할 우리시대의 인라이어, 류덕희 회장의 이야기는 끝도 없이 계속되는 도전에 응전하는 것이 한 사람의 인생을 어떻게 변화시키는가를 보여주는 좋은 예다.

기회는 위기와 함께 온다

우리나라 제약회사 중 최고의 영업이익률을 자랑하는 경동제약의 창립자 류덕희 회장은 전형적인 6·25 세대다. 비교적 부유한 지역 유지의 아들로 태어나 어린 시절 큰 어려움 없이 자랐지만, 전쟁통에 학교를 이리저리 옮겨 다녀야 했고, 날이 갈수록 가세는 점점 기울었다. 전쟁이 끝난 후 고향인 수원에서 서울로 통학할 때엔 아무리 기를 쓰고 일찍 나와도 제대로 된 교통시설이 없어 한 달에 반 이상을 지각할 만큼 당시의 경제·사회적 상황이 좋지 않았다. 그래도 공부를 곧잘 했던 류 회장은 서울대에 도전했지만 실패했고, 방황하던 중 후기로 성균관대 화학과에 진학했다. 대학 시절엔 아버지의 연이은 사업 실패로 집안 형편이 더 어려워졌다. 결국 대학 2학년 1학기를 채 마치지 못하고 휴학을 해야만 했다. 하루하루가 가난과의 싸움이었다. 서울에서 방을 얻어 같이 공부하던 동생은 고향으로 내려갔고, 돈을 벌어야 했던 그는 총장의 추천으로 서울전기에 들어갔다. 호탕한 성격에 리더십도 강했던 그는 1년 반 동안의 직장생활이 사회적 경험을 할 수 있는 좋은 계기가 되었다고 회고한다.

"당시에 복학생을 묵은 사람이라고 불렀어요. 나는 묵은 사람이었지요. 복학해서 학과 수업을 듣는데 교수님의 강의 자료가 뭔지 궁금하더군요. 변변한 교재가 없던 시절이라 오로지 수업시간에 교수님 입만 쳐다보고 있자니 정말 답답했죠. 그래서 알아봤더니 일본 책을 강의 자료로 사용했어요. 그 즉시 청계천으로 달려가 그 책을 사와서 여러 친구와 후배를 모아 번역하고 등사해 돌려봤어요. 그 일로 학교에서 유명해졌죠. 문리대 학생회장도 후배들에게 등 떠밀려서 하게 되었어요. 선거운동도 후배들이 자발적으로 나서서 했는데, 어쨌든 내 이름이 한자로 좀 어려운 편이라 당시 무효표가 많았는데도 당선되었죠."

그의 리더십은 학생운동을 할 때도 발휘되었다. 우리나라 민주화 운동의 기틀을 마련했다고 평가받는 4·19 혁명 때는 성균관대 학생 대표로 활동했고 순국학생 위령탑을 건립하기 위해 당시 위령탑건립위원회 재정분과위원장 신분으로 동아일보와 함께 모금운동에 앞장섰다. 당시 돈으로 무려 4,000만 원이나 되는 재원을 모금해 사업을 추진하는 등 설득력과 리더십이 남다른 학생이었다. 그러던 와중에 5·16 군사정변이 일어나고 집회금지 포고령 위반으로 갑자기 군에 입대하게 되는 일이 생겼다. 제대하고 나오자 세월도 지나고 시대도 많이 달라져 있었다. 운동권 학생이었다는 딱지 때문에 취직도 여의치 않았다. 막막한 상황에서 방황하다 궁여지책으로 돌파구를 찾은 것이 창업이었다. 다행히 뜻이 맞는 후배 둘을 모아 사업을 시작할 수 있었다. 그러나 처음부터 쉽지 않았다. 20대 후반의 나이에 사업 경험도 전혀 없었던 만큼 시행착오가 많았다. 맨 처음 합성수지 제조공장을 설립했는데, 보기 좋게 망해버렸다.

다음에는 간척사업에 뛰어들었다. 열심히 해서 어느 정도 성과를 올리는가 싶었는데, 어이없게도 마지막에 여당이었던 공화당 간부에게 허가권을 빼앗기고 말았다. 사업의 특성상 정부에서 관여하는 만큼 파워 게임이 중요했던 것이다. 결국 간척사업도 접게 된 류 회장은 3년 정도 공직 생활을 하기에 이른다.

그러던 중 약국을 하던 친구의 권유로 제약 영업에 뛰어들면서 인생의 새로운 전기를 맞이했다. 그는 친구들과 함께 결핵약을 총판하는 사업을 시작했다. 이미 경험 부족과 잘못된 판단으로 두 번의 실패를 겪은데다 잘 다니던 공직 생활을 접고 시작한 사업인 만큼 더는 물러서지 않겠다는 각오를 했다. 그는 비록 작게 시작한 사업이지만 남과 다르게, 남보다 더 많이 거래처를 확보할 방법을 고민하고 또 고민했다.

"당시 세 명이 사업을 시작했는데, 영업의 상당 부분은 제가 도맡아 했습니다. 몸은 하나인데 일은 너무 많아 '선택과 집중'이 필요했죠. 그런데 막상 어디서부터 시작해야 할지 막막했어요. 그래서 일단은 집중적으로 공략해야 할 약국과 병원을 찾기 위해 시장조사에 들어갔습니다."

그가 처한 시련은 대부분의 영세한 소규모 기업이 처하게 되는 현실이다. 자금도 부족하고, 몸은 하나였지만 누구보다 빨리 많은 고객을 확보해나가야 했다. 그것만이 살길이었다.

그래서 하루에 서울의 한 구씩을 걸어 다니며 영업을 하기 시작했다. 결핵환자를 취급할 수 있는 모든 병원과 약국이란 약국은 다 돌아다녔다. 서울 시내 약국의 신용도를 조사한 보고서를 얻어 영업에 활용하기도 했다. 그렇게 5일 정도 돌아다니니까 코피가 쏟아졌다. 결국 일주일이 좀 넘으니까 서울 시내 모든 구를 다 돌게 되었다.

하루에 무려 58군데나 되는 병원과 약국을 돌아다니며 결핵약을 소개하고, 잠재고객들의 반응을 등급으로 매겨 기록했다. 대부분의 병원과 약국은 잘 알려지지 않은 제약회사에서 만든 결핵약에 시큰둥한 반응을 보이기 일쑤였다. 소규모 약국에서마저 약사는 물론 보조로 일하는 직원도 그를 일개 영업사원이라고 여겨 무시했다. 나이가 한참 어린 약사가 "자네 이런 일 처음 해보는 모양이지?"라며 반말을 할 때도 부지기수였다. 이름 없는 회사에서 만든 약이다 보니 관심을 보이지 않는 경우도 많았다. 보통 사람 같았으면 하루만 다녀도 가망이 없다고 포기할 법한 일이었지만 그는 다른 관점에서 제약 영업일을 바라봤다.

"처음엔 좌절도 많이 했어요. 하지만 마음을 바꿔먹었죠. 나는 비록 지금은 보잘것없어 보일지라도 전국을 누비는 사람이라는 자신감과 일에 대한 자부심이 있었죠. 그래서 어떤 말을 들어도 상대방을 원망할 에너지를 아껴서 어떻게 하면 저 사람을 내 편으로 만들어 약을 구입해서 판매하게 할까 밤낮으로 연구하는 데 썼죠."

류 회장은 밤새 고민해서 만든 영업계획을 가지고 특유의 끈기로 하나둘씩 고객을 확보해나갔다. 일단 그 지역에서 가장 신용도가 높고 잘되는 병원을 타깃으로 삼고 삼고초려를 하며 자사의 결핵약을 쓰도록 설득하자 그 근방의 약국들도 하나둘 약을 구입하기 시작했다. 그런 식으로 고객층이 넓어지자, 창업한 지 두 달 반 만에 손익분기점을 넘어섰다.

그러나 뜻하지 않게 제조업자와 문제가 생기는 바람에 손을 접게 되었고, 또 다른 회사의 제품을 취급해봤지만 역시 같은 전철을 밟고 말았다. 결국 새로운 제약회사를 매수하여 운영을 하게 되었고 불행 중 다행히도 새로 시작한 회사에서 2년여의 피나는 노력 끝에 좋은 성과를 얻게 되었다.

그런데 어려운 고비를 무사히 넘었다고 생각하던 때에 또 다른 문제가 고개를 들었다. 동업으로 시작한 회사지만, 자본을 주로 댄 것은 친구였기에 아무래도 회사가 안정되자 경영철학이 엇갈려 문제가 생기기 시작한 것이다. 그는 자신만의 경영철학을 펼치기 위해서 '이제는 진짜 내 힘으로 회사를 창업하자'고 생각했다. 처음에는 가족과 친구들의 반대가 심했지만 아내와 무역업을 하던 친구 한 명만은 그에게 손을 들어주었다. 결국 집을 팔고 은행 융자를 얻고 열흘에 10%나 하는 사채까지 써가면서 진짜 자기 사업을 시작했다.

비록 빚을 얻어 시작한 사업이지만 자신감 하나만큼은 충만했다. 이전에 결핵약 총판 사업 등 두 차례의 성공으로 영업에 자신감이 붙은데다 사업 자체를 즐겨보겠다고 배포 크게 마음먹었기 때문이다.

"내가 화학과 출신이어서 그런지 제약 영업을 하다 보니 제약업계의 불합리한 부분이 많이 보였어요. 예를 들어 창업 초기에는 약사나 연구원들은 자신들이 주사약을 만들어놓고도 겁이 나서 그 약을 맞지 못하는 것을 봤어요. 참 한심하다고 생각했죠. 앰플 주사약은 원리에만 충실하게 만들면 무서워할 이유가 전혀 없는 제품이에요. 좋은 원료를 써서 만들고 철저히 멸균만 하면 되는데, 왜 자신조차 믿고 쓰지 못하는 약을 만드나 싶었어요. 나는 약이 만들어지는 과정은 화학의 기본원리와 같다고 생각하기 때문에 그런 부분에는 자신이 있었죠. 정말 실험실 수준의 작은 곳에서 회사를 시작했지만 누구보다 좋은 원료를 쓰고 멸균도 철저히 했죠. 어디에 내놔도 자신 있는 제품을 만들자는 것이 내 목표였어요."

제약업계의 대기업들이 주력하지 않던 수입 앰플 주사약 분야는 류 회장이 제약 영업을 하면서 발견한 틈새시장이었다. 그는 최소한의 장비만 갖춰놓았지만 수입품의 국산화로 최고의 제품을 만들어냈다. 그리고 주로 대기업에서 수입판매하는 앰플 주사약보다 싼값에 제품을 판매했다. 당시에도 동아제약, 유한양행, 종근당 등 제약업계를 주름잡는 대기업들이 있었지만 그는 개의치 않았다. 가격으로 보나 품질로 보나 제품에 자신이 있었기 때문이다. 다만 소규모의 신생 회사이다 보니 자금력이 딸리는 것이 가장 빨리 해결해야 할 과제였다. 그는 하루가 멀다 하고 은행 문을 두드렸다.

"회사가 부천에 있었는데 가까운 기업은행 지점이 인천의 동인천 지점 한 곳밖에 없었어요. 그곳에 간부를 보내 대출이 가능한지 알아보았는데 불가능하다는 거예요. 그럴 줄 알았죠. 다음 날 내가 직접 우리 회사 제품 샘플을 몇 가지 들고 은행을 찾아가 지점장을 만났어요. 지점장은 대뜸 당신네같이 이름도 모르는 회사가 만든 약이 유명한 회사들 제품과 경쟁이 되겠느냐고 묻더군요. 그래서 이렇게 반문했어요. '지점장께서 만일 숙취 해소를 위해 약국에서 약을 조제하신다면 어떤 약으로 조제되겠습니까?' 지점장은 선뜻 '모르는 회사의 약으로 조제되겠지요'라고 대답하더군요. 내가 다시 '왜 그렇지요?'라고 묻자, 지점장은 '마진이 더 좋아서겠지요'라고 하더군요. 당시엔 사람들이 약국에 가서 자신의 증상을 말하면 약사가 알아서 그에 맞는 약을 조제해주던 시절이었어요. 제품명을 알고 사는 사람은 거의 없었죠. 나는 지점장에게 또다시 물었어요. '우리 회사가 만든 제품은 주요 성분의 함유량이 기존 대기업 제품에 비해 뒤떨어지지 않을 뿐만 아니라 정성 들여 만들어 외형상으로는 물론 약효 면에서도 우수합니다. 하지만 가격은 대기업 제품의 반값입니다. 자, 약사들이 어떤 회사의 제품을 구입하겠습니까?"

그날 저녁에 기업은행 지점장한테서 회수된 돈 500만 원 정도를 대출해줄 수 있는데 어떻게 하겠느냐는 연락을 받았다. 그 후로 사업이 번창하면서 그 은행에 수백억 원을 예금함으로써 그때의 보답을 톡톡히 해냈다.

당시 대기업이 쳐다보지 않았던 틈새시장을 노려 적은 인력과 비싼 설비투자 없이도 만들 수 있는 수입약품을 국산화한 앰플 주사약 같은 제품을 우수한 품질로 생산해낸 것이 류 회장이 이룬 첫 번째 성공이었다. 품질 좋고 값싼 앰플 주사약을 많은 병원에 납품하였고 그것이 지금의 경동제약을 이루는 밑거름이 되었다.

류덕희 회장은 사업이 번창할수록 안주하기보다는 새로운 목표를 세우고 도전하는 사람이다. 그 원동력은 자신의 사업을 시작해 주도적으로 문제를 해결해온 방식에서 찾을 수 있다. 원료를 수입해서 약품을 제조하는 대부분의 제약 회사와 달리 원료의 국산화와 독점개발에 주력하며 병원을 대상으로 수입품을 대체할 수 있는 치료제 개발에 힘을 쏟았다. 경동제약은 중소기업이지만 대기업 못지않은 연구개발 인력과 역량을 갖추고 있다. 그 덕분에 우리나라 상장 제약사 중 영업이익률 1위를 달성했으며 대부분의 물량을 수입에 의존하는 제약회사들이 커다란 위기를 겪었던 IMF 경제위기 때도 별 혼란 없이 오히려 성장을 거듭할 수 있었다.

동기의 과학

류덕희 회장처럼 시련에도 굴하지 않고 도전하는 사람이 있는 데 반해 어떤 사람은 시작도 안 해보고 포기해버린다. 혹은 위기를 극복하려 노력하지만 적절하게 대처하지 못하고 문제를 해결하는 능력이 현저히 떨어지는 성향을 보이기도 한다. 그 원인이 무엇일까?

도전과 응전의 법칙을 효과적으로 작용하게 하기 위해서는 다음의 한 가지 원리를 이해해야만 한다. 그것은 바로 어떤 일을 시작할 때 가지게 되는 '동기'의 문제다.

왜 누군가는 더 열심히 노력하고, 더 나은 아이디어를 생각해내며, 그 결과 더 나은 성과를 올릴까?

수세대에 걸쳐 많은 과학자와 심리학자들은 이 문제를 연구해왔다. 과연 무엇이 사람들을 더 생산적으로 만드는 것일까? 같은 시간을 투자해서 더 많은 창조적인 아이디어를 만들어내고, 더 높은 성취를 만들어내는 사람들에 대한 연구는 결국 '동기부여' 문제로 귀결된다. 앞서 살펴본 루이스 터먼의 지능과 성취에 관한 연구나 웨스트포인트 사관학교 그리고 티치포아메리카 교사들을 대상으로 한 연구를 기억하는가? 타고난 능력이나 처한 환경은 놀라운 성취를 이뤄내는 데 별 영향을 끼치지 못했다.

오히려 사람들은 어떤 동기를 가지고 있느냐에 따라 놀라운 결과를 보였다. 이것은 심리학자 칼 덩커(Karl Duncker)가 실시한 '촛불 문제'라는 실험에서도 증명되었다. 덩커는 행동과학의 여러 측면을 관찰하기 위해 이 실험을 고안해냈다. 실험의 내용은 다음과 같다.

먼저 실험자는 실험 참가자들을 실험이 이루어질 방으로 데려와 양초 한 개와 압정이 가득 담긴 상자 그리고 성냥을 준다. 그러고는 이렇게 말한다.

"이 양초를 벽에 붙이되, 촛농이 테이블에 떨어지지 않도록 해야 합니다."

실험 참가자들은 어떻게 했을까?

처음에는 많은 사람이 압정으로 양초를 벽에 붙이려고 한다. 하지만 이게 잘 될 리가 없다. 그러면 사람들은 다른 방법을 시도한다. 그중 어떤 사람은 성냥불로 양초의 옆면을 녹여 벽에 붙이는 놀라운 아이디어를 생각해내기도 한다. 실로 대단한 아이디어이긴 하지만 이것도 잘 될 리가 없다. 양초 무게를 이기지 못하고 떨어져 내리기 때문이다. 결국 5분에서 10분가량이 지나고 나서야 대부분의 사람이 해답을 찾아낸다.

해결책은 의외로 간단하다. 이 문제를 풀려면 고정관념에서 벗어나야 한다. 보통 상자는 그저 압정을 담아두기 위한 용도로 사용한다. 하지만 이 상자를 양초를 담는 용도로도 쓸 수 있다는 사실을 깨닫기만 한다면, 압정이 든 상자를 비워 그 안에 양초를 담고 그 상자를 압정을 이용해 벽에 고정하는 간단한 절차로 양초를 벽에 붙일 수 있다. 이것이 바로 촛불 문제다. 프린스턴대학의 과학자 샘 글럭스버그(Sam Glucksberg)는 이 촛불 문제를 가져와서 또 다른 실험을 계획했다. 사람들이 어떤 동기를 통해 더 창조적으로 움직이는지를 실험한 것이다. 그는 첫 번째 그룹의 참가자들에게 촛불 문제를 내면서 이렇게 말했다.

"문제를 얼마나 빨리 풀 수 있는지 시간을 재겠습니다."

그러고 나서 또 다른 그룹의 참가자들에게는 이렇게 말했다.

"오늘 실험에서 가장 문제를 빨리 푼 사람에게는 20달러를, 상위 25% 안에 든 사람에게는 5달러를 지급하겠습니다."

몇 년 전에 이뤄진 실험인 만큼 현재의 물가인상분을 생각하더라도 참가자들은 단지 몇 분의 작업으로 꽤 짭짤한 소득을 올리는 셈이다. 그렇다면 결과는 어떻게 나왔을까?

충격적이게도, 인센티브를 제공해 동기를 부여한 그룹이 그렇지 않은 그룹에 비해 평균 3.5분의 시간이 더 걸렸다. 인센티브를 제공해 좀 더 창의적으로 생각하도록 유도했는데도 정반대 효과가 나타난 것이다. 이 실험은 그동안 40년이 넘게 재현되었지만 한 번도 반대의 결과가 나온 적이 없다. 그렇다면 비즈니스계에서 횡행하고 있는 보너스나 커미션, 인센티브는 도대체 일의 성과를 올리는 데 어떤 역할을 하는 것일까?

글럭스버그는 또 다른 실험을 계획했다. 다시 참가자들을 모아 촛불 문제를 내고 이번에도 가장 빨리 해결한 그룹과 사람에게 인센티브를 준다고 말했다. 그런데 이번엔 조건을 달리해서 상자에 압정을 담지 않고 따로 주었다. 즉 상자 안에 담겨 있는 압정이라는 조건을 변형시킨 것이다. 그러자 이번엔 예상했던 결과가 나왔다.

인센티브를 제공하기로 한 그룹이 그렇지 않은 그룹을 완전히 압도했다. 상자를 따로 주어서 문제 해결 방법이 단순해지자, 인센티브가 아주 강력한 동기로 작용해 사람들을 재빨리 움직이게 한 것이다. 결과적으로 보상은 단순한 공식과 명확한 목표가 있는 작업에서만 효과를 발휘한다. 보상은 자연스럽게 사람들의 시야를 좁히고,

생각을 집중하도록 해서 단순하거나 명확한 작업을 효과적으로 수행하게 하는 것이다. 세상에는 분명히 좁은 시야로 명확한 목표만을 바라보며 해결해야 하는 문제들이 있다.

그러나 현실에서의 촛불 문제는 결코 명확하지도 않고, 뚜렷한 목표가 보이지도 않는 경우가 대부분이다. 우리는 저마다 자신만의 촛불 문제를 가지고 살아가는데, 이를 해결하려면 더욱 기발한 창의력이 필요하다. 현실에서 일어나는 대부분의 문제는 그 해답이 눈앞에 놓여 있지 않으므로 좁은 시야에서 벗어나 문제를 다방면에서 바라보고 해결 방법을 찾아야 한다.

이것은 비즈니스 세계에서 더욱 명확하게 드러나는 사실이다. 하루가 다르게 변화하는 비즈니스 환경에서 우리가 맞닥뜨리는 문제들은 대부분 명백한 공식이 있는 것도 아니고, 한 가지 답만 있는 것도 아니다. 규칙은 모호하고 해결책이 있다 해도 뻔한 방법이 아니라 의외의 방법이 요구된다. 우리는 모두 저마다 해결해야 할 촛불 문제들을 수없이 다루며 살아가고 있다.

우리 시대의 손꼽히는 경제학자 댄 애리얼리(Dan Ariely)와 동료들이 MIT대학 학생들을 대상으로 한 연구에서도 이런 사실을 확인해볼 수 있다. 그들은 학생들에게 여러 가지 문제, 즉 창의성과 기술, 집중력이 필요한 문제를 던져주고 효율성을 위해서 세 단계의 보상을 제안했다. 즉 세 그룹으로 나눠서 작은 보상과 중간 보상 그리고 큰 보상을 제공하기로 한 것이다. 먼저 단지 기계적인 기술만 있으면 해결할 수 있는 수준의 문제를 제시했다. 그 결과 예상대로 큰 보상을 약속받은 쪽이 더 높은 성과를 보였다.

다음에는 역시 똑같은 보상을 제안하고 인지적인 능력과 창의성이 필요한 문제를 제시했다. 그러자 큰 보상의 제안은 오히려 낮은 성과로 이어졌다. 세 번의 실험을 통해 아홉 문제 중 여덟 문제에서 보상이 높을수록 성과는 좋지 않았다.

이 같은 결과는 최근 런던 정치경제대학(LSE)에서 밝혀낸 사실과도 일치한다. LSE의 경제학자들은 성과주의를 도입한 51개 기업의 사례를 조사해 다음과 같은 결론을 내렸다.

"경제적 인센티브가 전체 성과에 부정적인 영향을 미칠 수 있다."

사람들을 더 창의적으로 만들고, 높은 성과를 올리게 하는 동기가 경제적인 이유가 아니라는 것이 명백하게 사실로 드러난 것이다. 옛말에도 "돈을 좇으면 오히려 돈이 달아난다"는 속담이 있다. 과학은 어쩌면 우리가 마음속으로 이미 알고 있는 사실을 확인하는 작업에 지나지 않는 듯하다.

자, 그렇다면 사람들을 창의적이고 열정적으로 움직이게 하는 진짜 동기는 과연 무엇일까?

과학자들이 찾아낸 해답 또한 우리가 이미 알고 있는 사실이다. 내적 동기부여만이 촛불 문제를 누구보다 더 빨리 해결할 수 있게 하는 가장 근원적인 힘이다. 바로 자신의 문제이기 때문에 좋아하거나 재미있어서 혹은 중요한 것의 일부여서 하고자 하는 욕망보다 더 자극적이고 좋은 동기는 세상에 없다. 스스로 더 큰 무언가를 향해 뭔가 하고 싶다는 욕망을 느끼고 주도적으로 움직일 때만큼 창의성이 폭발하듯 발휘되는 순간은 없다는 것이다.

실례로 구글은 직원들에게 매일의 업무시간 중 20%를 자유로운 상상의 시간으로 활용할 수 있도록 한다. 이 시간 동안 나온 아이디어들 가운데 80%를 공식적으로 추진할 프로젝트로 채택한다. 쓸 만한 아이디어를 냈다고 인정받은 직원은 전적으로 프로젝트팀 구성과 추진을 맡게 된다. 직원에 따라서는 자신의 아이디어가 채택되기만을 기다리기보다 먼저 '내게 이런 아이디어가 있으니 함께 프로젝트를 추진할 사람은 연락하라'는 식의 자기광고를 내기도 한다. 그야말로 팀원 하나하나가 개인의 이름을 걸고 프로젝트를 진행하는 리더가 될 수 있는 시스템이다. 이런 일련의 과정을 통해 현재의 구글을 이끌어가는 다양한 서비스들이 탄생했다. 구글어스, 구글맵 등은 모두 이런 식의 자기 주도적인 개별 프로젝트를 통해 탄생한 아이디어들이다. 구글의 직원들을 움직인 것은 어떤 종류의 보상도 아니었다. 오로지 회사가 직원들 스스로 주도적으로 일할 수 있도록 장을 마련해주고 그에 따른 충분한 지원과 배려를 해준 것만으로도 이토록 놀라운 아이디어들이 쏟아져 나온 것이다.

이것이 바로 내적 동기부여의 힘이다. 현대 사회과학이 밝혀낸 사실은 재능도, 노력도, 환경도 내적으로 엄청난 동기부여가 된 사람을 이기지 못한다는 것이다. 얼마나 그 일을 하고 싶은가, 얼마나 절박한가에 따라 일의 결과가 달라진다.

도전과 응전의 법칙이 알려주듯이 엄청난 도전은 바로 그런 동기부여를 해주는 하나의 시험대다. 모든 일이 자기 주도적으로 맡겨졌을 때 그리고 그것이 스스로 선택한 길일 때, 충분한 내적 동기부여가 된 사람은 남들이 생각하지 못했던 방법으로 문제를 풀어나간다. 촛불 문제를 누구보다 더 빨리 해결할 수 있는 것이다.

그렇다면 촛불 문제는 누구에게나 적용되는 보편적인 규칙일까? 위대한 성공을 거둔 사람들의 밑바닥을 파헤치면 언제나 그들이 내적 동기가 충만한 상태였음을 발견할 수 있을까? 다음으로 살펴 볼 또 한 명의 인라이어 이준희 원어데이 대표의 창업과정은 바로 이런 의문에 대한 해답이 될 수 있다.

"나라면 다르게 할 자신이 있다"

하루에 딱 한 가지만 팔아서 과연 돈을 벌 수 있을까? 온라인 쇼핑몰에서 하루에 한 가지 물건만 파는 방식으로 연간 300억 원이 넘는 매출을 올리는 쇼핑몰 사장이 있다. 바로 이준희 원어데이(One a day) 대표가 그 주인공이다. 이 대표는 2007년 원어데이를 창업해 2년 6개월 만에 업계에서 주목받는 쇼핑몰로 키웠다. 처음에 원어데이의 독특한 판매 형식에 의심의 눈초리를 보내던 업체들도 이제는 그 방법을 따라 하기 바쁘다. 대형 오픈마켓과 종합쇼핑몰에도 벤치마킹되고 있는 성공 판매 모델로 자리 잡았다.

이준희 대표의 성공은 이번이 처음이 아니다. 벤처 신화의 전설로 기록된 옥션의 창업자가 바로 그이다. 그는 어떤 연유로 남들은 한 번 하기도 어려운 성공을 연이어 터뜨리는 걸까? 그는 어떤 계기로 당시에는 너무나 선구적이었던 '옥션'이라는 아이디어를 만들어낸 것일까?

고려대학교 생물학과 수업이 한창 중인 어느 오후, 한 청년이 수업은 듣는 둥 마는 둥 고민에 빠져 있었다. 훤칠한 키에 운동으로 다져진 날씬하고 다부진 몸을 가진 청년은 눈매가 가느스름하고 말도 조용조용히 하는 학생이었다.

적성과는 관계없이 점수에 맞춰 생물학과에 입학했다가 전공에 회의를 느낀 청년은 학교를 그만둘지 말지를 두고 선택의 기로에 섰다. 몇 날 며칠 고민을 거듭한 결과, 학교를 그만두고 유학을 택했다. 그가 선택한 새로운 학교와 학과는 뉴욕주립대의 컴퓨터사이언스과였다. 이 대학을 고른 이유는 단순했다. 당시 뉴욕에 살고 있던 이모부가 비교적 저렴한 학비의 대학으로 이곳을 추천해주었기 때문이다.

부푼 꿈을 안고 들어간 뉴욕주립대에서 그는 새로운 경험을 맛봤다. 당시 물리학과 학과장을 겸임하고 있었던 뉴욕주립대 총장은 27세에 노벨 물리학상을 받은 인물로, 1년에 한두 번씩은 전 세계의 내로라하는 물리학자들을 뉴욕주립대에 초청해 세미나를 열곤 했다. 그 자리에서 백발이 성성한 총장은 이런저런 질문을 했는데, 그 똑똑한 물리학자들 가운데 그의 질문에 제대로 답하는 사람이 하나도 없었다. 그때마다 어김없이 "당신들, 공부 좀 열심히 해!"라는 총장의 일갈이 떨어졌다. 그는 총장의 자신감 있는 모습을 보면서 물리학에 관심을 두게 되었다. 결국 전공을 컴퓨터사이언스에서 물리학으로 바꾸기에 이르렀다.

"물리학은 상상력의 학문입니다. 보이지 않는 물체의 운동을 연구하려면 상상력이 무엇보다 중요해요. 나는 고령의 학과장에게서 놀라운 상상력을 보았어요. 정말 말로 설명할 수 없는 대단한 것이죠. 물리학을 전공한 것이 결과적으로 내가 하는 사업과는 동떨어져 보이지만, 지금의 나를 만드는 데 많은 도움이 되었어요. 창업한다는 것 자체가 무에서 유를 창조하는 일이라고 할 수 있는데, 물리학을 배우며 쌓아온 상상력 훈련이 없었다면 더 힘들었을 겁니다. 물론 여기서 상상력은 논리적인 상상력을 말하죠. 사업은 어찌 보면 같은 아이템이라도 얼마나 다르게 풀어나가느냐 하는 것인데 논리적으로 상상할 줄 아는 습관이 엄청난 도움이 되죠."

물리학에 흠뻑 빠져 대학을 마치고 대학원 진학을 준비 중이던 그는 군 입대 문제로 한국에 돌아왔다. 군대를 제대한 후 대학원 입학 허가를 받아놓은 상태였지만, 학기가 맞지 않아 다시 3~4개월 더 한국에 머물러야 했다. 그 참에 당시 어머니가 지방에서 한창 오픈 준비를 하고 있었던 휴게소 일을 도와드리기로 했다.

막상 내려가 보니 기가 막혔다. 허허벌판에 컨테이너박스 건물만 덩그렇게 세워져 있고 그의 어머니가 혼자 생활하며 휴게소 오픈을 준비하고 있었다. 사업가 기질이 넘치는데다 대장부같이 씩씩한 어머니였지만 아들 입장에서는 걱정이 앞섰다. 게다가 토지 구입비뿐 아니라 휴게소를 건립하는 데도 총 공사비가 20억 원이나 들어가

통장 잔고에는 5,000만 원 남짓 남은 상황이었다. 도저히 다시 유학 갈 형편이 아니었다. 결국 그는 학업을 포기하고 어머니를 도와 휴게소 경영을 하기로 작정했다. 공사비의 대부분이 빚이었기에 무슨 일을 해서든지 매출을 일으켜야만 했다.

그때부터였다. 절실함이 커지자 기발한 아이디어가 샘솟기 시작했다. 빚은 많았지만 휴게소는 어머니와 이 대표 둘만의 것이었다. 무슨 일이 있어도 지켜내서 성공시켜야 할 가장 중차대한 사명이기도 했다. 그는 뉴욕에서 공부하며 알게 모르게 눈여겨 봐두었던 서비스 기법들을 우리나라 실정에 맞춰 휴게소에 도입했다. 미국식 편의점 스타일을 적용하고, 롤러스케이트를 타고 돌아다니며 주유 손님들을 맞았다. 마일리지 서비스도 도입해 손님들이 단골로 찾을 수 있도록 인센티브를 제공했다. 그러자 손님들이 하나둘 몰려들기 시작했다. 초기부터 진 엄청난 빚 때문에 3년짜리 어음을 끊기도 했으나 7년 동안 미친 듯 일한 덕분에 차근차근 빚을 갚아나갈 수 있었다. 그리고 그때의 경험을 양식 삼아 마케팅부터 자금 운용, 경리, 세무회계 등에 이르기까지 사업할 때 알아둬야 할 지식들을 실전에서 익혔다.

그렇게 휴게소가 더는 손을 안 대도 될 만큼 자리가 잡히자, 긴장이 풀리면서 사람을 대하는 일이 지겨워지기 시작했다. 마치 삶의 목표를 상실한 사람처럼 슬럼프에 빠졌다. 사람을 많이 상대하는 일에는 그다지 소질이 없을 것 같은 차분한 성격도 한 원인이었다. 휴게소가 서비스업인 탓에 하루에도 수많은 사람을 상대해야 했는데 그러면서 별의별 사람을 다 겪다 보니 '어떻게 하면 사람을 만나지 않고도 사업을 할 수 있을까' 하는 생각으로 머릿속이 가득 찼다.

7년간의 휴게소 사업은 어떤 상황에 처해도 그 시련을 넘기고 성공할 수 있다는 경험과 자부심, 그리고 사업 전반의 모든 것을 실전에서 배울 수 있었던 좋은 기회가 되었음이 분명했다. 그러나 그는 좀더 새로운 것을 해보고 싶었다. 사람을 직접 만나지 않으면서도 사업을 할 수 있는 방법을 찾아 고민에 고민을 거듭했다.

"휴게소가 지방에 있어서 시간이 나도 딱히 갈 데도 없고 소일할 거리도 별로 없었어요. 그래서 시작하게 된 것이 PC 통신이었죠. 당시에는 가입자도 별로 없었고 워낙에 전화요금도 비쌌지만, 인터넷에 접속해서 서핑을 하는 것이 유일한 낙이었어요. 한 달 전화요금에서 인터넷 사용료만 40~50만 원을 썼을 정도였죠. 그러던 중 놀라운 것을 보게 되었어요."

미국 사이트들을 둘러보다가 스탬프 옥션이라는 걸 본 것이다. 미국 전역에 있는 우표 수집상들이 자신들이 가지고 있는 우표를 인터넷 사이트에 올려서 경매에 붙여 파는 것이었는데, 그에게는 정말 놀라운 광경이었다. '아, 이렇게도 장사를 할 수 있구나' 하는 생각이 들었다. 그 사이트에 게시된 판매상들의 이야기로는 인터넷 옥션에 물건을 올리고 나서부터 매출이 두세 배로 껑충 뛰었다고 했다. 그는 그 순간 '바로 이거다!'라는 생각을 했다.

당시 우리나라의 인터넷 인구는 겨우 30만 명 정도로 지금처럼 인터넷에서 물건을 사고판다는 개념 자체가 생소한 시기였다. 인터넷이 뭔지도 모르는 사람들이 대다수였고, 지금과 같은 통신망이 구축되어 있지 않아서 인터넷을 사용하는 것 자체가 어려웠다. 조금만 사용해도 많은 전화요금이 나왔다. 그래도 그는 자신이 있었다. 인터넷 사용자는 매달 두 배씩 성장하고 있었고, 시간이 조금 걸리긴 하겠지만 우리나라도 머지않아 미국처럼 인터넷으로 물건을 사고파는 것이 당연한 일이 되는 시점이 머지않았다고 생각했다.

그래서 군대 시절에 만났던 친구를 설득하기 시작했다. 당시 그 친구는 연봉 5,000만 원을 받으며 마이크로소프트에 다니고 있었는데, 그 좋은 직장을 그만두게 하고 서울에 있는 다른 친구의 사무실에 책상만 하나 덩그러니 가져다 놓고 온라인 사업을 시작했다. 그게 바로 옥션의 시초이다. 제일 처음에 한 일은 큰 도화지에 그가 생각하는 사이트를 그려보는 것이었다.

그는 과연 얼마나 자신에 차 있었던 것일까? 오로지 아이디어만 있을 뿐 아무런 기반지식도 없었던 그는 남의 사무실을 빌려 창업할 때부터도 자신감 하나는 충만했다.

처음부터 폭발적인 호응을 기대할 수는 없겠지만 시간이 흐를수록 사업성 있는 아이템이라고 믿었다. 예상한 일이긴 했지만 초기 한 2년간은 돈이 잘 벌리지 않았다. 다행히 휴게소 사업으로 벌어놓은 돈이 있었기에 근근이 버틸 수 있었다. 사실 인터넷 경매가 당시에는 생소한 개념이었기에 그걸 알리느라 힘이 들었을 뿐 사업 자체가 자금이 많이 필요한 것은 아니었다. 그래서 확신을 가지고 더 밀어붙이기 시작했다. 자본금 5,000만 원으로 시작해 월급을 주는 직

원이 처음엔 한 명이었다가 시간이 지나면서 둘, 셋으로 점점 늘어
갔다.

옥션을 개설한 지 3년차가 됐을 때 창투사와 은행을 통해 투자를
받을 수 있게 되자 사업이 점점 더 활성화되기 시작했다. 처음 예상
이 적중했던 것이다. 인터넷 인구는 하루가 다르게 늘어갔고 온라인
으로 물건을 거래하는 일에 점점 더 많은 사람이 관심을 보이고 참
여하기 시작했다.

사업이 번창하기 시작하자 정말 무서울 정도로 규모가 커졌다.
그런데 2000년대 초반 인터넷 버블이 꺼지면서 옥션의 주가도 곤두
박질치는 상황이 벌어졌다. 결국 무리하게 옥션의 공모주를 사들인
직원들이 많은 피해를 보았고, 그는 고심 끝에 세계 최대 경매 사이
트 기업이었던 이베이의 제안을 받아들였다. 직원들의 손실 보상은
물론 1,700억 원이라는 엄청난 금액에 옥션을 매각하는 결정을 내린
것이다.

"당시엔 어쩔 수 없는 선택이었지만, 그야말로 밑바닥부터 시작
해 그만큼 옥션을 키워봤다는 데 자부심을 느낍니다. 후회는 없어
요. 지금도 옥션이 더 잘되기를 바랍니다. 내가 낳아서 키운 자식과
마찬가지니까요."

이 대표는 옥션을 정리한 후 6년간의 조용한 방황을 끝내고 새로
운 콘셉트의 쇼핑몰 원어데이의 CEO로 다시 돌아왔다. 새로운 도
전이 시작된 것이다. 원어데이는 하루에 한 품목만 시중가보다 저렴
한 가격에 판매한다는 독특한 경영 방침을 가진 쇼핑몰이다. 옥션을

매각하고 잠시 냉난방기 제조업체의 CEO를 경험하기도 했던 이 대표는 중소기업들이 좋은 제품을 만들어내도 자금력이 딸리고 판로가 마땅치 않아 어려움을 겪는 것을 많이 보았다. 그래서 중소기업의 좋은 제품들 가운데 하루에 한 가지만 선별해 싸게 공급함으로써 중소기업과 쇼핑몰이 모두 윈윈하는 원어데이 아이디어를 생각해냈다.

"원어데이를 준비하면서 비로소 고향으로 돌아온 듯한 기분이 들었어요. 난 온라인 사업이 적성인가 봐요. 잠시 냉난방기 제조업체를 운영해봤지만 내가 잘할 수 있는 분야가 아니었죠. 다시 온라인 사업을 시작할 땐 정말 신바람이 났어요. 아마도 내가 원어데이를 만들지 않았다면, 나야말로 원어데이의 가장 큰 고객이 되지 않았을까 싶어요. 나는 새로운 제품이 나오면 직접 사서 써보고 평가하기를 좋아하죠. 이처럼 내가 좋아하는 일을 하면서 적성에도 맞으니 아무리 몸이 힘들어도 즐겁기만 했어요."

창업 당시 그는 사이트에 대한 아이디어만 달랑 있었다. 옥션을 창업했을 때처럼 원어데이도 작은 다락방 같은 사무실에서 책상만 하나 달랑 놓고 시작했다. 돈을 걸고 돈을 버는 사업은 사업이 아니라는 것이 그의 지론이다. 그래서 자본금 1억 원으로 시작했다. 하지만 곧 자본금을 5억 원으로 증자했고 성공 가능성이 알려지자 외부에서 투자도 받을 수 있었다. 원어데이는 현재 30만 명 정도의 고객이 매일 방문하는 사이트로 성장했다. 이름 없는 중소기업에서 벗어나 원어데이와 함께 성장한 회사들도 많이 생겼다.

"이제 원어데이에 제품을 내놓는다는 것은 그만큼 그 제품이 검증받은 물건이라는 뜻이 됩니다. 소비자가 직접 써보고 입소문을 낼 수 있는 자리를 마련하는 것이야말로 어떤 광고보다 효과적이죠. 앞으로 원어데이가 연매출 1,000억 원 고지를 찍을 날도 머지않았다고 봅니다."

이 대표는 잠시 생각에 잠기는 듯싶더니 다시 말을 이었다.

"사실 저는 라면 가게를 하나 내더라도 남들과는 다르게 할 자신이 있어요."

도전에 응전한 사람이라는 특권

누가 시켜서 하는 것이 아니라, 스스로 필요하고 절실히 원해서 시작하는 일에서 놀라운 성과를 거두는 것은 비단 비즈니스에서만 일어나는 현상이 아니다. 이것은 우리 삶의 모든 분야에서 발견되는 성공의 원리다. 놀랍게도 타고난 재능과 환경이 모든 것을 좌우한다고 생각되는 스포츠나 예능 분야에서도 이 원리가 똑같이 적용된다.

저널리스트이자 《뉴욕타임스》의 베스트셀러 작가인 대니얼 코일(Daniel Coyle)은 2007년 《뉴욕타임스》 커버스토리에 「탤런트 코드(Talent Code)」라는 기사를 써서 인류의 오랜 과제였던 '재능의 정체'를 둘러싼 비밀에 접근했다. 이 기사가 커다란 화제를 불러일으키자 코일은 1년 2개월 동안 전 세계를 돌아다니며 뛰어난 사람들을 취재한 끝에 같은 이름의 책을 펴냈다. 『탤런트 코드』는 코일이 스포츠 선수들을 취재하면서 발견한 놀라운 사실들을 뇌과학의 관점에서 풀어낸 책이다.

그는 스포츠 선수들을 취재하다가 뉴욕의 초라한 음악 아카데미에서 모스크바의 진흙투성이 테니스 코트까지 별 볼일 없어 보이는 장소에서 엄청난 능력을 발휘하는 개인과 집단을 찾아냈고, 이들에 대한 글을 쓰면서 모든 재능에 적용되는 공통된 패턴을 발견했다. 실내 코트가 달랑 하나뿐인 러시아의 궁핍한 테니스 클럽이 미국 전체를 합친 것보다 더 많은 여자 선수를 세계 랭킹 20위권에 올리거나, 뉴욕의 다 쓰러져가는 음악 아카데미가 세계를 놀라게 하는 가수들을 연달아 배출하기도 했다. 그뿐 아니다. 세계 최고의 축구 선수, 바이올리니스트, 전투기 조종사, 예술가 등 타고난 재능이라고밖에 할 수 없을 정도로 놀라운 성공을 거두고 있는 사람들은 결코 처음부터 특별하지 않았다. 도대체 평범했던 그들이 변화하게 된 원동력은 무엇이었을까?

그 해답을 찾기 위해 『탤런트 코드』에 소개된 오스트레일리아의 음악심리 연구자인 게리 맥퍼슨이 1997년에 어느 음악학교 학생들을 대상으로 실시한 연구를 살펴보자. 그는 무작위로 선택한 학생들 157명의 음악 학습을 연구하는 장기 프로젝트를 진행했다. 왜 똑같이 레슨을 받아도 어떤 아이들은 진도가 빠르고 어떤 아이들은 그렇지 않은지를 알아내기 위해서였다. 맥퍼슨은 아직 자신들이 다룰 악기도 선택하기 전인 일고여덟 살 무렵부터 고등학교를 졸업할 때까지 아이들을 줄기차게 따라다니면서 상세한 인터뷰와 생물학적인 테스트, 연습 장면 녹화 등을 통해 진도를 측정했다. 그런데 결과는 좀처럼 종형곡선을 나타내지 않았다. 몇몇의 실력은 로켓처럼 빠르게 치솟았고, 몇몇은 거의 변동이 없었으며, 대부분은 그 중간에 속했다.

맥퍼슨은 그들의 실력을 좌우하는 것이 무엇인지 알아내고자 수없이 데이터를 분석했지만 지능지수도, 청각적 감수성도, 수학적 능력이나 리듬감도, 소득수준도 중요한 요인이 아니었다. 결국 그는 연구의 방향을 바꿔서 새로운 요인을 찾기 시작했다. 첫 레슨이 시작되기 전에 아이들에게 자신이 선택한 악기를 얼마나 오래 배울 계획이냐고 물었는데, 이 질문에 대한 아이들의 대답이 중요한 실마리라고 보았다. 아이들은 저마다 '올해까지, 초등학교 졸업 때까지, 고등학교 졸업 때까지, 평생' 중에서 하나를 골라 대답했다. 맥퍼슨은 그 결과를 '단기, 중기, 장기'의 세 범위로 압축했다. 그러자 충격적인 사실이 드러났다.

아이들의 실력을 좌우한 것은 그들의 연습시간이 아니었다. 적성이나 유전형질도 아니었다. 오로지 레슨을 시작하기 전에 품었던 작지만 강력한 생각 때문이었다. 연습량이 같더라도 장기 계획을 세우고 레슨을 시작한 아이들은 단기 계획을 세운 아이들보다 연주 실력이 40%나 더 뛰어났다. 장기 그룹의 아이들은 일주일에 20분만 연습해도 한 시간 반 동안 연습한 단기 그룹보다 실력이 훨씬 빨리 향상되었다. 장기 그룹의 아이들이 단기 그룹만큼 연습한 경우에는 실력이 놀라우리만큼 획기적으로 향상되었다.

"우리는 새로운 스킬을 배우는 학생들이 빈 서판, 즉 백지상태에 있다고 생각해요. 하지만 아이들이 첫 레슨에 임할 때 품은 생각은 교사의 역할이나 연습량보다도 훨씬 중요해 보입니다. 그런 생각은 학생들의 자기 인식과 관련이 있죠. 초기의 어떤 시점에 '나는 음악가다'라는 생각이 표면화되는 구체적인 경험을 하는 것이죠. 그런 생각은 언덕을 굴러 내려가는 눈덩이처럼 강력합니다."

이는 맥퍼슨의 말이다.

아이들이 날 때부터 음악가가 되고 싶어 했던 것은 아니다. 그들의 욕구는 어떤 신호를 받아서 생겨났다. 부모가 음악가여서 그 모습을 보고 자랐을 수도 있고, 교사가 한 말이나 행동 혹은 우연히 마주친 사람이나 이미지의 집합에 영향을 받았을 수도 있다. 그 계기가 무엇이든 간에 작고 순간적이며 강력한 생각의 힘은 그들을 성공적인 음악가가 되도록 이끌었다. 향상의 과정에 불을 붙이는 것은 선천적인 능력이나 피나는 연습이 아니었다.

이와 비슷한 연구가 또 있다. 롱아일랜드의 임상심리학자 마빈 아이젠스타트(Marvin Eisenstadt)는 브리태니커 백과사전에 반쪽 이상 등재된 유명인들을 골라 부모의 생존 여부를 조사했다. 그들이 처음으로 부모를 잃은 경험을 한 나이는 평균 13.9세였던 반면, 통제군에 속한 평범한 사람들의 경우는 19.6세였다. 수많은 성공한 사람 중에서 부모를 잃은 고아는 한둘이 아니었다. 아이젠스타트가 수집한 사례에는 호머에서 존 F. 케네디에 이르기까지 작가, 과학자,

정치인, 작곡가, 군인, 철학자, 탐험가 등 다양한 위인이 포함되어 있었다. 프랑스의 한 연구자는 이 리스트를 보고 "고아들이 세계를 지배하는가?"라는 논의를 제기했을 정도로 성공과 부모를 잃은 경험의 상관관계는 확실해 보였다.

심리학자 키스 시모턴(Keith Simonton)도 『천재의 기원(Origins of Genius)』에서 부모를 잃은 경험에 대해 이렇게 말한다.

"그런 불운한 사건은 성공을 향해 가는 과정에서 부딪히는 수많은 장애물과 좌절감을 극복할 수 있을 만큼 강인한 인격이 형성되도록 자양분을 제공한다."

부모를 잃는 경험은 아이에게 자신이 더는 안전하지 않으며, 어떻게든 인생의 갖가지 위험과 가능성에 스스로 대처해야 한다는 작지만 강력한 생각을 하게 한다. 그것은 엄청난 동기부여로 작용해 아이의 인생 전반에 큰 영향을 끼친다. 즉 도전과 응전의 법칙이 여기에서도 적용되는 것이다.

그러므로 성공한 사람들의 능력을 타고난 유전자로 설명하려는 태도는 완전히 무의미한 것이 될 수 있다. 물론 부모의 죽음이나 부재가 항상 재능이나 성공을 낳는 것은 아니다. 똑같은 사건이 아이를 망칠 수도 있다. 하지만 일반적으로 어린 나이에 부모를 잃은 사람들은 막대한 도전에 직면한 셈이고, 이에 응전하면서 남들보다 강력한 생각을 가지고 스스로 앞길을 헤쳐나간다. 도전과 응전의 법칙은 작지만 강력한 생각의 힘, 즉 동기부여와 떼려야 뗄 수 없는 관계이다. 결국 인류가 태곳적부터 품어왔던 의문인 "왜 누군가는 뛰어난 성취를 이뤄내는가?"에 대한 해답은 '누군가는 도전에 응하기 때문'이라고 할 수 있다.

"우리는 항상 목표를 추구하고 동기를 제공받습니다. 모두 의식에 선행하는 차원의 일이죠. 그럴 때마다 우리 뇌는 현재의 에너지를 어디에 투입하면 좋을지 끊임없이 암시를 찾으려고 합니다. 우리는 암시로 가득 찬 바다를 헤엄치면서 그런 암시에 계속 반응하죠. 하지만 바닷속의 물고기처럼 그런 사실을 깨닫지는 못해요. 사람은 편안하고 쾌적한 환경에 있으면 자연스럽게 노력을 중단하죠. 뭐 하러 노력하겠습니까? 하지만 힘든 상황이라는 신호를 받으면 즉각 동기가 생깁니다. 당장이 편하고, 눈앞에 화려한 미래가 있다면 당연히 동기가 사라지죠. 어쩔 수 없는 일이에요."

『탤런트 코드』에서 대니얼 코일이 인터뷰한 예일대학의 심리학자 존 바그(John Bargh)가 한 말이다. 그는 1980년 중반, 자동성 연구 분야를 개척했는데, 일명 '스크루지 법칙'이라는 이론을 통해 우리의 무의식은 에너지가 잔뜩 비축된 금고를 가지고 있는 인색한 부자라고 설명한다. 스크루지는 여간해서는 어떤 호소에도 금고문을 쉽사리 열지 않는다. 하지만 잇따른 유령들의 방문으로 수전노였던 삶에서 벗어나 새로운 사람이 되었듯, 동기를 자극하는 암시들이 들어맞으면 어느 순간 에너지의 금고문이 활짝 열린다. 난데없는 크리스마스가 찾아오는 것이다.

도전에 응한 사람이 갖게 된 강력한 동기가 놀라운 성취로 이어지는 이유가 여기에 있다. '반드시 해내겠다'는 작은 불꽃이 타올랐다면 이미 성공으로 가는 특급열차에 올라탄 셈이다.

3

아르키메데스의 후예들

"바로 이거야!"의 순간

미국에서만 25만 가구를 TV 앞으로 끌어들이고 있는 세계 최대의 글로벌 1위 홈쇼핑 업체인 QVC는 2001년 6월 새로운 시도를 감행했다. QVC의 캐나다 채널에서 당시만 해도 인지도가 거의 없던 한국의 아주 작은 중소기업이 만든 새로운 주방용 밀폐용기를 선보인 것이다.

"지금 보시는 이 주방용 밀폐용기는 '잠그고(Lock) 또 잠근다(Lock)'는 제품명 그대로 어떤 상황에서도 물 한 방울 새지 않습니다. 결코 과대 허위광고가 아닙니다. 지금부터 여러분의 눈으로 똑똑히 확인하게 될 사실입니다. 바로 여기를 주목해주십시오. 이제 이 락앤락(Lock & Lock) 용기에 1달러짜리 지폐를 넣습니다. 그리고 잠급니다. 자, 지금부터 이것을 물이 가득 담긴 수조에 집어넣어 보겠습니다."

카메라는 널찍한 어깨를 지닌 남성 쇼호스트가 락앤락 용기를 커다란 수조에 빠뜨리는 장면을 천천히 비췄다.

"아무리 물 샐 틈 없이 막더라도 물속에 한참을 담가놓는다면, 1달러 지폐가 과연 물 한 방울 묻지 않고 무사히 나올 수 있을까요?"

곁에서 지켜보던 여성 쇼호스트가 두르고 있는 빨간 앞치마만큼이나 상기된 얼굴로 수조를 바라보며 말했다. 투명한 용기 안으로 1달러짜리 지폐가 더욱 선명하게 그 모습을 드러내고 있었다.

"물에 흠뻑 젖어서 더 선명해 보이는 것은 아닐까?"

결과를 궁금해하는 시청자들의 분당 시청률이 마구 올라가던 순간, 드디어 쇼호스트가 수조에서 락앤락 용기를 건져 올렸다. 그러고는 락앤락의 뚜껑을 딸각하고 열자마자 촬영장 곳곳에서 탄성이 터져 나왔다. 놀랍게도 락앤락에 들어 있던 지폐는 물 한 방울 묻은 흔적조차 없이 말짱했다.

그때부터였다. 방송을 보던 시청자들의 전화주문이 폭주하기 시작했다. 소비자들이 어떤 반응을 보일지 몰라 반신반의하면서 준비해놨던 당일 물량 5,000세트가 순식간에 매진되는 순간이었다.

캐나다에서 거둔 첫 방송의 대성공에 힘입어 미국에서도 폭발적인 반응이 줄을 잇기 시작했다. 미국 소비자들은 한 손으로도 여닫을 수 있는 편리함과 탁월한 성능에 반해 밀폐용기는 무조건 락앤락을 찾기 시작했다. 외팔이 아저씨, 관절염으로 고생하는 할머니, 용기를 여닫다가 손톱을 다친 주부 등 소비자로부터 감사 편지가 쇄도하기 시작한 것도 그 무렵이었다.

: 미국, 영국, 독일, 호주는 물론 중국과 대만, 베트남에서도 전회 매진을 기록하고 있는 '락앤락'의 홈쇼핑 판매 장면

밀폐용기 하나로 전 세계를 장악한 사나이, 김준일 회장의 락앤락 성공 신화는 이렇게 시작되었다. 해외에서의 성공 스토리가 알려지자 락앤락을 작고 이름 없는 업체가 만든 제품이라며 외면하던 국내 홈쇼핑에서도 러브콜이 밀려왔다. 마침내 포문을 연 첫 방송에서 준비한 2,000세트가 바로 매진되고 뒤이어 추가한 4,000세트마저 다 팔렸다. 방송할 때마다 불티나게 팔려나가는 바람에 연속 9회 매진이라는 신기록을 수립하고, 홈쇼핑 업계의 전설이 된 분당 매출 1,000만 원의 기록도 세웠다.

오늘날 락앤락은 국내시장에서 독보적인 1위를 고수하고 있음은 물론 세계 밀폐용기 시장에서도 미국의 타파웨어, 러버메이드를 잇는 글로벌 기업으로 성장했다. 김 회장 역시 1조 원대의 주식 거부가 되었고, 국내 10대 부자에 이름을 올렸다. 그에게 이 타이틀이 더욱 값진 이유는 락앤락은 그가 맨손으로 일궈낸 사업체이기 때문이다.

호남형 얼굴에 날렵한 체구를 가진 김 회장은 1조 원대의 주식 거부라는 수식어가 어울리지 않게 소탈하다. 중저가 브랜드 양복 입기를 고집하며, 시간이 아깝다는 이유로 골프를 치거나 술자리를 갖는 경우도 거의 없다. 그는 어떻게 주방용품 사업에 뛰어들게 된 것일까?

그는 유통업을 운영하는 아버지 밑에서 비교적 유복한 어린 시절을 보냈다. 그러나 그가 중학교에 막 진학할 무렵, 무리한 사업 확장으로 가세가 급격히 기울었다. 3남4녀 중 여섯째였던 그는 힘겨운 십대를 보내야 했다. 생활고가 무엇인지를 경험한 이후 그는 막연하게나마 '월급쟁이 생활은 안 하겠다. 뭘 하든 내 사업을 해서 반드시 성공하고 돈도 많이 벌겠다'라고 결심을 다졌다.

어느덧 스물일곱 살이 된 그는 '무엇을 해서 먹고 살 것인가'하는 고민에 빠졌다. 성장기에 아버지가 유통업으로 성공과 실패를 거듭하는 것을 직접 보고 자랐고, 그 또한 유통업을 하는 회사에 들어가 장사의 기본기를 배우고 나온 상태였다. 유통 쪽으로 계속해서 안목을 기르고 경험을 쌓아온 셈이었다. 문제는 남들이 생각하지 못한 새롭고 기발한 아이템을 찾아야 하는데, 딱히 좋은 생각이 떠오르지 않았다. 그러던 어느 날 신문을 뒤적이다가 우연히 '수입 자유화'라는 단어를 보게 되었고, 순간 전율이 돋는 것을 느꼈다.

"바로 이거다 싶었죠. '수입 자유화'라는 단어가 신문 전면을 가득

채운 것처럼 느껴졌습니다."

　어디서 많이 들어본 이야기 같지 않은가? 자수성가의 법칙이라 불러도 좋을 만큼 성공한 사람들의 이야기에는 공통적으로 "바로 이거다!"라는 순간이 있다. 시간과 공간이 달라졌을 뿐, 지금도 어디에선가 수많은 아르키메데스가 벌거벗은 채로 거리를 달리며 "유레카!"를 외치고 있는 것이다. 똑같은 시대에 똑같은 공간을 나누며 똑같은 정보를 대하는데도 누군가는 이와 같은 "아하!"의 순간을 만난다. 스물일곱 살의 청년 김준일이 바로 그랬다. 같은 날 같은 시간에 수천만 명이 똑같이 대했을 '수입 자유화'라는 기사는 그의 뇌리에 깊이 각인되어 오늘날의 락앤락 신화를 일궈낸 불씨가 되어 타올랐다.

세계에서 공통적으로 발견되는 아르키메데스의 후예들

하늘을 찌를 듯한 기세의 고층 빌딩들이 가득한 회색 도시 월스트리트, 그중에서도 유명한 헤지펀드 회사 디이쇼(D.E. Shaw)의 수석부사장실에서 한 젊은이가 연봉 100만 달러(약 10억 원)짜리 직장을 떠나겠다는 사표를 쓰고 있었다. 시원한 이마 아래로 드러난 깊고 푸른 눈은 열정으로 가득했고, 앞으로 펼쳐질 미래에 대한 자신감으로 빛났다.

그는 이제 막 서른이 되었고 월스트리트에서도 내로라하는 금융 기업의 최연소 부사장으로 승진한 참이었다. 하지만 그의 머릿속은 온통 현실 세계에는 존재하지 않는, 수백만 권의 책이 있는 온라인 서점을 만들겠다는 생각으로 가득했다. 직장상사는 그가 만든 인터넷 서점 사업계획서를 보고 이렇게 말했다.

"정말 좋은 생각 같군. 하지만 이미 자네는 좋은 직장을 가지고 있지 않은가. 그렇지 못한 사람에게 더 필요한 아이디어가 아닐까?"

상사뿐만이 아니었다. 주위에서 모두 그를 말렸다. 무지갯빛 환상을 좇느라 연봉 100만 달러짜리 직장을 내던지는 것은 미친 짓이라고 입을 모았다. 그런 그를 끝까지 지지해준 것은 오로지 결혼한 지 1년이 갓 지난 아내뿐이었다.

많은 고민 끝에 결정은 내려졌다. 그는 자신의 판단을 믿었다. 미련 없이 사표를 던지고, 그 길로 집에 돌아가 아내와 함께 이삿짐을 쌌다. 아내가 차를 모는 동안 그는 뒷좌석에서 노트북으로 사업계획을 짰다. 차가 멈춘 곳은 시애틀의 어느 교외였다. 부부는 집을 빌려서 창고에 커대브러닷컴(Cadabra.com)이라는 인터넷 기업을 차렸다. 그리고 프로그래머 네 명과 함께 중고 가구를 고쳐 만든 허름한 책상에서 밤낮으로 프로그램 개발에 매달렸다. 디이쇼 시절에 사귄 사람들에게는 전화를 걸어 사업자금을 보태달라고 요청했다. 그의 능력을 믿었던 지인들은 십시일반으로 200만 달러를 모아줬다. 3개월쯤 뒤 그는 인터넷으로 책을 파는 기업을 출범시켰다. 회사 간판도 아마존닷컴(amazon.com)으로 바꿔 달았다. 세계에서 가장 긴 강인 브라질의 아마존에서 영감을 얻은 이름이었다. 세계 최초, 세계 최대의 인터넷 서점은 이렇게 탄생했다.

아마존을 세운 제프 베조스라는 이름의 이 젊은이는 이제 머리숱이 조금씩 없어지기 시작하는 중년의 나이로 접어들었다. 요즘은 머리를 빡빡 깎는 스타일을 고수하는 바람에 티베트에서 흔히 볼 수 있는 파란 눈의 수도승 같은 모습이다. 그는 아마존의 최고경영자(CEO) 겸 회장으로서 당시에는 낯설기만 하던 인터넷 공간을 새로운 쇼핑 공간으로 탈바꿈시킨 '인터넷 쇼핑'의 개척자다. 시사 주간지 《타임》은 이 같은 공적을 인정해 그를 1999년 '올해의 인물'로 선정했다. 경제 전문지 《포춘》도 2003년과 2004년 연속으로 그를 '올해 최고의 경영인'으로 뽑았다.

아마존은 출범 10년 후인 2004년 인터넷 매출 70억 달러로 세계 1위를 차지했고 사업을 다각화해서 책뿐 아니라 CD, DVD, 보석, 의약품, 식료품, 다이아몬드에 이르기까지 30여 범주에서 수많은 상품을 팔면서 인터넷 판매업체의 대명사로 자리 잡았다. 아마존의 성공과 함께 그가 거머쥔 부와 영예는 실로 어마어마하다. 《포브스》가 추산한 그의 재산은 현재 43억 달러에 달한다. 세계에서 147번째 부자다.

"결국 우리는 우리가 내리는 선택의 결과물입니다. 자신의 인생을 멋지게 만들어보십시오."

제프 베조스가 모교인 프린스턴대학에서 졸업생들에게 바친 축사의 결론이다. 그는 선택의 갈림길에서 남들이 보지 못한 미래를 예견한 사람이다. 그에게 인생은 선택의 연속이었고, 순간순간의 현명한 선택과 판단이 오늘의 그를 만들었다. 이것은 모든 자수성가한 인라이어들한테서 찾아볼 수 있는 공통점이기도 하다.

우리는 앞서 도전과 응전의 법칙이 인라이어가 되기 위한 첫걸음임을 알았다. 성공으로 향하는 관문이 열리고 작은 불꽃이 타오르는 과정을 함께 살펴보았다. 지금까지 살펴본 바로는 누구나 살면서 도전을 맞닥뜨리는 순간이 오고, 그것에 응전하는 사람만이 성공으로 가는 특급열차에 오르게 된다.

이제부터 다룰 이야기는 무엇이 이 불꽃을 더 크고 활활 타오르게 하는 원동력이 되느냐다. 성공으로 가는 기회를 잡은 사람들은 어떻게 그것이 기회임을 알아봤을까? 미래를 바꿀 놀라운 아이디어가 떠오르는 "아하!"의 순간은 어떻게 생겨났을까? 같은 조건, 같은 상황에서 같은 정보가 주어졌음에도 왜 특정한 사람들만이 그것이 성공으로 가는 특급열차임을 알아보는 것일까?

세상이 외면하는 기회를 발견한 사람들에게 남다른 판단 능력이 있었다는 것은 부인할 수 없는 사실이다. 아무리 성공하겠다는 열망이 불타올라도 수많은 선택 앞에서 올바른 판단을 내리지 못한다면 인라이어가 될 수 없다. 그렇다면 우리는 매 순간 무엇을 판단 기준으로 삼고 살아가는 것일까?

미래를 내다보는 사람들

세계 정상급 체스 선수 수전 폴가(Susan Polgar)는 얼마 전부터 체스를 둘 때마다 이상한 경험을 했다. 상대가 미처 수를 내기도 전에 1초 후의 미래가 머릿속에 선명하게 보이기 시작한 것이다. 그녀는 어떤 생각도 하지 않고 본능적으로 체스를 둔다. 그 반면에 그녀와 체스를 두는 상대는 마치 폴가가 자신의 마음을 읽고 있는 듯한 느낌을 받는다고 말한다.

"마이클 조던 같은 스포츠 대스타와 게임하는 것 같았죠. 폴가는 모든 수를 알고 있었어요. 나는 그녀보다 더 많은 생각을 해야 했죠. 그녀는 본능적으로 체스를 두는 것 같았어요."

폴가와 게임을 해본 적이 있는 프로 체스 선수 프래스턴 래스커의 말이다. 실제로 폴가는 남성들이 장악하고 있는 세계로 알려진 체스계에서 슈퍼컴퓨터보다 빠른 속도로 체스를 둬서 스물한 살 때 여성으로서는 최초로 그랜드마스터가 되었다.

폴가는 이제 눈을 감고도 체스를 둘 수 있는 경지에 올랐다. 그녀에게는 체스판이 필요 없다. 실례로 폴가는 전화로 체스를 두곤 하는데, 보통 사람이라면 체스판을 보며 32개의 말을 따라가야 하지만 그녀는 자신의 기억을 이용해 말의 움직임을 쫓는다. 어떻게 이런 일이 가능한 것일까? 새 수를 두는 데만도 40억 가지가 넘는 방법이 있다. 이는 슈퍼컴퓨터만이 할 수 있는 계산이다. 더군다나 각각의 상황에 맞는 최고의 수를 선택하려면 슈퍼컴퓨터의 능력을 넘어서야 한다. 폴가는 이렇게 말한다.

"자신의 본능을 믿어야 해요. 각각의 배치에 대해 맨 먼저 떠오르는 게 최고의 수입니다."

이것은 점술사나 노스트라다무스 같은 예언가에 대한 이야기가 아니다. 실력이 탁월한 음악가나 체스 선수 그리고 세계 정상급 운동선수들에게서 공통적으로 나타나는 현상이다. 그들에게는 남들이 보지 못하는 미래가 보인다. 머릿속의 무의식 어딘가에서 불쑥 올바른 대답이 튀어나오는 것이다. 이것은 미래를 예견하는 판단을 내릴 때 우리 머릿속에서 어떤 일이 벌어지는가와 관련된 중요한 사실이다.

미래를 내다본다는 것은 놀라운 경험이다. 그런데 이것은 무의식의 영역에 속한다. 심사숙고 끝에 나온 것이 아니라 직감적이고 본능적인 경험이다.

월스트리트에서 잘나가던 펀드 매니저 제프 베조스는 인터넷 인구가 기하급수적으로 늘고 있다는 기사를 보고 새로운 기회를 발견했다. 락앤락의 김준일 회장도 비슷한 경우다. '수입 자유화'라는 기사를 보고 불현듯 "바로 이거다!"라는 순간을 맞이했다. 그들은 왜, 어떻게 그런 느낌을 받았는지 논리적으로 설명하지 못한다. 제프 베조스는 이렇게 말한다.

"당시를 돌이켜보면 정말 어려운 결정이었어요. 나 자신도 실패할 가능성이 높다는 데 이의를 제기하지 않았죠. 하지만 마음속 어디에선가 올바른 선택이 될 거라는 확신이 솟아났어요. 결국 나는 결정을 내렸고 시도하게 되었죠. … 아마도 당신이 80세가 되었을 때 자신의 삶을 가장 개인적인 버전으로 되뇌며 떠올려볼 때 가장 간결하면서도 의미 있는 이야기는 바로 당신이 내린 선택들의 연속일 것입니다.”

락앤락의 김준일 회장이 털어놓는 미래를 보는 눈도 마찬가지다.

“수입 자유화 시대가 본격화되면서 내 판단이 적중했다는 것을 알았어요. 수입품이 귀하던 시절, 내가 선점해서 공수해온 각종 주방용품들은 불티나게 팔려나갔죠. 그때 수입 유통업에서 그런 성공을 거두지 못했다면 오늘날의 락앤락은 없었을 것입니다. 수입품들을 들여오면서 기른 안목으로 락앤락을 개발한 것이니까요. 미래를 내다봤다고 하기에는 좀 쑥스럽지만 유통업을 하면서 쌓았던 경험은 수입품의 가치를 본능적으로 알아보게 해주었고, 다양한 수입품을 다루면서 쌓은 안목은 소비자들이 원하는 새로운 물건을 개발해낸 원동력이 되었어요. 그때 왜 그런 판단을 내렸느냐는 질문에는 그저 본능적인 직감이었다고 대답할 수밖에 없어요. 시시한 대답일지도 모르지만, 그동안 쌓아온 경험과 안목이 그 밑바탕이 되었다고 볼 수 있겠죠.”

마치 앞날을 내다본 듯한 놀라운 판단력이 어디서 오는가를 알기 위해서는 이런 능력이 직감적이고 본능적인 속성임을 인정해야만 한다. 어떻게 알 수 있는지는 설명하기 어렵지만 무언가를 미리 내다보고 판단을 내릴 수 있다는 사실을 존중하고, 놀라운 성과의 비밀이 이런 판단력에서 비롯되는 경우가 많음을 받아들여야 한다.

정신근육은 어떻게 만들어지나

다시 수전 폴가의 이야기로 돌아가 보자. 그녀는 상대가 움직이기도 전에 그 수를 추측한다. 어떻게 이런 능력을 얻은 것일까?

컬럼비아대학의 조이 허시는 체스를 두고 있는 수전 폴가의 뇌를 자기공명영상(MRI)으로 촬영해보았다. 폴가가 어떤 방식으로 약 40억 개의 경우의 수 가운데 최고의 수를 0.8초 만에 떠올리는가를 관찰한 것이다.

허시는 먼저 폴가에게 유명한 체스 선수들의 사진을 보여주고 그녀의 뇌가 어떻게 반응하는지를 MRI로 촬영했다. 그러자 폴가의 뇌 속 얼굴 처리를 담당하는 방추이랑 부위가 활발하게 움직이기 시작했다. 사람의 얼굴을 인식할 때는 방추이랑이라고 하는 조직을 사용한다. 이것은 시각으로 들어오는 정보를 처음 처리하는 좌측 뇌의 뒤쪽에 있다. 보통의 뇌에서는 이 조직이 새로 들어오는 얼굴 정보를 이목구비의 비율로 빠르게 받아들여 장기기억에 저장되어 있는 친숙한 얼굴들 가운데 가장 맞는 것을 찾는다. 약 0.1초 만에 이런 과정이 진행되고, 우리는 누군가의 얼굴을 인식하는 것이다. 우리는 살면서 엄청나게 많은 얼굴을 대하게 되는데, 그 많은 정보 중 특정인의 얼굴을 인식하려면 누구나 이런 과정을 거쳐야 한다. 폴가도 예외는 아니었다.

또한 허시는 폴가에게 체스 게임에 대한 그림들을 보여준 후 각각의 그림에 대해 실제로 게임을 한다고 생각하며 머릿속으로 체스를 두게 했다. 그리고 그런 뇌의 모습을 촬영했다. 체스를 두고 있는 세계 챔피언의 뇌 속에서 무슨 일이 일어나는지를 최초로 밝혀낸 순간이었다. 그러자 신기한 일이 일어났다. 놀랍게도 폴가의 뇌에서 사람의 얼굴을 인식할 때 쓰는 방추이랑 부위가 활성화되었다. 폴가

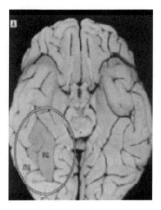

: 방추이랑은 뇌에서 오직 얼굴만을 인식하는 영역으로 눈, 코, 입 등 얼굴 구성 요소를 한꺼번에 인식한다.

는 얼굴 인식과 체스 게임에 뇌의 같은 부위를 사용하고 있었던 것이다. 즉 그녀의 뇌는 몇 년 만에 만난 친한 친구를 알아보는 것과 똑같은 속도로 약 0.8초 만에 새로운 수를 인식해냈다.

허시에 따르면 체스 게임처럼 진행형의 작업은 뇌의 맨 앞부분에서 이뤄지는 작동기억이라는 기능에 따라 처리된다. 관련 뇌세포의 뉴런들이 전기적 연결망을 형성하면서 필요한 정보를 저장하는 것이다. 하지만 이 연결들은 몇 초 만에 소멸되므로 작동기억에는 한계가 있다. 예를 들어 업무상의 필요로 누군가의 이름이나 전화번호 등의 신상을 들으면, 잠깐은 기억하지만 곧 잊어버리게 된다. 하지만 이러한 단기기억은 장기기억으로 전환될 수 있다. 이미 알고 있는 정보와 연결 짓는다든지, 아니면 반복적으로 접해서 연결 강도를 세게 하면 장기기억으로 저장된다. 장기기억은 지식으로 굳어진 기억이므로 쉽사리 잊히지 않는다. 일종의 정신근육이 생기는 셈이다.

이러한 장기기억들은 다른 정보들과 연결되어 저장되므로 오랫동안 사용하지 않더라도 적절한 연결고리(정보나 단서)를 주면 수면으로 끄집어낼 수 있다.

우리가 누군가의 얼굴을 인식할 때 장기기억에 저장되어 있는 친숙한 얼굴들 가운데 가장 맞는 것을 찾는 작업도 이와 같다. 우리 뇌에는 엄청나게 많은 얼굴을 인식할 수 있도록 도와주는 얼굴 처리 장치가 있다. 그런데 폴가가 약 40억 개에 달하는 경우의 수 가운데 가장 최고의 수를 뽑아내는 작업도 여기서 이루어지고 있었다. 이는 폴가의 뇌가 남과 다르기 때문에 나타난 결과가 아니었다. 그녀는 보통 사람들이 평소에 사용하는 아주 평범한 능력을 체스에 사용한 것뿐이다. 폴가는 이렇게 말한다.

"그것만을 생각하고 간절히 원하면 뭐든 이룰 수 있습니다."

물론 여기에도 구체적인 하우투는 있었다. 폴가의 아버지 라슬로 폴가는 헝가리의 교육심리학자로, 폴가가 태어나기 전부터 자신의 아이를 천재로 키울 계획을 세웠다. 그는 연구를 통해 성공한 사람들은 하나같이 한 분야를 선택해 거기에만 집중했다는 사실을 확인하고, 날 때부터 천재라는 말은 후세 사람들이 만들어낸 신화에 불과하다는 것을 증명하고 싶었다. 그래서 자신과 결혼해 자식을 낳고 실험을 도와줄 여성을 공개모집했다. 그러다 우연찮게 클라라라는 우크라이나 여성을 만났다. 클라라는 교사였고 헝가리어를 할 줄 알았다. 라슬로와 클라라는 결혼하여 곧 폴가를 낳았다.

실험은 폴가가 네 살 때부터 시작되었다. 딸이 체스에 관심을 보인다는 것을 알게 된 라슬로에게 "바로 이거다!"라는 순간이 온 것이다. 1970년대 초반 체스계는 완전히 남성들이 장악하고 있었고, 세계 최고의 선수들 중에는 여성은 아예 체스를 둘 수 없다고 여기는 이들도 있었다. 라슬로는 딸 폴가가 체스계에서 놀랄 만한 두각을 드러낸다면 자신이 평생을 걸고 연구해온 '전문적 훈련에 의한 천재성 발현'을 증명해낼 수 있는 좋은 사례가 될 것이라고 확신했다. 라슬로 자신도 체스에서는 아마추어였으며 폴가 가문에는 단 한 명의 체스 선수도 존재하지 않았다. 그럼에도 폴가가 적절한 훈련을 거쳐 남성에 비해 떨어진다고 알려진 공간지각 능력의 한계를 극복하고 체스계 최초의 여성 그랜드마스터가 되길 바랐다. 폴가의 말을 들어보자.

"아버지는 어디에서든 같은 이론을 적용할 수 있다고 확신했어요. 우선 아이들이 특정한 분야를 매우 좋아해야 하는데, 내 경우엔 그게 체스였죠. 그다음부터는 아주 쉬웠어요."

폴가가 체스를 배운 지 겨우 몇 달 뒤에 라슬로는 부다페스트 최고의 체스 클럽인 메스테오르로 딸을 데려갔다. 클럽 사람들은 라슬로가 미쳤다고 생각했다. 하지만 이들은 그저 귀여운 꼬맹이라고 여겼던 여자아이에게 뒤통수를 맞고 말았다.

"많은 남자가 내게 지고 나서 불평을 늘어놨어요. 잠을 못 자서 졌다는 등 배탈이 나서 졌다는 등 변명이 줄줄이 이어졌죠. 그래서 난 농담으로 건강한 남자는 이겨본 적이 없다고 말했죠."

폴가가 약 15년 전 아버지의 손을 잡고 체스 클럽에 다니던 시절을 회상하며 한 말이다. 아저씨들의 담배 연기가 자욱했던 그곳에서 폴가의 기질이 발휘되기 시작했다. 남자들을 이기기 시작한 것이다. 그 자리에서 놀라지 않은 사람은 폴가의 아버지 라슬로뿐이었다.

"물론 남성과 여성의 뇌가 달라서 서로 다르게 생각한다는 데 동의합니다. 그렇다고 어느 쪽이 더 나쁘다는 것은 아니죠. 성공에 정해진 길이 없다는 게 삶의 묘미라고 생각합니다. 로마로 가는 길은 많잖아요."

폴가의 말처럼 성공으로 가는 길은 애초부터 정해진 것이 아니다. 오로지 개척해나가는 방법이 있을 뿐이다. 그녀는 아버지의 지도를 받으며 자기 집 거실에서 하루에 여섯 시간씩 자신의 일생에서 가장 힘든 일을 해야 했다. 그녀의 이야기를 들어보자.

"한쪽 벽에 체스 책들을 넣어둔 책장이 있었어요. 모두 4,000~5,000종의 책이 있었죠. 그리고 20만 가지나 되는 체스 게임 목록도 있었어요. 체스 잡지와 신문에서 스크랩해 첫수와 선수별로 정리해놓은 것이죠."

체스의 달인이 되기 위해 어린 시절 폴가에게는 이런 부단한 노력이 요구되었다. 흔히 체스 게임의 경우의 수는 우주의 원자보다도 훨씬 더 많다고 한다. 이런 체스의 수는 혼돈 속의 질서처럼 규칙성을 지닌다. 전형적인 수들이 여러 게임에서 반복되어 나오는 것이다. 이런 수들은 체스 언어의 기본 단어와 마찬가지다. 보통 대부분의 여덟 살짜리 아이들은 2만 개 정도의 단어를 아는 데 그치지만, 같은 나이의 폴가는 10만 개의 체스 기보(체스 말의 움직임을 글 형태로

표기한 것)를 외웠다. 이러한 과정이 그녀의 뇌를 바꾸게 했다. 지속
적인 반복과 함께 기억들이 작동기억에서 장기기억으로 이동한 것
이다. 작동기억은 한계가 있어서 몇 초밖에 지속되지 않는다. 하지
만 장기기억으로 기억된 정보는 튼튼하게 연결되어 평생 지속될 수
있다. 폴가는 다년간의 훈련을 거쳐 장기기억의 영역, 즉 가족의 얼
굴이나 일생의 경험들을 저장하는 곳에다 체스의 수들을 일종의 정
신근육처럼 자리 잡도록 한 것이다. 그 결과 폴가는 수많은 체스의
수를 마치 사진을 찍듯이 기억해내고, 본능적이라 할 만큼 빠른 속
도로 각각의 게임에 적용한다.

  심리학자이자 전 영국 체스 챔피언인 윌리엄 하트스톤의 설명을
들어보자.

  "모든 종류의 지적 능력은 절대적으로 직감입니다. 직감은 과학
보다는 초자연에 가까워 설명하기 어렵다고 하지만, 실제로는 모든

분야의 전문가들에게 나타나는 현상이며, 설명도 가능합니다."

하트스톤은 폴가의 두뇌가 지극히 인간적인 기술을 사용하고 있다고 설명한다. 폴가는 체스판의 말을 하나하나 기억하는 것이 아니다. 무엇이 중요한지를 식별한 다음, 그것을 의미 있는 체계로 묶음 처리하는 것이다. 그래서 폴가는 24개 말의 위치를 기억하는 것이 아니라 말들의 패턴을 다섯 그룹 정도의 패턴으로 묶어서 인지한다. 실례로 체스를 알지 못하는 사람이 마구잡이로 섞어놓은 말을 보여주자 그녀는 말의 위치를 기억하지 못했다. 체스의 룰대로 말들을 놓아두었을 때 마치 사진을 찍은 것 같은 기억력을 보여준 것과는 상반된 모습이었다.

덩어리로 묶어라

체스 선수들의 놀라운 기억력에 의문을 품은 사람은 과거에도 있었다. 1914년에 태어난 아드리안 드 그루트(Adrian de Groot)라는 심리학자는 체스를 좋아했지만 잘 두지는 못했다. 그는 체스 클럽을 다니던 중 몇몇 평범해 보이는 사람들이 어느 날인가부터 초인적인 체스 실력을 발휘하는 것을 보고 고민에 빠졌다.

"비슷한 나이와 경험, 실력을 가지고 있던 사람들이 왜 갑자기 남들보다 월등한 수준에 도달하는 것일까?"

드 그루트는 본격적인 연구에 착수했다. 우선 체스의 달인들이 평범한 선수보다 얼마나 더 많은 체스의 수를 기억할 수 있는지를 실험했다. 세계적인 수준의 선수들은 게임이 진행 중인 체스판을 약 5초만 들여다보고도 거의 100%에 가깝게 복기를 해냈다. 그들은 평범한 선수들에 비해 4~5배가량 더 많이 기억하는 능력을 보였다.

드 그루트는 이번에는 체스 말을 무작위로 배열하고 체스 선수들에게 체스판을 복기하도록 했다. 그러자 수전 폴가를 대상으로 했던 실험과 같은 결과가 나왔다. 그들은 일반인과 같은 기억력을 보였으며, 오히려 초보선수가 더 많은 수를 기억해냈다. 체스를 잘 두는 사람일수록 체스 말들을 패턴으로 인식했을 뿐 흩어진 말들은 보지 못했던 것이다. 따라서 패턴이 사라진 체스판의 말들을 기억하는 데는 일반인과 어떤 차이도 보이지 못했다.

심리학에서는 이러한 패턴화를 가리켜 청킹(chunking)이라는 용어를 사용한다. 다시 말해 덩어리로 묶는다는 뜻이다. 어떤 분야의 달인이 될수록 정보 하나하나를 인식하지 않는다. 정보를 일정한 단위로 묶어 덩어리로 인식하기 때문에 더 빨리 더 많이 더 정확하게 기억할 수 있는 것이다.

이 과정은 우리가 문장을 처리하는 방식과 일치한다. 알파벳 하나하나가 모여 단어가 되고 문장이 되고 더 큰 단락을 이루듯이 작은 덩어리들이 모여 큰 덩어리를 구성한다. 폴가와 같은 체스 달인이 체스판을 볼 때는 체스 말 하나하나는 고려의 대상이 아니다. 수많은 연습을 통해 형성해놓은 뇌의 장기기억 부분에 신호를 발사하기만 하면 된다. 수년간 서서히 이루어진 조직화의 결과는 마치 우리가 수십 년간 대해온 얼굴들 중에서 고작 0.1초 만에 유치원 동창생의 얼굴을 찾아내듯이 본능적이고 직감적으로 해답을 내준다. 중요한 것은 덩어리로 묶어내는 방법, 즉 정보를 빠르게 처리해 장기 기억의 영역에 저장해놓고 필요할 때 재빨리 꺼내 쓸 수 있는 스킬을 익히는 것이다.

이때 정보를 묶어내는 방법을 익히기 위해서는 우선 수많은 정보를 접하고 또 접하는 '모방의 단계'를 거쳐야 한다. 폴가가 그랬듯이 위대한 체스 마스터들의 게임 결과를 복기하는 훈련이 필요하다. 수천 가지의 수를 보면서 그것을 주의 깊게 관찰하고 전체적인 그림을 흡수해야만 한다.

락앤락의 김준일 회장도 수입품을 다루면서 비슷한 경험을 했다. 수입 자유화 시대가 열릴 것을 본능적으로 내다보고 수입업에 뛰어든 청년 김준일은 당시로 치면 지금의 삼성보다도 유명했던 한국생사를 찾아갔다.

비단을 만들어 수출하던 한국생사는 우리나라 기업 중 국외 지사가 가장 많은 곳이었다. 그러다 보니 외국 제품 정보에 가장 밝았을 뿐 아니라 다양한 제품의 수입 권리 또한 가장 많이 보유하고 있었다. 한국생사는 마침 다양하게 들여온 수입제품을 모두 제대로 유통시킬 수 없어 고민하던 처지였다. 몇 차례 협상 끝에 김준일은 한국생사에서 진행 중인 수입제품 몇 가지의 유통권을 얻어내는 데 성공했다.

"당시 한국에서는 '수출보국'이라는 인식이 팽배했어요. 눈을 돌리는 곳마다 '수출만이 살 길'이라는 표어가 붙어 있었죠. 하지만 '수입도 충분히 나라를 위하는 길'이 될 수 있다고 생각했어요. 수입을 해서 소비자들의 제품 보는 안목이 높아져야 국내 제조업체들도 소비자를 만족시키기 위해 더 좋은 제품을 만들지 않겠어요? '수출은 나라를 살리는 길이고 수입은 정반대 개념'이라는 인식을 바꿔보고 싶었어요. 보지 않으면 모릅니다. 수입을 통해 사람들의 보는 눈을 높여주는 것도 의미가 있다고 생각했죠."

김 회장은 한국생사에서 수입한 물건을 받아 백화점과 남대문 등지에 파는 중간상인 일을 하면서 회사 이름을 '국진(國進)유통'이라고 지었다. 그 이유는 수출도 애국이지만 좋은 물건들을 수입해서 사람들의 보는 눈을 높이는 것도 장기적으로 나라가 나아갈 길이라고 생각했기 때문이다.

부지런하고 싹싹했던 김 회장에게 물건을 받겠다는 매장은 계속 늘어났다. 유통가에서 김준일이라고 하면 모르는 사람이 없을 정도였고, 먹고사는 데 전혀 불편함이 없을 만큼 사업을 키웠다. 그러던 중 그는 남들이 가지 않는 길을 또 한 번 가야겠다는 판단을 내린다.

당시 가지고 있던 유통권만으로도 사업하는 데 큰 지장이 없었다. 하지만 모든 유통권에는 시효가 있고, 언제든 다른 업체한테 빼앗길 위험이 도사리고 있었다. 그래서 차라리 직접 제조업체와 접촉해 한국 독점 수입 권리라든가 독점 유통권을 가져와야겠다는 판단을 내렸다.

사업의 방향을 바꾸기로 마음먹은 김 회장이 심사숙고 끝에 내린 결론은 '주방제품을 수입하자'는 것이었다. 1970년대 말 그야말로 못 먹고 못살던 시절, 근대화의 불씨가 희미하게나마 타오르기 시작하던 때 사람들이 구매할 수 있는 여력이 있는 수입제품은 주방제품 정도에 불과하다고 생각했다.

그는 곧바로 틈날 때마다 전 세계 전시회를 찾아다녔다. 통역을 대동한 채로 여러 국가를 누비며 눈에 띄는 물건이 있으면 바로 상담하고 수입을 시작했다. 당시 한국산 주방용품이라고는 고무대야나 양은냄비, 플라스틱 바가지 정도에 불과하던 시절이었다. '선학표 알루미늄'이 유일한 한국 브랜드였다. 미군부대에서 간혹 흘러나온 수입 주방제품에 주부들이 탄성을 내지르던 시기에 그가 들여온 유리, 도자기, 스테인리스강, 알루미늄, 플라스틱 등 다양한 재질로 만든 형형색색의 주방용품은 그야말로 시장을 휩쓸었다.

'돈을 쓸어 담는다'는 표현이 어울릴 정도로 매달 매출 최고가를 갱신했다. 그가 고르는 제품마다 불티나게 팔렸다. 세계적인 주방용품 업체 200여 곳의 한국 내 유통을 독점했는데, 그중 네 곳 제품만이 잘 팔리지 않는 정도였다. 승률이 98%였던 셈이다. 당시 서초동 33평형 아파트 값이 3,500만 원이었는데, 매월 순이익만 3,000만 원 이상이 났으니 '주방제품의 황제'라는 별명이 무색하지 않았다.

김 회장은 이때의 성공에 힘입어 직접 주방용품을 생산해내겠다고 결심한다.

"시간이 지날수록 단순히 수입만 해서 돈 버는 사람으로 끝나지 않겠다고 생각했어요. 수입에 정통하게 되면 언젠가 꼭 내 물건을 직접 만들어 팔아보겠다고 마음먹었죠. 수많은 좋은 물건을 자꾸 보고, 가져와서 판매하다 보니 자연스럽게 물건을 보는 안목도 늘었습니다. 이제는 직접 만들어볼 수 있겠다는 자신이 생겼죠.”

김 회장은 한 쪽 눈을 감고, 한 쪽 발을 들고도 할 수 있을 정도로 유통업에서는 달인의 경지에 오른 참이었다. 하지만 그는 안주하고 싶지 않았다. 처음 국진유통을 세울 때의 마음처럼 그에게는 더 큰 도전이 필요했다. 그래서 성남시 상대원동에 공장을 세우고 국진화공이라는 이름을 붙였다. 공장 부지를 사고 멜라민 재질 밥그릇, 국자, 뒤집개 등을 생산할 수 있는 설비를 들여오는 데 무려 5억 원을 투자했다.

특별한 제조 기술이 있는 것도 아니었고, 그야말로 맨땅에 헤딩해야 하는 상황이었다. 그런 그를 보고 다들 '미쳤다'고 손가락질을 해댔다. 그러나 그는 전혀 개의치 않았다. 아니, 신경 쓸 틈조차 없었다. 밤낮 없이 공장 짓는 데 쫓아다니고, 기술을 제휴할 업체를 찾아 전국 방방곡곡을 돌아다녔다. 그러던 중 일본의 국제화공이 그의 마음을 사로잡았다. 당시 멜라민 제품 제조 기술을 가진 가장 유명한 업체였기 때문이다. 결국 일곱 번이나 직접 찾아가 문을 두드린 끝에 국제화공의 회장을 만날 수 있었고, 천신만고 끝에 기술 제휴를 받을 수 있었다. 그런데 첫 생산에 들어가 멜라민 제품들을 막 쏟아내기 시작한 바로 그해, 국진화공을 그대로 주저앉게 만든 엄청난 악재들이 연달아 터졌다.

이미 유통업으로 큰 성공을 맛보았기에 제조업에도 어느 정도 자신이 있었지만, 현실은 결코 호락호락하지 않았다. 제조업은 유통업과 생판 달랐다. 당시 국진화공을 세웠던 상대원동은 '노동운동의 전신기지' 같은 곳이었다. 직원들은 툭하면 월급인상을 요구하며 파업에 나섰다. 공장을 설립하면서 외화대출을 받은 것도 악재로 작용했다. 스위스프랑화가 가장 안전하다고 여겨 스위스프랑화로 돈을 빌렸는데, 1985년부터 스위스프랑화가 급등하는 바람에 기계를 살 때 얻은 돈의 이자가 눈덩이처럼 불어나기 시작했다. 여기에 국진화공의 원재료 값과 관련 있는 엔화까지 급등하면서 엎친 데 덮친 격이 되었다.

국진화공의 악재는 그렇게 3년여 간 계속되었다. 결국 그는 대주주 자리에서 물러나 잠시 회사를 떠나 있기로 마음먹었다. 자신이 가장 잘 할 수 있는 유통업으로 돌아가 다시 처음부터 시작하는 마음으로 밑천을 마련해야겠다고 결심했다.

1988년에 다시 돌아온 유통업은 그사이 시장 판도가 확 달라져 있었다. 유통업체를 정리하면서 자신이 거래하던 수입선을 당시 데리고 있던 직원들에게 나눠줬는데 이전 거래선 모두 새로운 수입업자에게 넘어가 있었다. 그렇다고 새로운 거래선을 개척하자니 수중에 가진 돈이 없었다. 다행히 7년간 유통업을 하면서 쌓아놓은 신뢰 덕분에 그를 도와주는 상인이 많았다. 선금을 주면서 당신이 가져오는 물건은 뭐든 받을 테니 이 돈으로 새로운 물건을 수입해오라고 했다. 주방용품 유통가에는 '김준일은 믿을 만한 사람'이라는 입소문이 널리 나 있었기 때문에 가능한 일이었다. 다시 유통업으로 돌아온 김 회장은 "땅 짚고 헤엄치기"라는 말을 실감했다. 고작 6개월 만에 제조업에서 본 3년간의 손해를 만회할 만큼 큰돈을 벌었다. 그러고는 1992년 드디어 국진화공에서 자신이 판 지분의 일부를 되사들여 대주주로 복귀했다.

3년간의 실수에서 배운 교훈을 바탕으로 공장도 인천시 남동공단에 새로 짓고, 생산은 무조건 아웃소싱으로 맡겼다. 그리고 노동집약적이지 않고 자동화된 기계설비로 제품을 만들 수 있는 플라스틱에 눈을 돌렸다. 사명도 '하나코비'로 바꾸고 당시만 해도 쓸 만한 국산 플라스틱 제품이 전무하던 상황에서 수입품보다 저렴하고 품질도 뒤지지 않는 국산 플라스틱 욕실제품과 도시락통, 피크닉통 등을 만들었다.

김 회장이 제조업이라는 새로운 환경에 적응하고 그곳에서 될 만한 제품을 만들어내는 안목을 키우기까지는 이렇게 3년여의 시간이 필요했다. 그때부터 도시락류, 피크닉류, 욕실류, 스푼과 포크류, 컵류 등 내놓는 제품마다 소위 '대박'이 났다. 그런데 다품종 소량 생산이다 보니 매출에 한계가 있었다. 그는 다시금 고민에 빠졌다. 그리고 남들과 차별화되는 주력상품이 필요하다는 결론에 도달했다. 아이템을 결정하기에 앞서 먼저 '해서는 안 될 품목'부터 종이에 죽 적어나가기 시작했다. 20여 가지의 리스트가 완성되자 그 기준에 따라 점점 주력제품을 좁혀나갔다. 때마침 외환위기가 와서 매출액이 기존의 절반으로 줄어든 상황이었다. 하지만 은행 예금이 꽤 있고 빚은 하나도 없던 하나코비는 예금이자가 줄어든 매출액을 보충해준 덕분에 흔들림이 없었다. 그는 오히려 한가해진 틈을 타서 전 세계를 돌며 시장조사에 나섰다. 괜찮겠다 싶은 제품을 보면 자신의 리스트와 대조해보며 심사숙고하기를 1년, 드디어 찾아낸 제품이 '밀폐용기'였다. 당시 전 세계에는 이미 10만여 곳의 회사가 밀폐용기를 만들고 있었다. 김 회장은 무릎을 쳤다.

"또 한 번 '바로 이거다!' 싶더군요. 그동안의 사업 경험을 살려 기존 밀폐용기와는 전혀 다른 새로운 것을 만들자고 마음먹었어요. 그렇게 하면 10만 대 1의 경쟁이 아니라 1대 1의 경쟁이 될 테니까요."

그때부터 밤낮으로 기존 밀폐용기의 단점을 개선한 새롭고 편리한 제품을 만들어내는 데 혼신의 힘을 기울였다. 연구비만도 무려 10억 원을 들였고, 매일 밤 집으로 개발 중인 용기를 가져와 뚜껑을 열었다 닫았다 하며 무엇이 문제인지 반복해서 점검했다. 그렇게 탄생한 것이 오늘날의 '락앤락' 밀폐용기다. '잠그고 또 잠근다'는 뜻에 걸맞게 김 회장은 세계 최초로 4면 결착형 밀폐용기를 만들어냈다. '흐름차단공'이라는 공법을 고안해내서 전 세계 50개국에 특허도 냈다. 이제 락앤락은 하나의 브랜드 네임을 넘어 밀폐용기를 뜻하는 대명사가 될 정도로 전 세계에서 품질의 우수성과 편리함을 인정받고 있다. 2003년 일본, 2004년 중국 수출에 이어 오늘날 락앤락은 110개국이 넘는 곳에서 '타파웨어'나 '러버메이드' 같은 글로벌 기업과 어깨를 나란히 하는 세계적인 브랜드로 거듭났다.

스물일곱의 청년 김준일이 발견한 '수입 자유화'라는 작은 기사의 불씨가 없었더라면 오늘날의 락앤락은 이토록 큰 성공을 거둘 수 없었을 것이다.

미엘린 전선을 감아라

김 회장의 성공 스토리는 어떤 한 분야에서 성공을 거둔 사람이라 할지라도 또다시 다른 분야에서 새로운 성공을 거두기 위해서는 그만큼의 적응 기간이 필요하다는 것을 알려준다. 자신이 성공을 거둔 유통업계에서는 98%의 승률을 기록했던 김 회장도 제조업계로 발을 들여놓자 환경의 변화에 휩쓸려 제대로 된 판단을 내리지 못한 것이다.

무척이나 당연한 이야기로 들릴 수도 있지만 여기에는 이른바 '성공의 비결'이라 할 수 있는 우리 뇌의 비밀이 숨어 있다. 체스의 달인 수전 폴가가 체스의 룰대로 말이 놓여 있는 체스판은 사진을 찍듯이 기억하는 것과 마찬가지로 김 회장의 뇌 구조는 유통업에 걸맞게 짜여 있었던 것이다.

우리는 모든 판단에 앞서 상황을 논리적으로 인식하려고 애쓰며 실제로 논리적인 계획을 가지고 대처한다고 생각한다. 하지만 막상 위급한 상황이 닥쳤을 때 경험이 없으면 논리가 세워지지 않는다. 예를 들어 숙련된 소방관은 불길 앞에서 계획을 세우지 않는다. 논리적으로 대처하는 것이 아니라 오로지 풍부한 경험에서 우러나온 직감에 의지하는 것이다. 전문성을 갖춘 소방관에게 머리 위 연기 속의 불꽃은 하나의 신호로 받아들여진다. 소방관은 본능적으로 불꽃들을 찾는다. 그는 이것에 대해 생각할 필요가 전혀 없다.

우리가 어떤 일을 자주 할 때, 그것에 숙련되어 있는 상황에서는 생각이 끼어들 여지가 없다. 그저 직감적으로 결과가 뭔지, 다음에 올 것이 뭔지 감지한다. 이런 관점에서 볼 때 직감이란 훈련된 기술이며 자신의 경험을 믿는 것이다. 즉 익숙한 패턴을 인식하고 반응하는 능력을 말한다. UCLA의 신경학과 교수인 조지 바트조키스(George Bartzokis)의 말을 들어보자.

"왜 대부분의 경우에 나이 든 사람들이 더 지혜로울까요? 그들의 회로는 완전히 절연되어 있어서 언제든 즉시 가동할 수 있기 때문이죠. 다양한 단계에서 매우 복잡한 프로세싱을 할 수 있어요. 그게 진정한 지혜라는 겁니다. 이는 뇌를 이루는 구성요소 중 하나인 미엘린(myelin)과 관련이 있죠. 미엘린은 살아 있는 물질이라는 점을 기억해야 합니다. 그것은 분해되기도 하고 다시 생성될 수도 있는데, 대략 50세까지는 양이 계속 늘어나죠. 대개 미엘린층이 두꺼운 사람들이 나라를 통치하거나 소설을 쓰는 등 복잡한 과제를 더 잘 수행합니다."

바트조키스에 따르면 인간은 미엘리누스다. 원숭이는 인간과 똑같은 뉴런과 신경전달물질을 갖고 있는데도 고도의 언어를 사용할 수 없다. 그 이유는 인간이 원숭이보다 미엘린층이 20% 더 많기 때문이다. 인간처럼 말을 하려면 많은 정보를 처리할 수 있는 속도가 따라줘야 하는데 원숭이에게는 광대역이 없는 셈이다. 따라서 원숭이에게 의사소통을 가르칠 수 있을지는 몰라도 세 살짜리 수준 이상으로는 어렵다.

그는 인간이 진화 과정에서 미엘린을 선택할 때, 마치 인터넷을 설계한 엔지니어와 같았다는 설명을 덧붙인다. 한마디로 컴퓨터 크기와 대역폭을 맞바꾼 것이다. 컴퓨터가 얼마나 큰지와는 관계가 없다. 중요한 것은 필요할 때 즉시 사용할 수 있고, 곧바로 완전하게 일을 처리할 수 있어야 한다는 점이다. 인터넷이 바로 그렇다. 수많은 컴퓨터를 순식간에 연결할 수 있다. 인간은 이를테면 구글 검색 엔진과 똑같은 원리로 만들어진 것이다.

수많은 정보의 늪에서 같은 정보를 접하는데도 더 나은 판단을 내리는 사람들의 머릿속에는 이런 미엘린의 양이 많다는 것이 바트 조키스가 말하는 놀라운 성과의 비밀이다. 미엘린층이 두꺼운 사람은 머릿속에 튼튼한 정신근육을 잔뜩 키워놓은 것과 같은 상태다. 운동을 많이 할수록 몸에 근육이 붙고 튼튼해지듯이 우리 뇌도 마찬가지다. 사람들이 자신의 뇌 속을 궁금해한다는 것을 잘 알고 있던 아인슈타인이 죽기 직전에 남긴 유언은 다음과 같았다.

"시신을 화장해 가까운 강가에 뿌리고, 묘지나 묘비를 만들지 말 것, 장례식도 열지 말 것 그리고 나의 뇌를 꺼내 해부해볼 것."

프린스턴대학의 토머스 하비(Thomas Harvey)가 그 행운의 주인공이 되었다. 하비는 아인슈타인이 죽자 그의 뇌를 포르말린에 넣어

보관했고 이후 여러 사람을 거쳐 1985년 메리언 다이아몬드(Marian Diamond)의 손으로 넘어갔다. 그녀는 아인슈타인의 뇌를 관찰한 결과, 좌측 하부 두정엽의 뉴런 수는 평균적인 수준이지만 아교세포 수가 보통 사람보다 훨씬 많다는 것을 발견했다.

아교세포는 미엘린을 생산하고 유지하는 일을 한다. 당시 이러한 발견은 무의미하다 못해 거의 웃기는 소리로 간주되었지만, 바트조키스의 관점에서는 중요한 의미가 있는 발견이 아닐 수 없다. 미엘린이 생성되는 경로를 알 수 있다면 우리가 그토록 궁금해왔던 놀라운 판단력의 비밀도 밝혀지는 셈이다.

이미 어느 정도 추측은 내려졌다. 목표를 세우고 무언가를 이뤄내겠다는 열망에서부터 미엘린은 꿈틀대기 시작한다. 그렇게 특정 분야가 정해지면, 반복된 모방과 연습을 통해 우리 뇌에는 특정 분야에 대한 회로가 만들어진다. 마치 대역폭이 넓은 초강력 전선을 갖게 되는 것과 마찬가지다. 인터넷 고속 전용선이 뇌를 가로지르고 있는 셈이다. 그 때문에 보통 사람들과는 다르게 미래를 한발 앞서 내다보고, 현명한 판단을 내릴 수 있다.

이 같은 선견지명과 뛰어난 판단력은 꼭 분야가 정해져야지만 연마할 수 있는 것은 아니다. 모든 분야에서 두루 통하는 보편적인 판단력을 연마함으로써 성공을 거머쥔 사람도 많다. 다음으로 소개할 인라이어, 김동식 대표가 그 좋은 예다.

잘나가던 공학도는
왜 엉뚱한 선택을 했나

1994년 미국에 유례없는 혹한이 몰아닥쳤다. 그러자 기다렸다는 듯이 깔판업체들이 생산량을 대폭 늘리기 시작했다. 날씨가 추워지면 현관 입구나 계단이 얼어붙기 때문에 미끄럼을 방지하기 위해 깔판을 찾는 사람들이 늘기 때문이다. 예상대로 깔판의 판매량은 평소의 두 배를 훌쩍 뛰어넘었다. 이처럼 날씨는 판매에 많은 영향을 미친다. 또 다른 예로 콜라는 25도를 넘으면 매출이 급격히 증가하는데, 1도 올라갈 때마다 판매량이 15% 늘어난다고 한다. 반대로 보면 날씨를 예측하지 못하면 그만큼 위험도 커진다. 이 때문에 날씨는 기업의 3대 위험요소 중 하나로 꼽히고 있다. 지구상에 존재하는 산업의 70~80% 이상이 직간접적으로 날씨의 영향을 받고 있으니 거의 대부분의 산업에서 날씨정보는 매우 중요하게 취급되고 있다. 그러나 케이웨더의 김동식 대표가 날씨 시장에 처음 뛰어들 때만 해도 국내에 '날씨정보를 돈을 주고 산다'는 인식 자체가 없었다. 모두들 그를 보고 미쳤다고 했다. 앞날이 창창한 공학도가 학업을 중단하고 전혀 새로운 분야에 뛰어들어 인터넷에도 '공짜'로 나오고, 뉴스에서도 '공짜'로 알려주는 날씨정보를 돈을 받고 팔겠다니 그럴 만도 했다.

"한번은 어느 단체에서 주관한 별자리 행사 장소의 기상 관측을 한 다음, 날짜를 잡아주고 상세한 정보를 제공했는데도 비용을 지급할 생각을 하지 않더군요. 결국 못 받고 말았는데, 다른 곳도 상황은 크게 다르지 않았습니다. 그래서 사업을 시작하고 처음 3년 동안은 사람들 인식을 바꾸는 데 힘을 쏟았어요. 다행히 이제 생각이 많이 바뀌어 공짜라는 인식은 사라지고, 기업의 경영 리스크에서 중대한 요소로 여겨지고 있지요."

날씨 사업에 뛰어들기 전 김 대표는 한양대 기계공학과를 수석졸업하고, 미국의 매사추세츠공대(MIT)에서 석사를 마친 후 박사과정에 들어간 지 1년이 채 안 돼서 학업을 중단하고 세계적인 경영컨설팅 회사 아서디리틀(ADL)에 입사해 한창 경력을 쌓고 있었다. 그가 그대로 정석 코스만 밟으면 교수 자리가 보장된 MIT 박사과정을 뛰쳐나와 남들이 부러워할 만한 길을 외면한 채 컨설팅 회사로 진로를 바꾸게 된 데에는 그만한 까닭이 있었다. 그와 함께 MIT 석사 공부를 했던 친구가 학위를 받자마자 미련 없이 전공과는 상관없는 애니메이션 회사로 들어가 버린 것이다.

"세상에 뛰어난 사람이 이렇게 많은데, 내가 좋아하지도 않는 분야에서 경쟁해봐야 질 게 뻔하지 않겠어. 이제라도 내가 좋아하는 일을 하려고."

친구의 말에 그는 마치 한 대 얻어맞은 기분이 들었다. 그 길로 그는 2주간 휴가를 내 무작정 한국으로 돌아왔다. 애당초 공학 분야를 선택한 것도 적성보다는 자신이 잘하지 못하고, 부족한 분야를 먼저 채워야겠다는 단순한 생각에서 비롯되었다. 학창 시절 수학과

물리를 잘하지 못했던 그는 조금 엉뚱한 아이였다. '수학과 물리가 너무 싫으니 이걸 극복하려면 이과에 가야겠다'는 생각을 했고, 그래서 고등학교 때 이과를 선택했다. 김 대표의 이런 선택에 대해서는 부모님조차 의아해할 정도였다. 다행히도 남들보다 열심히 공부한 덕분이었는지 제법 실력이 늘었고, 가는 김에 끝까지 가보자는 생각으로 대학전공도 공학을 선택했다. 그러나 그의 마음 한구석은 늘 채워지지 않는 허전함이 있었다. 정말로 하고 싶은 일은 공학도도 교수도 아닌 사업가였기 때문이다. 사업가였던 아버지를 보며 그도 막연히 언젠가는 내 사업을 하고 싶다는 꿈을 품게 되었다. 그러나 공학도로서 탄탄대로로 달리면서 막연하던 꿈은 점점 퇴색되고 있었다.

그러던 찰나에 친구의 행보가 결정적인 도화선으로 작용한 것이다. 잘나가던 공학도가 학업을 중단하고 한국으로 돌아와 경영 컨설팅 회사인 아서디리틀에 입사하여 본격적인 경영수업을 쌓기 시작한 이유다. 그러던 중 아버지의 권유로 기상협회 컨설팅 일을 맡게 되었다. 컨설팅 일을 하던 경력을 살리며 새로운 분야를 개척하는 것도 좋겠다는 생각에 시작한 일이었다.

때마침 김 대표가 일하고 있던 아서디리틀에 한국기상협회라는 단체에서 민간예보 시장에 대한 시장 분석을 의뢰해 왔다. 당시 미국이나 일본 등 선진국에서는 날씨정보를 하나의 좋은 사업아이템으로 여겨 수많은 민간 업체들이 경쟁하고 있었지만, 국내에서는 전혀 생소한 분야였다. 일본 업체들이 국내 시장에 진출하는 것을 지켜본 김 대표는 우리의 인력과 기술력을 잘 활용하면 외국 업체와의 경쟁에서 이길 수 있다고 확신을 했다. 무엇보다 국내 날씨 산업에 잠재된 무한한 가능성을 확인한 것을 계기로 김 대표가 직접 '케이웨더'를 설립하게 되었다.

"같은 서울 안이라도 심할 때는 기온 차가 5~6도 이상 나기도 합니다. 서울에 비가 온다고 해서 서울 전역에 비가 오는 것은 아니지요. 일기예보가 틀린다고 불평하는 경우가 많을 텐데 '서울'로 뭉뚱그려 날씨정보를 제공하니 당연한 일입니다. 같은 서울이라도 서대문구 홍제동, 강남구 대치동 등 지역별로 세부적인 기상정보를 제공해야 정확한 날씨를 예측할 수 있는 거지요."

특히 기상이라는 콘텐츠 자체가 한국 시장에서는 전무해서 경쟁 자체가 없었고, 이미 존재하는 정보를 2차 가공해서 고객들이 원하는 대로 만들어 팔면 되므로 고부가가치 산업이었다. 더군다나 별다른 인프라가 필요하지도 않았다. 그는 앞으로 3년 정도의 시간만 주어진다면 우리나라에서 타의 추종을 불허하는 날씨정보 제공업체라는 새로운 비즈니스 모델을 끌어낼 수 있을 거라고 판단했다.

케이웨더는 차별화된 경쟁력을 갖추기 위해 날씨정보를 고객 업체의 요구에 맞춰 종합적인 서비스를 제공하는 쪽으로 특화시켰다. 기상예보나 장비라는 것이 내용 면에서 아무리 뛰어나다고 해도 해당 업체가 현장에서 실제로 사용할 수 있도록 제공하지 않으면 아무런 소용이 없다는 판단에서였다. 서비스를 받는 쪽에서 날씨정보를 제대로 활용할 수 있도록 돕는 데 초점을 맞춘 전략이 적중했다.

이제 케이웨더의 고객은 건설, 유통, 에너지, 제조, 레저 등 다양한 산업 분야의 4,000여 개 업체에 이르고 있다. 대우건설, 현대건설, LG전자, 삼성홈오토, 롯데백화점, 신세계백화점, 훼미리마트, GS25, 삼성화재, 대명 비발디파크, 에버랜드, 한솔 오크밸리, BR코리아, SKT, 다음 등 내로라하는 대기업들이 여기에 포함되어 있다.

그런데 그의 판단이 사업 초기부터 적중했던 것은 아니다. 우선 날씨정보를 돈을 받고 사야 한다는 인식을 만들기가 무척이나 어려웠다. 또한 일반적인 컨설팅과는 달리 컨설팅 결과를 입증하기도 어려웠다. 가장 어려웠던 점은 그가 내다본 미래가 우리나라의 현실에 비해 5년 정도는 앞서 가고 있었다는 것이다. 지역별, 동네별, 사업별로 다양하게 가공된 맞춤 날씨정보를 해당 기업에 제공해도, 당시 국내 기업들은 그런 정보를 담당할 인원 자체가 없었다. 날씨 컨설팅을 이용할 수 있는 시스템 자체는 더군다나 전무후무했다. 한 예로 편의점 업체를 컨설팅했을 때는 경영 컨설팅만 6개월 정도 했을 만큼 주어진 날씨 자료를 어떻게 이용해야 하는지도 모르는 경우가 많았다. 결국 그는 날씨가 판매와 경영에서 중요한 변수임에도 많은 기업에서 이를 알지 못하고 주어진 정보를 제대로 활용하지 못하는 상황 자체를 바꿔나가야 했다. 날씨정보 가공산업의 열쇠는 속도 조절에 있었다. 아무리 다양한 정보를 제공해도 받아들이는 업체 쪽이 준비가 되어 있지 않으면 결국 쓸모없는 것이 되는 것이다.

물론 맞춤형 날씨정보를 제대로 활용해 성공을 거둔 사례도 많다. 예를 들어 날씨의 영향을 많이 받는 건설업종의 경우 건설 현장에서는 보통 2, 3일 뒤에 비가 올 것이란 예보가 있으면 콘크리트 타설(콘크리트를 모래자갈과 함께 개어 거푸집에 붓는 작업)을 밤샘 작업으로 끝내놓는다. 이렇게 때맞춰 일을 마무리지어놓지 않으면 인건비나 재료비 등에서 큰 손해를 보기 때문에 정확한 날씨정보가 그 무엇보다 중요하다. 문제는 이런 맞춤형 날씨정보를 기상청에서는 받을 수 없다는 것이다. 예를 들어 서울 이문동에서 공사를 할 경우 서울 지역의 광역적인 날씨정보를 제공하는 기상청 예보만 믿다간 낭패를 보기 십상이다.

스키장도 날씨의 영향을 크게 받는다. 용평, 대명, 현대성우 등 스키장 대부분이 케이웨더 고객이라는 점에서 이를 엿볼 수 있다. 스키장 한 곳에서 하루 동안 제설기를 돌리는 데 드는 비용은 대략 1,000만 원 안팎이다. 이렇게 비싼 제설기를 가동해 기껏 손님 맞을 준비를 해놓았는데, 이튿날 눈이 내리면 그 돈을 고스란히 날리게 되는 셈이다. 거꾸로 날씨정보를 미리 알고 있었다면, 그만큼의 돈을 절약할 수 있다. 이것이 많은 기업에서 적게는 수십만 원, 많게는 수천만 원의 정보 이용료를 기꺼이 지급하는 이유다.

농작물의 수확 시기와 씨 뿌릴 시기를 예측하는 데도 케이웨더가 제공하는 맞춤형 날씨정보는 결정적이다. 실례로 어느 농촌의 청년단체가 파종을 앞두고 케이웨더를 찾기도 했다. 케이웨더는 "올여름에는 날씨가 이럴 것 같으니 어떤 종류의 농사를 지으면 좋겠다"라는 의견을 주었고, 6개월쯤 후에 케이웨더를 다시 찾은 청년단체는 굉장히 만족스러운 결과를 얻었다면서 감사를 표했다. 조선업체의 경우에도 조선 현장의 구체적인 날씨정보나 인근 지역의 날씨정보를 예측해서 미리 대비한 덕분에 몇백억 원 이상의 이익을 거두기도 했다. 예를 들어 배에 칠을 할 때 조금이라도 비가 오거나 습도가 높아지면 다시 해야 하는데, 한 번 칠하는 데 3억~5억 원 정도가 든다. 예전에는 날씨 예측 실패율이 높아서 칠을 다시 하곤 했는데 컨설팅을 받고부터는 비용을 절감할 수 있었다.

케이웨더가 10여 년간 우리나라 최고의 기상정보 업체로서 부동의 1위를 지켜온 데에도 김 대표가 걸어왔던 공학도로서의 방법론이 큰 역할을 했다. 그는 모든 데이터를 정량화해서 쓰는 것을 좋아하며, 아이디어에서 그치는 사업계획이 아닌 실질적이고 실리적인 방법론을 통해 현실에 굳건히 발을 디디고 있는 사람이다. 결국 케이웨더를 선택한 것은 잘나가는 공학도의 엉뚱한 뒷걸음질이 아니었다. 다년간을 공학도로 열심히 살아온 그의 뇌는 합리적이고 미래지향적인 판단을 하도록 설계가 마쳐진 후였다. 남은 과제는 자신이 진정 열정을 쏟고 즐기면서 일할 수 있는 분야를 찾아내는 것뿐이었다.

체스 그랜드마스터 수전 폴가처럼 처음부터 어떤 분야를 정하고 그 분야에 특화시켜 뇌의 회로를 건설하는 경우도 있지만, 락앤락 김준일 회장이나 아마존의 제프 베조스가 그랬듯이 다른 경험을 통해 쌓아온 판단력을 가지고 자신이 열정을 바쳐 일할 수 있는 분야를 찾아갈 때도 "아하!"의 순간은 온다. 케이웨더의 김동식 대표는 이들과 어깨를 나란히 하는 또 한 명의 아르키메데스였다.

4

작심삼일의 뇌와
장기목표 세우기

4

두뇌는 훈련하는 대로 된다

이제 우리가 스스로에게 물어야 할 질문은 열정을 가지고 파고들만한 분야를 찾아냈다면, 그에 맞춰 두뇌를 훈련하는 것이 어떻게 가능한가다. 즉 구체적인 방법론이 필요한 것이다.

앞서 실력이 뛰어난 모든 분야의 전문가들은 미래를 내다보는 능력이 있다는 것에 대해 설명했다. 다시 말해 이들은 단 1초라도 빨리 다음에 나올 동작을 예측할 수 있다. 실력이 탁월한 음악가는 평범한 사람들보다 악보를 빨리 보고, 엄청난 속도로 글을 칠 수 있는 타이피스트는 보통 사람들보다 훨씬 빠르게 글을 본다. 수전 폴가와 같은 체스의 달인은 상대가 미처 움직이기도 전에 어떤 수가 나올지를 읽는 것과 마찬가지 현상이다. 그렇다면 만약 훨씬 뒤의 미래를 예측할 수 있다면 어떨까? 앞으로 5년 후, 혹은 50년 후에 일어날 일에 대해 계획을 세울 수 있다면? 특정한 분야에 엄청나게 능숙한 사람이라면 이런 일이 가능하지 않을까?

여기에 장기적인 관점에서 미래를 내다보는 연습을 한 사람에게는 미래를 예측하는 일이 실제로 가능하다는 것을 증명하는 사람이 있다. 두뇌가 훈련하는 대로 된다는 것을 현실에서 보여주고 있는 주인공은 바로 세계 최대 인터넷 재벌이 된 소프트뱅크(SoftBank)의 손정의 대표다.

손 대표는 1957년 재일교포 3세로 번지수도 없는 부락의 함석지붕이 너덜너덜한 집에서 태어났다. 가난했을 뿐 아니라 민족적 차별로 '조센징'이라며 이지메를 당해야 했던 소년에게 학창 시절은 고달픔의 연속이었다. 엎친 데 덮친 격으로 아버지가 병으로 쓰러지자 어머니 혼자서 살림을 도맡아야 했다. 한 살 위였던 형은 고등학교를 중퇴하고 어머니를 도왔고, 이를 지켜볼 수밖에 없었던 중학생 손정의는 앞으로 훌륭한 사업가가 되어 집안을 일으키겠다고 결심했다. 도전과 응전의 법칙은 손정의에게도 어김없이 적용된 셈이다. 다행히 아버지의 병세가 회복되고, 집안 사정도 나아지자 그는 가족의 반대를 무릅쓰고 미국 유학을 떠났다. 혈통에 대한 차별이 없는 곳에서 마음껏 자신의 기량을 펼쳐보고 싶었기 때문이다.

고교 졸업 검정고시를 칠 때 감독관에게 "영어 실력을 보는 게 아니지 않으냐"며 사전 사용과 시험시간 연장 허락을 받아낸 일화는 유명하다. 1977년 버클리대학 경제학부로 편입에 성공한 그의 나이는 만 19세로, 그는 이때 인생의 50년 계획을 세운다.

"나는 열아홉 살 때 인생 50년 계획을 만들었어요. 20대에 업계에서 이름을 알리고 회사를 세운다. 30대에 1,000억 엔, 2,000억 엔 규모의 사업자금을 모은다. 40대에 1조 엔, 2조 엔을 셀 정도의 규모로 한판 승부를 건다. 50대에 사업 모델을 어느 정도 완성한다. 60대에 사업을 이양한다. 지금은 52세로, 60대가 되면 다음 경영진에게 바톤을 넘겨주어야 합니다. 어떤 의미에서 소프트뱅크의 최대 위기는 거기에 있는지도 모르죠. 갑자기 그날을 맞이하는 것이 아니라 미리 준비하고 싶습니다."

2010년 6월 25일, 소프트뱅크 창업 30주년을 맞이한 주주총회에서 손정의 회장이 한 말이다. 실제로 그는 버클리대 재학 시절, 학업과 사업을 병행하며 발명한 전자음성번역기를 샤프에 팔아 1억 엔의 종자돈을 만들었다. 이것으로 소프트웨어 회사인 유니손월드를 설립해 당시 일본에서 선풍적 인기를 끈 '인베이더' 게임을 미국에 수입하여 6개월 만에 1억 엔이 넘는 이익을 냈다. 졸업과 동시에 일본으로 돌아온 그는 스물네 살이 된 1981년 9월, 자본금 1,000만 엔으로 소프트뱅크를 세웠다. 당시엔 아르바이트 사원 두 명뿐이었다. 그는 허름한 창고를 개조한 회사 사무실에서 사과 궤짝 위에 올라가 이렇게 말했다.

"우리 회사는 5년 이내에 매출 100억 엔, 10년 후에는 500억 엔, 언젠가는 1조 엔대의 기업이 될 것입니다."

손 회장이 열변을 토한 바로 다음 날 사원 두 명은 "사장이 이상하다"며 회사를 그만두었다. 그럼에도 그는 마치 미래를 내다보는 듯한 재빠른 판단력으로 전자오락과 개인용컴퓨터(PC) 붐을 타고

파죽지세로 회사를 성장시켰다. 소프트뱅크는 1년 만에 사원 30명에 매출 20억 엔, 1983년에는 사원 125명에 매출 45억 엔의 회사로 성장했다. 20대에 회사를 세우고 이름을 날린다는 그의 계획이 현실이 된 것이다.

막대한 부를 일구고 성공을 이뤘지만 그것은 손 회장의 웅대한 계획 중 일부분일 뿐이었다. 1990년대 중반에 들어서자 그는 M&A에 집중했다. 세계 최대 컴퓨터 전시행사 업체인 컴덱스(Comdex)를 인수했고, 창립 1년밖에 안 된 미국 야후의 최대 주주가 됐다. 세계 최대 컴퓨터출판사 지프데이비스 출판 부문도 인수했다. 소프트뱅크는 날로 번창했고 2000년대에 들어서는 소프트뱅크 사업의 중심축이 PC · 소프트웨어 · 출판에서 통신으로 이동했다. 브로드밴드 사

: 재일교포 3세로 '재팬 드림'의 상징인 손정의 소프트뱅크 최고경영자

업인 야후BB는 파라솔 부대로 불리는 공격적인 판촉활동으로 1년 만에 100만, 2년 만에 300만 가입자를 확보했다. 2006년에는 만년 꼴찌 통신업체 보다폰재팬을 일본 M&A 사상 최대 금액인 2조 엔을 주고 사들였다.

그가 세운 50년 계획에 따르면 지금은 사업을 완성해나가야 할 단계다. 2010년 9월 창업 30주년을 맞은 소프트뱅크는 자회사 117개, 투자회사 79개를 거느린 엄청난 기업으로 성장했다. 그룹의 순매출은 10년 만에 2조 7,000억 엔으로 급증했고 앞으로 30년 후에는 시가총액 200조 엔, 계열사 5,000개를 거느린 세계 톱 10 기업이 되겠다는 포부를 세우고 있다.

"바로 눈앞을 보기 때문에 멀미를 느끼는 것입니다. 몇백 킬로미터 앞을 보세요. 그곳은 잔잔한 물결처럼 평온합니다. 나는 그런 장소에 서서 오늘을 지켜보고 사업을 하기에 전혀 걱정하지 않습니다."

손정의 회장이 장기적인 목표와 그에 따른 계획의 중요성에 대해서 한 말이다. 그렇다면 그는 어떤 과정으로 몇백 킬로미터 앞, 먼 미래를 내다보는 능력을 키우게 된 것일까?

해답을 찾기 위해 손 회장이 세계적인 컴퓨터 전시행사 업체인 컴덱스를 인수할 때 창업자이자 컴덱스의 소유권을 갖고 있던 셸던 애델슨(Sheldon Adelson) 사장에게 건넸던 제안을 살펴보자. 그는 애델슨 사장과 악수를 나누자마자 이렇게 말했다.

"얼마를 받고 싶습니까? 딱 한 번만 말하세요. 타당한 가격이라면 흥정하지 않고 지급하겠습니다."

애델슨 사장은 갑작스러운 그의 제의에 얼떨떨했지만, 곰곰이 생각한 뒤 8억 달러를 제시했다. 그는 5분도 채 걸리지 않아 "오케이!"를 외쳤다. 컴덱스가 순식간에 소프트뱅크로 넘어가는 순간이었다. 그뿐 아니다. 그는 새로운 기술이나 아이디어를 소개받는 자리에서 늘 이렇게 말한다.

"내가 당신에게 5분을 주도록 하죠!"

이는 실력이 뛰어난 모든 분야의 전문가들이 판단을 내리는 과정과 흡사하다. 실례로 워싱턴대학의 심리학자 존 고트먼(John Gottman)은 약 15분 동안 남편과 아내가 나눈 대화를 분석하는 것만으로 그 부부가 15년 뒤에도 여전히 부부로 살지를 95% 정확도로 예측할 수 있다고 한다. 도대체 그는 어떤 방법으로 그토록 짧은 시간 안에 결혼의 진실성을 알아낼 수 있을까?

해답은 생각보다 간단하다. 고트먼은 대화를 하나의 패턴으로 보고 짧은 시간 안에 거기서 드러나는 일종의 결혼 DNA를 찾아내는 전문가다. 부부가 내뱉는 단어 하나하나는 긍정적일지 몰라도 대화 도중에 경멸이나 혐오의 신호가 나타난다면 이 부부가 15년 뒤에도 행복하게 살고 있을 확률은 급격히 낮아진다. 여기에는 고트먼이 발견해낸 'SPAFF(Specific Affects, 명확한 감정)'라는 코드체계가 쓰인다. 이에 따라 부부가 대화 도중에 나타내는 모든 감정이 수치화되고, 이 일련의 계산을 토대로 그는 어떤 부부가 됐건 간에 그들의 대화를 단 몇 분만 듣고도 이혼할 것인지, 잘 살 것인지를 꽤 정확하게 예측하는 것이다.

그런데 이런 속전속결식의 판단력은 전문가에게만 있는 능력이 아니다. 우리 모두 조금씩은 가지고 있는 기본적인 능력이기도 하다. 실제로 어느 심리학 실험에서 좋은 강사를 뽑기 위한 강의 평가를 계획했다. 후보자 60명의 강의를 비디오로 녹화해서 세 팀의 강의 평가자들에게 보여주고 평가하도록 했다. 첫 번째 팀은 한 시간가량 강의를 보고 평가를 내리게 했다. 두 번째 팀은 단 1분 동안만 강의를 보고 평가를 내리게 했다. 그 결과는 충격적이었다. 한 시간 동안 강의를 보고 내린 평가와 단 1분간 강의를 보고 내린 평가가 같았기 때문이다. 끝으로 세 번째 팀은 30초의 시간만 주고 강의자의 말소리도 없앤 뒤 평가하게 했다. 놀랍게도 이 세 번째 팀의 평가도 앞의 두 팀의 평가와 같았다. 결국 사람들이 주목한 것은 강의 내용보다는 강의하는 사람이 보여주는 인상이나 몸짓 등의 '패턴'에 있었던 것이다. 강의 평가자들은 고트먼처럼 빠른 판단을 연습해온 사람들은 아니었지만 무의식적으로 단 30초 만에 강의하는 사람에 대한 판단을 마쳤다. 소리가 들리지 않는 30초의 짧은 시간만으로도 한 시간의 강의를 들었을 때와 같은 판단을 내린다는 것은 우리가 아주 짧은 시간만으로도 긴 시간을 투자한 것과 같은 판단을 내리는 능력을 가지고 있음을 깨닫게 한다.

다시 손 회장의 이야기로 돌아가서 미래를 내다보는 듯한 시기적절한 예측과 판단력의 비밀이 무엇이었는지 들어보자.

"하나씩 차근차근 쌓아가야 합니다. 어느 순간 '올인'해서는 안 됩니다. 일시적으로 성공을 거두거나 결과가 좋았다 해도 얼마 지나지 않아 다른 문제가 터지고 말죠. 그러므로 한 단계씩 착실히 성장해 나가는 수밖에 없습니다. 그리고 조그만 승리를 쟁취했다면 그것을 어떻게 키워가야 할지 고민해야 합니다. 다방면에서 승리를 거둘 수 있을 때까지 방심은 금물입니다."

그는 컴덱스를 인수할 때 5분 만에 담판을 지었지만, 이미 컴덱스와의 인수합병이 미래에 얼마나 큰 도움을 가져다줄 수 있을지 분석한 2만 장 분량의 보고서를 철저하게 검토한 후였다. 검토 끝에 미리 마음속으로 인수 상한가를 8억 5,000만 달러로 정해둔 상태였다. 그렇기 때문에 8억 달러를 제시한 애델슨 사장의 제안을 덥석 받아들일 수 있었던 것이다. 그는 이처럼 승부사 기질이 있는 사람이지만, 그 이면에는 승리를 위한 목표를 가지고 늘 총력을 기울이는 모습이 있다.

"나는 최고가 되지 못할 바에는 처음부터 아예 손을 대지 않습니다. 질 게 뻔한 싸움은 절대 하지 않습니다."

마치 『손자병법』의 한 구절을 읊는 듯한 손 회장의 이 말은 그가 내리는 판단이 얼마나 치밀한 계획을 세우고 난 뒤에 나오는 결과물인지를 가늠케 한다. 많은 벤처 사업가가 투자를 받기 위해 그의 회사를 찾아오므로 항상 시간이 부족한 그는 '5분 브리핑'을 요구하지만, 5분 동안 들어본 아이디어에 흥미가 생길 때는 그 시간을 50분 혹은 다섯 시간으로 연장하기도 한다.

그는 성공하려면 치밀한 계획을 세워야 하고 이를 위해서는 '착실한 나눗셈'이 필요하다고 이야기한다. 1년을 12달이 아닌 14로 나누어 계획을 세우고, 일주일의 계획도 7일이 아닌 9로 나눠서 계획을 세워야 한다. 그래야 여유가 생겨 능률이 오르며 계획을 실행할 때 발생하는 오차도 예방할 수 있다. 이러한 그의 경영철학을 더욱 선명하게 보여주는 예가 '1,000번의 체크'다. 그는 회사 경영 상황을 점검할 때 직접 1,000개의 지표를 하나씩 꼼꼼히 따져보는 사람이다. 이런 가운데 그의 목표도 점점 뚜렷해졌다. 그는 앞서 살펴본 고트먼이나 강의 평가자들의 사례처럼 경영에서도 일정한 패턴이 있음을 발견해냈다. 그 결과 시대의 흐름을 읽고 미래는 인터넷과 네트워크 시장을 장악하는 것에 달려 있다는 결단을 내릴 수 있었다. 손 회장의 전광석화 같은 놀랍고도 빠른 판단력의 비결은 결국 치밀하고 꼼꼼한 준비로 단련된 그의 사고구조에 있는 것이다.

"소프트뱅크는 앞으로도 정보혁명으로 사람들을 행복하게 하는 기업이 될 것입니다. 이것은 창업 첫날부터 지금까지 바뀌지 않은 소프트뱅크의 목표입니다. 최고경영자에게 가장 중요한 것은 5~10년 후 기업의 이미지를 머릿속에 그릴 수 있는 비전입니다."

손 회장이 내놓은 답이 너무나 뻔한 이야기라고 생각될지도 모른다. 하지만 그가 걸어온 길을 보면 사업 초기부터 분명한 계획을 가지고 있었을 뿐 아니라 자신의 계획이 여러 가지 변수로 좌초될 경우를 대비해 백업 플랜까지 치밀하게 준비했음을 알 수 있다. 그렇다면 손 회장처럼 완벽한 계획을 준비한다는 게 과연 보통 사람도 할 수 있는 일일까? 또한 '계획을 가지고 시작한다'는 단순한 원칙 하나로 우리가 원하는 성공을 이룰 수 있다는 것은 사실일까?

야망을 달성한 사람들의 공통점

해답을 얻기 위해 우리 시대의 가장 대중적인 심리학자 중 하나인 리처드 와이즈먼(Richard Wiseman)의 동기부여 심리학에 대한 연구 결과를 살펴보자. 와이즈먼은 사람들이 중요한 목표나 야망을 달성하고자 노력하는 시도에 주목했다. 전 세계에서 다양한 목표와 야망을 달성하려고 시도한 5,000명 이상의 실험 참가자를 추적하는 연구를 시작한 것이다. 이들이 세운 목표에는 체중 감량, 새로운 자격이나 면허 취득, 새로운 관계 시작, 금연, 새로운 경력 시작, 친환경적으로 살아가기 등이 포함되어 있었다. 와이즈먼은 한 집단을 6개월 정도 추적했고, 또 다른 집단은 1년 정도 시간을 두고 추적했다.

놀랄 것도 없이 시작 무렵에는 대다수의 참가자가 목표를 달성할 수 있다는 의지와 자신감 넘치는 모습을 보였다. 그런데 주어진 시간이 끝나고 나서 모든 참가자에게 목표를 달성하기 위해 사용한 방법을 기술하고 목표 달성 정도를 보고하도록 하자, 처음에 세운 목표나 야망을 성공적으로 달성한 사람은 전체 참가자 중 10%에 불과했다. 다음의 문항은 실험 참가자들이 사용한 10가지 방법으로, 그중 일부는 상식적으로 그럴듯해 보이는 항목이며, 나머지는 자기계발서나 훈련 과정에 자주 등장하는 항목이다.

와이즈먼의 연구에 따르면 이 중 절반의 항목은 실제로 성공 확률을 크게 높인 반면, 나머지 절반은 아무런 효과가 없었다. 그렇다면 어떤 방법들이 성공으로 가는 지름길이 되었을까?

성공을 거둔 참가자들에게 가장 공통적으로 나타난 것은 이들이 계획을 세웠다는 점이다. 다시 말해 목표 없이 인생을 살아가던 사람이 갑자기 새로운 사업을 시작하거나 늘씬한 몸매로 가꾸는 일은 일어나지 않는다는 것이다. 무척 당연한 말로 들리지만, 성공한 사람들은 남다른 방식으로 계획을 세웠다. 그들은 전체적인 목표를 일련의 작은 목표들로 쪼갠 뒤, 단계별로 그 목표들을 추구해나갔다. 와이즈먼에 따르면 이런 방법이 효과적인 이유는 인생에서 중요한

표 2 **리처드 와이즈먼의 동기부여 테스트**

내 인생에서 가장 중요한 것을 변화시키려 할 때, 나는 이렇게 하는 경향이 있다.	예	아니요
1. 단계별로 계획을 세워서 추진한다.		
2. 내가 존경하는 인물을 생각하면서 자극을 얻는다.		
3. 다른 사람들에게 내 목표를 이야기한다.		
4. 목표를 달성하지 못했을 때 닥칠 나쁜 일들을 생각한다.		
5. 목표를 달성했을 때 누릴 좋은 일들을 생각한다.		
6. 도움이 되지 않는 생각을 억누르려고 노력한다(예를 들어 음주나 흡 연을 생각하지 않으려고 노력한다).		
7. 목표 달성에 진전이 있으면 스스로 보상한다.		
8. 정신력에 의존한다.		
9. 진전 상황을 기록한다(예를 들어 일기나 도표로).		
10. 목표를 이루고 나면 얼마나 멋진 인생이 펼쳐질지 상상한다.		

※《59초》에서 발췌

: 「괴짜심리학」의 저자 리처드 와이즈먼

변화를 추진할 때 흔히 닥치는 두려움과 망설임을 극복하는 데 큰 도움이 되기 때문이다. 실제로 작은 목표들이 구체적이고 측정 가능하며 시간 단위로 짜여 있을 때 더 큰 효과가 있었다. 처음에 목표가 새로운 일자리를 구하는 것이라고 말한 참가자들 중에서 성공한 사람들은 첫 번째 주에 이력서를 다시 고쳐 썼고, 그다음 6개월 동안 2주일마다 한 번씩 새로운 구직 활동에 도전했다. 마찬가지로 많은 사람이 인생을 좀 더 즐겁게 살고 싶다고 말했지만 성공을 거둔 쪽은 매주 이틀 저녁을 친구와 함께 보내고, 매년 새로운 나라로 여행을 떠나기로 계획을 세운 사람들이었다.

작은 단계로 쪼개진 장기계획이 실행력을 높이는 이유는 우리의 뇌 구조에서 비롯된다. 대부분의 사람이 결심은 쉽게 하지만, 작심삼일로 끝나고 마는 이유는 우리가 의지를 다질 때마다 부신피질에서 분비되는 방어 호르몬 때문이다. 방어 호르몬은 그 이름처럼 심신의 피로를 덜어줄 뿐 아니라 하기 싫은 일도 얼마간은 참고 할 수 있도록 몸을 조절해준다. 그래서 처음 무언가를 하고자 결심했을 때는 자신감과 활력이 넘치는 상태가 된다. 문제는 이 호르몬의 유효

기간이 겨우 72시간 남짓이라는 것이다. 사흘이 지나면 호르몬의 약발이 떨어지고 만다. 따라서 작심삼일은 뇌과학적인 관점에서 진리에 가까운 말이라 할 수도 있다. 그렇다면 작심삼일의 뇌를 극복하기 위해서는 어떻게 해야 할까?

동물의 뇌를 속여라

도쿄대학 약학부 교수로 학생들을 가르치며 뇌의 해마를 연구하는 데 전념하고 있는 이케가야 유지는 '시작이 반'이라는 말이 있듯 일단 시작부터 하는 게 중요하다고 말한다.

"우리 뇌에는 의욕을 북돋아주는 부위가 있습니다. 측좌핵이라는 곳인데, 뇌 한가운데에 보면 좌우에 하나씩 있지요. 뇌를 사과라고 한다면 사과 씨 크기 정도나 될까요. 이 부위의 신경세포가 움직이게 되면 의욕이 생깁니다. 그런데 측좌핵의 신경세포는 안타깝게도 좀처럼 활동하질 않아요. 어느 정도 자극이 있을 때라야 활동을 하지요. 그러므로 의욕이 없을 때라도 일단 시작부터 하고 봐야 합니다. 그렇게 하면 무엇인가를 하고 있는 사이에 측좌핵은 스스로 흥분하게 되고 집중력도 높아집니다. 그래서 의욕이 없더라도 우선 시작하고 보라는 것입니다."

이런 현상은 에밀 크레펠린(Emil Kraepelin)이라는 독일의 정신의 학자가 발견한 것으로 '작업흥분'이라고 부른다. 작업하고 있는 사이에 우리 뇌가 흥분해서 작업에 맞는 모드로 바뀐다는 것이다.

예를 들어 시작하기 전에는 너무나 하기 싫던 밀린 청소도 일단 시작하고 나면 열심히 하게 되는 현상을 누구나 한 번쯤 경험해봤을 것이다. 이 또한 무조건 행동을 개시함으로써 측좌핵이 스스로 행동을 시작하기 때문에 나타나는 현상이다.

무엇을 하기로 마음먹고도 금방 싫증을 내거나 아예 시작조차 하게 되지 않는 이유도 바로 여기 있다. 우리 뇌는 세 겹으로 이루어져 있는데, 가장 깊숙한 곳에 파충류의 뇌라 불리는 가장 원초적인 뇌가 있고 그 파충류의 뇌를 변연계(limbic system)가 둘러싸고 있다. 변연계는 모든 동물에서도 발견되는 뇌이기 때문에 동물의 뇌, 원시 뇌라고 부른다. 가장 바깥쪽은 제3의 뇌라 부르는 대뇌신피질(neocortex)로 인간에게 특히 발달되어 있다. 인간의 뇌라고도 부르는 이곳에서 창조를 비롯한 이성과 지성, 갈등, 행복 감정 등 고차원의 작업이 진행된다.

우리가 평소에 하지 않던 일을 시작하려고 할 때 반발을 일으키는 것은 동물의 뇌인 변연계다. 인간의 뇌인 대뇌신피질은 계속해서 변화를 추구하지만, 동물의 뇌인 변연계는 변화를 가장 싫어한다. 동물 세계는 언제나 똑같은 것을 습관대로 되풀이하는 습성이 있다. 그래서 발전이 없다. 동물의 생태계에서 급격한 변화란 곧 죽음을 의미하는 경우가 많기 때문이다. 인간도 기본적으로는 동물이기 때문에 새로운 변화에는 그만큼의 두려움이 따른다. 두려움은 동물의 뇌인 변연계를 자극할 때 생긴다는 것이 뇌과학자들이 말하는 우리 뇌의 비밀이다.

자수성가한 창업자들의 이야기에서 공통적인 부분이 많이 발견되는 것도 우리 뇌의 구조에서 비롯된다. 인라이어들은 공통적으로 남들이 무모하다고 할지라도 일단 저지르고 보는 성향을 보이는데, 이것은 그들이 두려움이 없는 대담한 사람들이었기 때문이 아니다. 일단 시작하고 보는 것이야말로 두려움을 극복하는 유일한 방법이었기 때문이다. 망설일수록, 시작이 늦춰질수록 두려움이 우리를 지배하게 된다. 동물의 뇌는 변화를 싫어하는 탓이다. 바로 시작하지 않으면 예기불안이 증폭되어 끝내 포기하게 된다. 싫다 좋다 생각할 겨를도 없이 바로 시작하는 것만이 변연계의 불안 공포 반응을 예방할 수 있는 유일한 길이다. 일단 발동이 걸리면 작업흥분 현상이 나타나면서 새로운 변화를 계속해서 추구할 수 있게끔 돕기 때문이다.

꿈이 클수록 엄청난 두려움이 생기는 이유도 여기에 있다. 엄청난 변화를 실행하겠다고 마음먹었을 때 우리 뇌 속에서는 변연계의 편도체에 경보가 울리면서 비상사태에 들어가 교감신경이 활동을 시작하기 때문이다. 그래서 계획은 크게 장기적으로 세우되 그것을 구체적이고 세부적인 작은 단위로 나눠, 뇌에 아주 작은 변화일 뿐이라고 인지하게 하는 작업이 필요하다. 이것은 인라이어들의 자수성가 스토리에서도 확인되는 진리다. 구체적인 계획을 세우고 세분화된 단계들에 대한 백업 플랜까지 짜놓고 시작하느냐의 여부가 창업 후 성패를 결정짓는다.

이는 한 개인에 대한 연구는 물론 모든 기업을 대상으로 한 연구에서도 공통적으로 증명된 사실이다. 실례로 석유기업 셸(Shell)은 미리 가상의 시나리오를 짜서 분석하는 과정을 통해 1970년대 중동 석유파동에 훌륭하게 대비했다. 당시 셸의 관리자들은 시나리오 작성을 예언이 아닌 연습이라고만 여겼기 때문에 실제로 중동에서 석유파동이 일어나리라고 생각한 사람은 없었다. 하지만 한 시나리오 전략 집단이 중동의 석유 생산국들이 가격을 조정하면서 유가가 급등하는 사태를 구상했다. 그 시나리오를 더 심층적으로 분석한 결과, 셸 경영진은 6일 전쟁(3차 중동전쟁)에서 미국이 이스라엘을 지원한 것에 분노한 중동 산유국들이 여러 가지 목적을 달성하기 위해 석유파동을 일으키거나 공급을 중단하는 방식으로 대처할 가능성이 있다는 사실을 깨달았다.

이런 식으로 연습해둔 덕분에 셸 경영진은 사건이 어떻게 수출 중단으로 이어질지, 언제쯤 그런 일이 발생할지를 예측해 다른 경쟁 기업들보다 훨씬 철저하게 대비했다. 가상이지만 이미 겪어본 상황이기 때문에 실제로 석유파동이 닥쳐오자 경쟁 기업들이 갈팡질팡하는 동안 셸은 정유시설을 개조했다. 석유업계에서는 셸이 다른 어떤 석유 공급 기업들보다 석유파동을 잘 이겨냈다는 데 이견이 없다.

다시 와이즈먼의 동기부여 심리학에 대한 연구로 돌아가 보자. 자신의 야망이나 계획을 실현하는 데 성공한 사람들의 두 번째 공통점은 가족이나 친구, 동료에게 자신의 목표를 이야기하는 경향이 더 강했다. 목표를 혼자 마음속에 담아두고 있으면 실패했을 때 받을 비웃음을 줄이는 데는 도움이 되겠지만, 인생의 변화를 피해 이전에 살던 방식으로 돌아가기가 그만큼 쉬워진다. 이는 사람들이 일단 공표된 약속이나 견해를 고수하려는 경향이 강하다는 심리학적 연구 결과와도 일치하는 사실이다. 다른 사람들에게 자신의 목표를 밝히면 목표를 달성하는 데 도움이 되는 또 다른 이유는 난관에 부딪혔을 때 도와줄 조력자를 구할 수 있기 때문이다. 자신을 도와주는 친구가 주위에 많을수록 인생을 살아가는 데 큰 도움이 된다.

실제로 플리머스대학의 시몬 슈날(Simone Schnall)이 실시한 일련의 연구에서는 사람들을 언덕으로 데려간 뒤 그곳이 얼마나 가파를지, 다시 말해 언덕에 오르기가 얼마나 힘들지 추측해보게 했다. 그결과 혼자서 추측한 사람에 비해 옆에 친구가 있는 사람은 15% 정도 더 낮게 언덕의 높이를 추측했으며, 심지어 옆에 친구가 있다고 생각하는 것만으로도 언덕을 오르는 게 더 쉽게 느껴진다는 대답이 나왔다.

자신의 인생에서 영구적인 변화를 일어나게 하고, 그것을 계속 유지한 사람들의 세 번째 공통점은 목표를 달성했을 때 찾아올 혜택을 자주 생각하는 경향이 강했다는 점이다. 이때 그저 장밋빛 미래를 생각하는 것이 아니라 자신이 목표를 이루었을 때 삶이 어떻게 달라질지 객관적으로 평가하는 모습을 보였다. 예를 들어 새로운 일자리가 목표라면 성공한 사람들은 더 만족스럽고 급료도 많은 일자리에 대해 생각하는 경향이 강한 반면 실패한 사람들은 실패한 뒤

현재의 상황에서 벗어나지 못한 채 불행하게 지내는 모습을 생각하는 경향이 강했다.

마지막으로 성공한 사람들은 목표를 달성할 때마다 자신에게 어떤 식으로든 보상하는 경향이 있었고, 자신의 계획과 진전, 혜택, 보상을 될 수 있으면 글로 표현함으로써 구체화하는 모습을 보였다. 손으로 직접 쓴 글부터 컴퓨터로 작성한 사업계획서에 이르기까지 글을 쓰거나 타이핑을 하거나 그림을 그리는 행동은 성공 가능성을 크게 높였다.

이것은 손정의 회장의 소프트뱅크 성공 스토리에서도 확인되는 사실이다. 손 회장은 이렇게 말한다.

"양이 질로 바뀝니다. 나는 신규 사업을 계획할 때 최소한 100가지 패턴의 사업계획을 구성해봅니다. 100가지 패턴의 사업계획을 작성해 사업의 이면에 감춰진 모든 변수를 다 끌어내는 것입니다."

조금씩 확장해 넓히기

정보의 바닷속에서 무엇이 가치 있는가를 알아보고, 장기적으로 미래를 내다보는 판단을 내려야 하는 능력은 자수성가를 원하는 사람이라면 반드시 터득해야 하는 것이다. 지금까지 살펴본 바로는 특정한 분야에 대한 꾸준한 연습과 모방을 통해 뇌 속에 체계적인 회로를 건설했는가에 따라 누군가가 세상 속에서 얼마나 잘해나갈 수 있는가가 결정된다. 또한 목표를 현실로 만드는 가장 확실한 길은 오로지 그것을 세분화해 한 단계씩 밟아나가는 데 있다. 이것은 자수성가한 인라이어들에게서 공통적으로 발견되는 사실이다.

그런데 여기서 의문이 생긴다. 한 걸음씩 내딛는다는 것은 엄청나게 고통스러운 일이다. 무엇보다 무에서 유를 창조하기 위해서는 전적으로 을의 처지에서 시작해야 하기 때문에 더욱 그렇다.

미래는 불확실하고 자금도 부족하며 누구도 그들이 성공할 것이라고 기대하지 않는 시기다. 그럼에도 불구하고 인라이어들은 창업 초기에 기반을 닦아나간 경험을 괴로웠던 순간으로 묘사하지 않는다. 코피를 흘려가며 영업을 뛰고, 밤을 새워 사업계획서를 작성하고, 시장이 원하는 제품을 남들보다 먼저 만들기 위해 밤낮 없이 시장조사와 연구에 매달린다. 세상이 알아주지 않는 분야에 뛰어들어 아무도 걷지 않은 길을 새로 개척해나가며 정신적·육체적으로 무척이나 고됐을 경험을 이야기하는 그들의 눈빛은 밝게 빛난다.

"힘은 들었지만 그게 짐으로 다가오진 않았어요. 싫은 일이었다면 그렇게 하지 못했겠죠."

"한동안 죽어라 일만 해야겠구나 생각했지만 엉덩이를 빼고 싶지 않았습니다."

"오히려 환희를 느꼈다고나 할까요?"

인라이어들에게 창업은 가치 있는 일이었다. 스스로 삶의 주인이 되어 열심히 일하고 결과에 책임지며 사고력과 상상력을 발휘할 수 있는 기회였기 때문이다. 자신의 아이디어를 실현하기 위해서는 몇 년간 몸이 부서져라 일해야 한다는 것을 알면서도 그것이 고된 짐으로 다가오지 않는 이유다. 반대로 일에서 가치를 찾지 못할 때 사람들은 자신이 몸담고 있는 일터에서 지옥을 본다. 수많은 심리학 연구에서 이를 증명하고 있다. 연봉으로 5만 달러를 받는 건축가와 10만 달러를 받지만 고속도로 톨게이트에서 평생 일해야 하는 직업 중 하나를 선택하라는 질문에 대부분의 사람이 건축가를 택한다. 일에서 만족을 느끼는 데 가장 중요한 요소는 보수가 아니기 때문이다.

만약 노동시간과 업무 내용, 업무 장소, 장래 전망 등이 똑같은 두 일자리가 있다 해도 사람들은 무조건 보수를 더 많이 주는 회사를 선택하지는 않는다. 당신이라면 다음 두 회사 중 어느 쪽을 선택하겠는가?

A회사: 내 연봉 5,000만 원, 동료 연봉 3,000만 원

B회사: 내 연봉 6,000만 원, 동료 연봉 8,000만 원

조사 결과에 따르면 대부분의 사람이 A회사를 선택했다. 순전히 돈만 놓고 본다면 B회사가 A회사보다 1,000만 원을 더 주지만, 사람들은 A회사에 다니면서 느끼게 될 상대적인 우월감을 돈 1,000만 원보다 높게 여기는 것이다. 또한 사람들은 제아무리 많은 보수를 준다고 해도 앞으로 받을 보수가 점점 줄어드는 회사보다 상대적으로 적은 보수에서 시작하더라도 나날이 보수를 늘려주는 회사를 선

택한다.

남들이 뭐라고 할지라도 자신이 성장해나가고 있다는 것, 자율적인 노력으로 자신의 아이디어를 실현해나가고 있다는 것, 그리고 가치 있는 일을 하고 있다는 확신이 있다면 아무리 힘든 과정을 거쳐도 그것이 고통으로 느껴지지 않는다. 도대체 왜 이런 현상이 생기는 것일까?

화장품에 의약품을 접목한 코스메슈티컬 브랜드의 선두주자로 국내는 물론 글로벌 마켓으로도 입지를 넓혀가고 있는 이지함화장품 김영선 대표의 창업 과정은 바로 이런 의문에 대한 해답이 될 것이다.

가치 있는 일을 한다는 자부심

세련된 커리어우먼의 전형적인 모습을 보여주는 이지함화장품 김영선 대표는 맨손으로 창업한 회사를 중견기업의 반열에 올린 인라이어다. 보통 사람들보다 한 톤 정도 높은 음성으로 거침없이 말할 때면 젊은 사업가의 패기와 뚝심이 느껴진다. 그녀는 어떻게 화장품 사업을 시작하게 된 것일까?

처음부터 김 대표가 사업가를 꿈꾼 것은 아니었다. 삼녀 중 맏딸인 그녀는 늘 아들보다 훌륭한 딸이 돼야 한다는 말을 들으며 자랐다. 부모님의 기대가 그만큼 컸다. 당시에 딸 가진 집이라면 선망의 대상이었던 이화여대 약대에 진학한 것도 알게 모르게 그런 영향이 있었다. 약대를 졸업하고 안정된 약사 생활을 할 수도 있었지만 젊어서 고생은 사서도 한다고 좀 더 도전적인 일을 하기 위해 제약회사의 문을 두드렸다.

약사로서의 전문성도 살리면서 마케팅에 관련된 일을 진행할 수 있는 분야라고 생각했기 때문이다. 제약회사 PM이 된 그녀에게 처음 맡겨진 일은 학술 세미나 등 교육 관련 업무였다.

주로 선진국에서 만든 약물을 수입하기 위해 외국 의사들을 초청하여 해당 약물에 대한 임상사례와 사용법 등을 우리나라 의사들에게 알려주는 일이었다. 예를 들어 부정맥 관련 약물이 새로 개발되었다면 그 약물을 써본 외국의 의사들을 초청해 세미나를 진행하고, 어떤 환자에게 어떻게 투여해야 가장 좋은 결과를 얻을 수 있는지 우리나라 의사들에게 교육하는 것이 당시 제약회사들이 개최하는 세미나의 목적이었다.

하루가 멀다 하고 같은 질병에 대해서도 수많은 새로운 약물이 개발된다. 지금은 우리나라의 제약회사들도 신약을 개발하기 위한 연구를 꾸준히 진행하고 있지만, 1970~1980년대 제약업이 막 성장하기 시작한 초기는 주로 선진국의 신약을 들여와 우리나라 상황에 맞게 적용할 수 있도록 홍보하고 판매하는 일에 주력하던 시기였다.

김 대표는 의사들에게 약을 설명하고 교육하는 일에서 재미를 느꼈다. 약사로서의 지식을 발휘할 수 있는 일이었을 뿐 아니라 선진국에서 온 의사들을 만나고, 그들과 함께 새로운 약을 홍보하는 것은 가치 있는 일이라고 생각했다.

세미나가 전국에서 열렸기 때문에 지방 출장도 잦았다. 새벽기차로 서울에 올라올 때면 고단하기가 이루 말할 수 없었지만 막상 서울역에 도착해서 코끝이 맵도록 시원한 새벽 공기를 마시며 걷다 보면 '이럴 때 행복하다고 느끼는구나' 싶었다. 치열하게 내 일에 최선을 다하고 있다는 생각에 벅찬 감정이 느껴졌다.

그런 그녀에게 닥친 시련은 이론은 너무나 잘 알지만 현장 경험이 부족하다는 것이었다. 학술 세미나를 진행하려면 새로 들여올 약에 대한 마케팅 플랜을 짜야 하는데, 다분히 학술적인 마케팅을 담당하고 있던 그녀는 스스로 좀 더 체계적인 마케팅 지식이 필요함을 느꼈다. 세미나를 하는 목적 자체가 신약의 판촉을 위한 것이었지만 정작 자신은 누가 이 약을 살 것인지, 과연 어디서 필요할 것인지에 대해 정보가 부족했다.

그렇다고 실제 영업 현장에 나가서 시장의 흐름을 볼 수 있는 상황도 아니었다. 결국 영업사원들에게 전화를 걸어 이것저것 물어보고 짐작으로 기획을 짜는 수준밖에 될 수 없었다. 제약회사에서의 경력이 쌓여갈수록 마케팅에 대해 좀 더 전문적으로 배우면서 일하고 싶다는 생각을 하게 되었다. 그러던 중 때마침 큰 회사의 스카우트 제의가 왔다. 그녀는 새로운 기회에 도전하고 싶었다. 그동안 목말랐던 마케팅 분야를 체계적으로 배울 수 있겠다는 생각에 다니던 회사를 미련 없이 그만두었다. 그런데 스카우트 제의를 한 회사에 사정이 생겨 입사가 무산되었다.

아이를 낳은 지 얼마 안 된 시점이라, 그녀는 이 기회에 잠깐 쉬자고 생각했다. 하지만 그것도 잠깐이었다. 우연히 한 지인이 글로벌 기업인 존슨앤존슨 한국지사에서 마케팅 직원을 뽑는다는 정보를 알려주어, 큰 기대 없이 임했던 면접에서 뜻밖의 호평을 받았던 것이다. 김 대표는 당시 상황을 다음과 같이 풀어놓는다.

"지금도 그렇지만 존슨앤존슨은 외국계 기업 중에서도 아주 좋은 회사였어요. 일반적인 인식은 유아용품이나 화장품을 만드는 회사로 알지만, 진통제로 유명한 타이레놀을 만든 곳이기도 해요. 그만큼 제약업계에서 갖는 영향력과 파워가 대단했죠. 내가 들어갈 때도 경쟁률이 무려 600대 1이었다고 하더군요. 입사하고 나서 궁금한 마음에 왜 나를 뽑았느냐고 물어본 적이 있어요. 그러자 면접을 볼 때 회사의 입장에서 내가 필요한 이유를 설명했는데, 그게 설득력이 있었다고 하더군요. 나도 최종 면접 때 한 말 중에서 '나는 누구를 만나더라도 항상 다음번 만날 때는 날 더 기억하게 할 수 있는 사람이다'라고 했던 게 생각나요. 약사이고 여자라는 핸디캡을 가지고 마케팅을 잘할 수 있겠느냐는 의문에 대해 오히려 그 때문에 내가 더 잘할 수 있노라고 설득한 게 제대로 적중했던 거죠."

존슨앤존슨 입사 후 김 대표가 맡은 일은 서울과 경기 지역 피부과에 'Roc' 브랜드를 론칭하는 것이었다. 마케팅을 제대로 배워보고자 시작한 일이었지만 처음에는 결코 쉽지 않았다. 김 대표 자신이 약사였으며 전문직종의 일이었음에도 나이 어린 병원 간호사들에게 문전박대를 당할 때도 있었고, 어떤 병원은 반나절을 넘게 기다려 점심시간에야 잠깐 의사를 만나 제품을 알릴 수 있었다. 당시엔 지금처럼 인터넷이 발달하지 않아서 서울 시내 피부과 병원을 일일이 찾아다니길 반복해야 했고, 그 때문인지 1년쯤 지나자 같이 입사한 동료들 대부분이 적성에 안 맞는다며 하나둘씩 회사를 그만두었다.

여기서 고개를 드는 의문은 그녀는 무엇 때문에 편안한 약사의 길을 두고 대부분의 사람이 매우 도전적인 직업이라고 여기는 제약영업일에 그토록 열정을 다했느냐 하는 것이다.

사람은 자신이 하는 일이 가치 있다고 느낄 때 힘든 노동도 고통으로 인식하지 않는다. 그녀 역시 제약회사 마케팅 일에서 가치를 찾았기 때문에 보람을 느꼈다. 물론 제약영업 일을 처음 할 때는 그녀도 자괴감에 빠지곤 했다. 아무리 유명한 외국계 제약회사에 다닌다고 해도 외판원 취급을 받았다. 어렵게 안면을 트고 나서도 대접을 못 받는 경우가 허다했다. 그럴 때도 마음을 가다듬고 생각해보면 속상할 일이 아니었다. '아직 내가 부족하구나. 내 가치를 더 높여야겠다'라고 생각했다.

"자존감을 지킨다는 것은 남이 세워주는 게 아닙니다. 나 스스로 당당하고 확신만 있으면 문전박대는 물론이고 그보다 더한 일도 극복할 수 있습니다."

김 대표의 이런 자세는 존슨앤존슨에서 승승장구하며 마케팅 매니저 자리까지 오르는 원동력이 됐다. 생각지도 못했던 기회가 찾아온 것도 바로 그 무렵이었다. 그동안 제약영업 일을 하며 친분을 다져왔던 이지함피부과에서 놀라운 제안을 한 것이다.

이지함피부과에서 자체적으로 개발한 화장품을 함께 만들고 판매해보자는 것이었다.

당시 이지함피부과는 자체 개발한 약물로 피부 트러블을 치료했는데 아주 효과가 좋았다. 병원은 나날이 문전성시를 이뤘고, 전국에 분점이 생기며 인기가 높아만 갔다. 요즘은 트렌드가 돼버린 지 오래지만 당시에는 미용 전문 피부과를 표방한 병원이 전무하던 시절이었다. 이지함피부과가 그런 트렌드를 이끌어내고, 역사를 만들어왔다고 해도 과언이 아니다. 그런데 병원이 잘될수록 의사들은 고민에 빠졌다. 트러블성 피부는 병원 치료로만 해결되는 문제가 아니었기 때문이다.

병원 치료를 기본으로 해서 항상 쓰게 되는 화장품 전반에 대한 관리가 필요했다. 여성 환자들에게는 더욱이 시급한 일이었다. 매일 바르는 모이스처라이저부터 메이크업 제품에 이르기까지 트러블 전용 화장품이 필요했다. 대부분 의사들이 외국의 좋은 제품을 소개해주고 그것들을 수입해 환자들이 쓸 수 있도록 했는데, 가격도 비쌀 뿐더러 의사들이 원하는 성분이 제대로 들어 있지 않은 경우가 많았다.

이지함피부과는 병원이 잘될수록 자체적으로 개발한 트러블 전용 화장품을 만들어보고 싶었지만 막상 엄두를 못 내고 있었다. 그러던 중 김 대표와의 친분을 계기로 깜짝 놀랄 만한 제안을 해온 것이었다.

: 이지함화장품의 대표 상품 중 트러블케어 라인의 컬러 시리즈

그녀는 심사숙고 끝에 새로운 도전에 나서기로 결심했다. 존슨앤존슨이라는 좋은 직장을 버려야 했지만 처음 영업을 시작할 때와 같은 마음으로 다시 한 번 백지에 새로운 그림을 그려나가듯이 또 다른 도전을 시작한 것이다. 처음엔 병원 귀퉁이에 노트북 한 대만 가지고 들어가 아무 기반도 없는 곳에서 하나씩 하나씩 사업계획을 세워나갔다. 여러 달에 걸친 사업 구상 끝에 그해 7월 병원에 법인화를 제안하고 사무실도 한남동으로 옮겨 G&B코스메틱이라는 이름으로 확장했다. 그리고 본격적으로 제품 개발에 들어갔다.

"천안에 있는 콜마 연구소를 오가며 제품을 만들었어요. 그때는 CI도 없던 기업이었죠. 한번은 의사들에게 제품 교육을 하던 중에 이런 질문을 받았어요. '왜 이지함화장품 용기는 수입 명품 화장품들처럼 고급스럽게 만들지 못하느냐?' 나는 다음 미팅 때 유명한 명품 화장품 병에서 마크를 떼어내 가져가는 걸로 답을 대신했어요. 명품 브랜드의 마크가 빠진 화장품 병은 정말로 평범했거든요. 오랜 역사와 전통을 거쳐 닦아온 명품 브랜드의 가치 덕분에 화장품이 고급스러워 보이는 효과였죠. 그러니 이지함화장품도 끊임없는 연구 개발로 기능성 화장품의 가치를 극대화하는 것만이 앞으로 나아갈 길이라는 소신을 밝혔죠. 이지함피부과 의사들도 처음엔 내가 개발한 제품을 소개하고 샘플을 제공해도 잘 쓰지 않았어요. 생각해보세요. 피부과 여의사들이 얼마나 좋은 화장품만 골라서 쓰겠어요. 그런데 제품 성분을 보고는 하나둘씩 쓰기 시작하더군요. 효과를 보고 나서는 오히려 팬이 된 분도 많아요."

사업 초기인 만큼 제품의 용기 디자인이나 광고, 홍보 등에 쏟을 자금 여력은 없었다. 그 대신에 김 대표는 품질에 내실을 기하는 데 온 힘을 다했다. 이지함피부과의 노하우와 소비자들이 화장품에서 얻고자 하는 욕구가 잘 맞아떨어졌을 때 엄청난 시너지 효과가 나올 거라는 확신이 있었기 때문이다.

그런데 막상 뚜껑을 열고 보니 제품이 잘 팔리지 않았다. 병원에서 파는 화장품이어서 그런지 트러블 심한 사람들만 쓰는 제품이라는 선입견도 장애물이 되었다.

처음 3년간은 힘든 고비였다. 제품만 잘 만들어놓으면 알아서 팔릴 거라 생각한 것이 보기 좋게 빗나갔다. 제품이 좋다는 걸 알려야 하는데 판촉에 필요한 자금도 부족한 상황이었다. 초기엔 혼자서 제품을 구상하고 이름 붙이고 연구 개발에 참여하고, 회계 관리며 제품 배송까지 신경 쓰면서 모든 분야를 진두지휘해야 했다. 그렇게 조금씩 차근차근 한 단계씩 밟아가다 보니 회사가 안정기에 들어서게 되었다.

그때부터 자체 연구소를 세우고 이지함피부과의 다년간의 피부임상을 기초로 더 나은 제품을 만들기 위한 연구에 박차를 가했다. 그런 노력 덕분인지 2006년에는 관련 업계 최초로 신기술 벤처기업으로 이노비즈 인증을 받기도 했다. 여러 해에 걸쳐 쌓아온 뛰어난 기술력과 연구 성과를 인정받은 것이다.

유명한 글로벌 기업의 마케팅 매니저 자리를 박차고 나와 무에서 유를 창조해내기까지 김 대표가 흘린 땀과 눈물은 3D 업종에서 열악한 작업 환경과 끔찍하게 긴 근무시간을 버텨야 하는 노동자들의 그것보다 더하면 더했지 못하지 않았다.

매일 밤 지치고 힘든 발걸음으로 집에 돌아와서 다시 새벽같이 일터로 나가는 생활을 몇 년이고 반복해야 했다. 하지만 얼굴에는 스스로가 운명의 주인이 된 사람에게서만 볼 수 있는 생기가 넘쳤다. 그녀는 자기 삶의 주인이었고, 머릿속에만 존재하던 아이디어들이 노력하는 만큼 하루하루 현실로 이루어지는 과정을 경험하고 있었다.

이지함화장품은 이제 국내 최초의 코스메슈티컬 제품으로 입지를 굳혔을 뿐 아니라 미국 LA 지역과 중국, 베트남으로도 인기리에 수출되고 있다. 작지만 내실 있는 기능성 화장품 회사로서 이지함화장품을 벤치마킹해 제품을 만들고 창업하는 사례가 생길 정도다. '아무리 좋아도 화장품은 화장품일 뿐 약과 같은 효과를 기대하기는 어렵다'는 편견을 깨고 '화장품도 잘 만들어서 피부에 맞게 사용하면 약보다 더 좋은 효과를 낼 수 있다'는 새로운 세계를 열어 보인 것이다.

지금까지 우리는 성공이란 특별한 사람만 누릴 수 있는 전유물이 아니라 한 개인이 세상을 살아가며 터득한 개인적 성향과 역량을 통해 성취된다는 사실을 알게 되었다. 도전을 만났을 때 포기하지 않고 응전하는 자세와 그럴 때만 발현되는 충분한 내적 동기, 앞날을 내다볼 수 있는 판단력, 그리고 장기적인 계획을 세우되 단계별로 세분화하여 한 걸음씩 전진해나가는 자세에 따라 인라이어로 성공할 수 있을지가 결정된다.

성공한 인라이어들은 창업으로 부와 명예를 얻었을 뿐 아니라 공통적으로 '가치로운 일을 하고 있다'는 자부심으로 가득한 모습이다. 그들이 만들어낸 가치 있는 일들은 결과적으로 세상을 더 살기 좋은 곳으로 바꿔나가고 있다. 방법이 달랐을 뿐 그들은 모두 하나같이 남과는 다른 생각으로 삶을 변화시키고 더 나아가 자신이 몸담고 있는 세상을 더 좋은 방향으로 변하게끔 이끌었다.

스스로 주인공이 되어 삶을 성공으로 이끌기 위해서 이들은 자신의 일에 무아지경으로 몰두하는 모습을 보인다. 다음 장에서 설명할

'몰입'이라는 개념이 바로 그것이다. 몰입이란 목표만을 위해 모든 주의를 집중하는 일련의 의식으로 그 순간은 자신조차 잊고 하고 있는 일에 빠져들게 된다.

다음 장에서 우리는 인라이어들이 일과 인생에 어떻게 집중하고 몰입하는지를 진지하게 분석함으로써 성공하는 사람이 왜 성공하는지에 대한 가장 결정적인 해답을 찾을 수 있을 것이다.

5

내 안의 숨은
잠재력을 깨우는
몰입의 힘

5

물리적 법칙을 뛰어넘는 현상

경기마다 최소 1억 명의 시청자를 텔레비전 앞으로 이끌고, 수십만 인파를 관중석에 앉히는 어마어마한 스포츠 이벤트인 F1은 인간의 한계를 시험하는 경기다. 인간이 통상 대기 중에서 느끼는 중력을 1G로 표시하는데, 경기 중 드라이버가 받는 중력은 무려 3.5G에 이른다. 엄청난 속도로 달리면서 코너링할 때 받는 중력은 더욱이 엄청나서 일반 사람은 어지러워 토하거나 심하면 정신을 잃을 수도 있는 수준이다.

트랙 온도는 한여름이면 보통 40도를 넘고, 일반 자동차와는 다르게 설계된 F1 머신은 운전석 바로 뒤에 1만 8,000rpm으로 돌아가는 엔진이 달려 있다. 브레이크는 용광로 쇳물처럼 벌겋게 달아오르고 배기가스 온도도 900도를 넘기 때문에 레이스 중 운적선 온도

: F1의 전설적인 레이서 아일톤 세나

는 50~60도를 넘나드는 수준이다.

경기장의 관람객들조차 귀마개를 꼭 착용해야 할 정도로 F1 머신
들이 뿜어내는 엔진음은 고막을 찌르는 듯 날카롭고 웅장하게 허공
을 가른다. 머리가 어지러울 정도의 중력 가속과 150데시벨을 넘나
드는 소음, 60도의 찜통 안에서 한 시간 이상을 견디며 운전해야 하

는 드라이버는 인간의 한계에 도전하고 있는 셈이다. 그런 악조건에서 복잡한 서킷을 엄청난 속도로 달리는 것은 다년간의 체계적인 훈련이 필요한 무척이나 정교하고 놀라운 기술이다.

한 도시에서 열리는 올림픽, 한두 개 국가에서 개최되는 월드컵과 달리 F1은 1년 내내 여러 나라를 순회하면서 경기가 치러진다. 12개 팀에서 각각 두 명씩 모두 24명의 드라이버가 출전하는데, 전 세계에서 가장 운전을 잘하는 24명이 모여 짧게는 260km, 길게는 310km에 이르는 거리의 서킷을 경주용 차를 타고 경합을 벌인다.

0.0001초의 기록을 단축하고자 팀마다 매년 수천억 원에 달하는 연구비를 투자할 만큼 F1은 자동차와 경주를 즐기는 전 세계인의 축제일 뿐 아니라 세계적인 슈퍼카를 만드는 업체들이 그동안 갈고 닦아온 기술을 내세워 우승을 위해 사력을 다하는 자존심을 건 각축장이다.

F1으로 시작된 모터스포츠 역사 100년 이래 당대를 풍미했던 많은 스타가 전설 같은 영웅담을 남기고 사라졌다. 그중에서도 역사상 최고의 레이서로 꼽히는 아일톤 세나 다 실바(Ayrton Senna da Silva)는 F1의 영원한 전설로 불린다. 세나는 F1에서 사고로 목숨을 잃은 마지막 레이서다. 세나가 전설로 불리는 것은 그의 천재성이 젊은 날의 안타까운 죽음과 결부되어 아직도 많은 사람에게 잊히지 않는 드라이버로 각인된 이유도 있지만, 무엇보다 여러 차례에 걸쳐 논리적으로는 도저히 설명할 수 없는 기적 같은 우승을 거머쥐었기 때문이다. 세나는 단순히 인간의 능력으로 보여줄 수 있는 한계를 넘어

선 일들을 해냈다. 물리적 법칙을 뛰어넘은 일이기도 했다.

1991년 브라질 인터라고스에서 열린 F1 그랑프리에 아무렇게나 헝클어뜨린 듯한 갈색 고수머리에 햇볕에 적당히 그을린 탄탄한 몸만큼이나 흔들림 없는 눈빛을 한 청년이 나타났다. 바로 아일톤 세나였다. 그는 개막전 열린 예선에서 강력한 우승 후보들을 제압하고 상큼하게 출발했다. F1은 출발 순서가 그 무엇보다도 중요한 경기다. 본선 경기가 시작되기 이틀 전부터 열리는 예선 경기는 세 개의 세션으로 진행되는데, 1세션에서는 24명의 드라이버가 트랙을 달려 랩타임 기록에 따라 하위 일곱 명의 드라이버를 그다음 날 열리는 결선 경기의 18~24번째 그리드에 배정한다. 2세션에서는 1세션 하위 일곱 명을 뺀 17명이 다시 트랙을 달려 랩타임을 측정해 하위 일곱 명을 11~17번 그리드에 배정한다. 마지막 3세션에서는 1, 2세션에서 살아남은 10명이 다시 랩타임을 측정해 1~10번 출발 위치를 결정한다. 드라이버들의 실력이 비슷해 한 대 추월하기가 여간해서는 쉽지 않은 F1 경기이기 때문에 예선의 성적이 결선 성적의 8할 정도를 좌우한다고 해도 과언이 아닌 이유가 여기 있다.

드라이버의 운전 기술만큼 팀마다 어떤 전략을 가지고 경기에 임하는가도 중요하다. 규정상 결선 경기에서는 두 종류 이상의 타이어를 사용해야 하는데, 선두를 달리고 있다 해도 한 번은 타이어를 교체해야 한다. 이 때문에 타이어 교체 시간은 승부의 또 다른 변수가 된다. 레이스 당일의 날씨가 어떠냐에 따라 타이어 종류를 선택하는 것도 관건이다. 머신의 타이어 네 개를 교체하는 데 걸리는 시간은 평균 4초가 채 안 되므로 0.0001초에서 승부가 갈리는 F1에서 스태프들이 손이 안 보일 정도의 빠른 속도로 타이어를 교체하는 장면을 보는 것도 관람객들에게는 큰 볼거리다.

다시 세나의 브라질 경기로 돌아가 보자. 당시 그는 이미 통산 27승을 거두었지만 인터라고스에서만은 출전 7회에 승리가 없던 참이었다. 특히 지난 3년 동안 실격과 접촉으로 아깝게 승리를 놓친 적도 여러 번이었다. 그러다 보니 당시만 해도 유럽인들의 축제나 다름없었던 F1에서 브라질 출신으로 절정의 기량을 자랑하던 세나가 정치적으로 불리한 상황에 처해 자꾸만 우승을 빼앗기고 있다는 루머마저 나돌았다.

세나는 비원의 고국 승리를 향해 질주를 시작했다. 계속 선두를 지키며 후반에 접어들자 세나의 영원한 라이벌이었던 프랑스의 A. 프로스트는 부진을 면치 못했고, 2위 나이절 만셀이 머신의 성능을 앞세워 세나를 압박했지만 얼마 지나지 않아 기계 결함으로 경기를 포기했다. 세나는 2위 파트 레제와 1분여 차이로 여유롭게 선두를 달리고 있었다. 누가 보더라도 세나의 낙승이 점쳐지는 가운데 하늘도 수중전에 유달리 강한 세나를 축복하듯 서킷에 비를 뿌리기 시작했다.

그런데 막상 세나는 기어 고장으로 고전하고 있었다. 당시 몰고 있던 맥라렌-혼다 머신의 3단과 5단 기어가 고장 나버린 것이다. 세나는 스틱을 6단으로 있는 힘껏 밀어 넣었다. 기어는 6단에 고정된 채로 더는 변환이 불가능했다. 경기 종료까지는 20바퀴나 더 남아 있는 상황이었다. 6단에 고정된 채로 서킷을 달린다는 것은 거의 불가능한 일이다. 고장 난 기어 탓에 스틱이 다시 튀어나올까 봐 파워 스티어링도 쓸 수 없는 상황이었다. 체중의 다섯 배나 되는 압력을 받으며 F1 머신을 한 손으로 운전한다는 것은 상상을 불허하는 일이었다. 하지만 세나는 그 상태로 20바퀴를 달렸다. 6단에 고정된 기어 때문에 느린 커브에서 충분한 파워를 받을 수 없었고, 엎친 데 덮친 격으로 트랙에 비까지 내리고 있었지만 악전고투 끝에 결국 2위와 3초 차이로 결승 라인을 통과했다. 아무도 그가 기어박스에 문제가 생긴 상태에서 우승했다고는 생각하지 못했다. 경기 후 완전히 탈진한 세나는 부축을 받으며 시상대에 올랐다. 우승컵을 들 힘조차 없는 상태였다.

당시 레이스를 지켜본 프랑스의 명드라이버 장 알레지의 말을 들어보자.

"그건 사실이 아닐 거라고 생각했어요. 단언하건대 제아무리 세나라고 해도 비가 내리는 와중에 그것도 기어가 6단에 고정된 상태에서 코너의 연속인 인터라고스 서킷을 달릴 수는 없으니까요."

세나가 도저히 불가능한 상황에서 이뤄낸 기적적인 우승에 대한 논란은 1995년 세나의 온보드 영상이 공개되면서 일단락됐다. 고장 난 기어 때문에 경기 후반부터는 오른손으로 기어를 넣는 동작을 하지 않은 것이 확인되었기 때문이다. 운전대와 스틱을 번갈아 잡으며 고전하던 세나는 마지막 랩에 이르러서는 고통을 참지 못해 비명을 질러댔다. 날카로운 신음이 시끄러운 엔진 소리를 뚫고 녹음되어 있었다. 사람들은 세나가 이뤄낸 불가사의한 승리에 다시 한 번 감탄을 금치 못했다. 장 알레지 역시 영상을 보고는 무릎을 꿇었다.

세나가 이뤄낸 기적은 이것만이 아니다. '세나 신화'라고 불릴 만큼 불가사의한 우승을 여러 차례 거둬서 천재 드라이버라는 명칭을 얻었다. 그뿐 아니다. 세나가 단순히 실력 좋은 F1 드라이버를 넘어 영웅으로 추앙받는 이유는 그가 보여준 인생과 레이스에 대한 철학적인 풍모 때문이었다. 그는 자신이 왜 레이싱을 해야 하는가에 대해 확고한 철학을 가졌던 사람이다. 진정으로 레이싱을 즐기고 사랑한 만큼 최고가 되기를 원했고, 더불어 자신과 같은 처지의 레이서들이 안전에 대한 걱정 없이 경기에 임할 수 있도록 관련 규정과 안전시설을 바꿔보고자 했다. 한마디로 더 나은 세상을 꿈꾼 것이다. 세상을 바꿔보고자 하는 열망으로 레이싱에서 우승할 때마다 고국 브라질의 국기를 힘차게 흔들었다. 그는 유럽인의 전유물이었던 F1에서 무려 마흔한 번을 우승해 모국 브라질 국민에게 '우리도 할 수 있다'는 꿈과 희망을 안겨주었다. 또한 레이싱 선수로 성공해 벌어들인 천문학적인 액수의 돈을 브라질의 가난한 아이들을 위해서 기부한 사실이 밝혀져 많은 사람의 존경을 받았다.

세나는 인간의 한계에 도전하는 레이스를 통해 인간의 육체가 얼마나 나약하고 한순간에 부서질 수 있는 것인가를 깨달았다. 그 반면에 인간의 정신력은 그 모든 것을 극복할 만큼 강한 것임을 알았다. '서킷의 철학자'라는 별명도 세나가 레이스를 통해 한계를 깨닫고 그 한계를 극복함으로써 자신을 재발견하며 남긴 어록들 때문에 붙여진 것이었다.

"나는 이기기 위해 프로그램되어 있다."

"한계까지는 누구나 해내지만 한계를 넘어선 시점부터가 진짜 승부다."

"레이스는 인간이 얼마나 나약한지를 가르쳐준다. 하지만 자기밖에 할 수 없는 것을 보여주기도 한다. 이것은 커다란 딜레마다."

그중에서도 거의 판타지 만화에서나 나올 법한 이야기가 있다. 1988년 모나코 그랑프리 대회에서 우승한 뒤에 세나는 이렇게 말했다.

"여느 때와 다름없는 주행이었어요. 때때로 동료들보다 빠르기도 했지만 조금씩 랩타임이 느려졌어요. 시간이 좀 지나면서 팀 동료인 알랭보다 내 랩타임이 현저하게 떨어졌죠. 그때 갑자기 내가 터널 안에 있는 것 같은 기분이 들었어요. 끝없이 돌고 도는 터널이었는데, 나도 모르게 속도가 점점 더 빨라졌어요. 내 의지가 아니라 본능에 따라 무의식적으로 운전하는 느낌이었죠. 분명히 내 한계를 넘어섰는데도 전혀 힘이 들지 않았어요. 머신도 제어할 수가 없다고 생각했죠. 마치 시간이 멈춰진 상태로 달리는 것 같았고, 실제로 그 랩에서 나는 다른 선수들보다 2초가 더 빨랐어요."

실제로 경기 도중에 소속팀과 세나 사이의 교전이 잠시 끊겼던 상황이 확인되었다. 당시 세나의 소속팀이었던 맥라렌은 "왜 그런지는 모르겠지만 그는 아무 말도 하지 않았다"고 회고한다.

세나가 털어놓은 경험은 빠른 스피드로 달리던 그가 얼떨결에 느긴 환상이었을까? 그렇다고 보기에는 상황이 너무나 구체적이다. 더군다나 그와 비슷한 경험을 한 사람들이 세계 곳곳에서 발견된다.

"한참을 뛰었는데도 온몸이 고요하게 변하는 걸 느꼈어요. 황홀경이라고나 할까요. 공을 몰고 상대팀 어느 선수가 와도, 아니 그 팀의 모든 선수들이 한꺼번에 방해하더라도 뚫고 나갈 수 있다는 확신이 들었죠."

이것은 축구 황제 펠레가 털어놓은 자신의 천재적 기량에 대한 고백이다. 그뿐 아니다. 우리가 천재라고 칭송해 마지않는 유명인들이 자신들이 경험했던 깊은 몰입의 상태에 대해 스스로도 신기하다는 듯 회고하는 경우가 종종 있다. 전설적인 무용가 바슬라프 니진스키(Vaslav Nijinski)는 "당신의 삶에서 가장 훌륭한 순간은 언제입니까?"라는 질문에 다음과 같이 대답했다.

"삶에서 가장 훌륭한 순간은 춤을 추는 시간입니다. 그런데 그것보다 더 황홀한 순간이 있어요. 바로 춤추는 나 자신이 사라지고 오직 춤만이 남는 순간이지요. 나는 그 순간을 위해 최선을 다합니다."

세기의 화가 피카소도 니진스키가 받은 것과 같은 질문을 받은 적이 있다. 그의 대답을 들어보자.

"그림을 그리는 동안 나는 화가일 뿐 당신들이 소문으로 들은 위대한 피카소가 아닙니다. 게다가 더 깊은 순간이 오면 그때는 화가라는 자각마저 사라지고 없을 것입니다. 단지 그림만이 남겠지요."

무엇이 이들에게 이런 놀라운 경험을 하도록 하는 것일까? 자신의 일을 사랑하는 사람들한테서 발견되는 이런 순간에 대해 우리는 어떻게 설명할 수 있을까?

지금은 세계적인 심리학자가 된 미하이 칙센트미하이(Mihaly Csikszentmihalyi)도 막 심리학에 입문하게 된 청년 시절에 이와 비슷한 의문을 품었다. 그는 신기한 이름만큼이나 다양한 경험을 한 사람이다. 헝가리에서 태어나 이탈리아에서 어린 시절을 보내며 전쟁의 참상을 직접 경험했다. 그가 일곱 살 때 시작된 제2차 세계대전은 열 살이 될 때까지 계속되었다. 사람들의 삶이 전쟁으로 파괴되는 현장을 목격했던 기억은 청소년기뿐 아니라 성인이 되고 나서도 그의 삶에 커다란 영향을 미쳤다. 전쟁 직후 미국으로 이민 온 그는 무엇이 사람의 삶을 의미 있게 하는가에 대해 고민하기 시작했다. 그 질문의 답을 찾기 위해 철학책을 읽어보기도 하고 예술이나 종교 활동에도 참여해보다가 결국엔 심리학과 마주하게 되었다.

이제는 눈처럼 하얀 백발의 노학자가 된 그는 시카고대학에서 심리학으로 학위를 받고 그곳에서 40여 년이 넘게 교수로 재직 중이다. 그는 사람들이 인생에서 '행복'이라는 말로도 부족한 놀라운 경험을 할 때가 언제인지, 그리고 그때 어떤 특징을 보이는지를 평생에 걸친 연구 주제로 삼았다. 이를 위해 그는 경험표집방법(Experience sampling method, ESM)이라는 기법을 사용했는데, 세계 각국의 실험 참가자들에게 질문지와 호출기를 나눠주고 호출기가 울릴 때마다 질문지를 보고 자신의 느낌이나 생각을 적도록 한 것이다. 그 결과 공통적으로 사람들이 스스로 주인의식을 느끼고 기분이 고양되는 바로 그 순간 이런 경험을 한다는 것을 알아냈다.

칙센트미하이는 이러한 상태를 플로(Flow)라고 이름 붙였는데 이는 마치 '물 흐르는 것처럼 편안한 느낌', '하늘을 자유롭게 날아가는 느낌'이기 때문이다. 플로는 어떤 행위에 깊이 몰입해 시간의 흐름이나 공간, 더 나아가서는 자신에 대한 생각까지도 잊어버리게 되는 심리적 상태를 의미한다. 사람들이 다른 어떤 일에도 관심이 없을 정도로 지금 하는 일에 푹 빠져 몰입되어 있는 상태다. 그는 플로를 '최적경험(optimal experience)'이라고도 부른다. 플로라고 하든, 최적경험이라고 하든, 아니면 몰입이라고 하든 이 경험은 세나가 말한 시간이 멈춘 순간이며, 펠레가 느꼈던 황홀경이다. 니진스키와 피카소도 바로 이 순간을 만나고자 최선을 다해 자신의 분야에 매진했다.

최적경험 속에 있는 사람은 자기 자신과 자신이 수행하고 있는 행동을 더는 분리해서 생각하지 않는다. 그래서 자신을 잊고 자신에 대해 잘 모르게 된다. 내 운명의 주인은 나라는 느낌을 받으며 마냥 기분이 고양되고 행복감을 맛본다. 이때 우리의 의식은 질서 있게 구성되고 목표만을 위해 모든 주의를 집중하게 된다. 온 힘을 다해 목표를 이루고자 매진하므로 자아에 대한 의식이 사라지고 자신이 하고 있는 행위와 혼연일체가 되는 순간이지만, 역설적으로 플로의 경험이 끝나면 자아감이 더욱 강해지고 새로운 능력과 성취에 따라 풍요로워진 자신을 발견하게 된다. 플로의 경험을 겪고 나서 바라보는 자신은 이미 과거의 자신이 아니다. 자기도 모르게 나아진 자신을 발견하고 이것이 다른 사람에게는 도약으로 비친다. 그럼 어떻게 플로에 이를 수 있을까? 칙센트미하이에 따르면 두 가지 조건이 필요하다.

첫째는 플로를 가능하게 하는 내적인 조건으로, 어떤 행위나 경험 그 자체에 목적을 부여하는 성향의 사람이어야 한다. 이런 사람들은 자신이 발견한 의미 자체를 목적으로 삼거나, 의미를 좀 더 가치 있는 목적으로 전환시키기도 한다. 레이싱 자체에서도 희열을 느꼈지만 레이싱을 통해 좀 더 나은 세상을 만들겠다는 목적과 철학을 가졌던 세나가 바로 그런 사람에 속한다.

둘째는 플로를 유발하는 활동의 조건이다. 이것은 크게 네 가지로 나뉘는데 이 네 가지가 모두 필수조건은 아니다. 다만 연구 결과로 볼 때 이런 조건들을 갖춘 활동일수록 플로를 경험하는 경우가 많았다. 첫 번째는 도전적이고 분명한 목표다. 두 번째는 기술과 능력이다. 이때 물리적인 기술뿐 아니라 심리적인 기술도 포함된다. 세 번째는 분명한 규칙이다. 규칙이 분명하지 않은 활동일수록 사람의 주의를 분산하고 에너지를 소비하기 때문이다. 어떤 활동이든 간에 선택의 범위가 제한되고 분명해지면 목표와 그에 따르는 규칙에 전념하기가 더 쉽다. 마지막 네 번째는 즉각적인 피드백이다. 여기서 말하는 피드백은 '목표를 향해 잘 가고 있다는 증거'를 의미한다. 어떤 종류의 피드백이든 목표를 향한 진척 상황과 논리적으로 연결돼 있을수록 좋다. 칙센트미하이는 이렇게 말한다.

"몰입 상태에 들어가면 본인은 행복한지 그렇지 않은지 모릅니다. 하지만 그 상태가 끝나면 자아가 확장되는 느낌을 갖게 되죠. 자신의 잠재력에 대한 확신은 개인의 창의력, 나아가 사회·문화 발전으로도 연결됩니다."

그에 따르면 느끼는 것과 바라는 것, 생각하는 것이 하나로 어우러지는 순간이 몰입이고 운동선수가 말하는 몰아의 경지나 무아지경, 예술가가 느끼는 미적인 황홀함 등이 몰입 상태를 설명하는 좋은 예다. 몰입은 평소에 일을 할 때 쉽게 느낄 수 있다. 몰입의 조건이 작업 환경에서 쉽게 충족되기 때문이다. 그런데 완전한 몰입의 상태를 유지함으로써 우리 삶 자체를 바꾸는 것은 결코 쉬운 일이 아니다. 이를 위해서는 두 가지 차원을 고려해야 한다. 우리 모두 자신이 그렇게도 원하던 일을 막상 시작하게 되면 의외로 쉽게 따분함을 느끼거나 불안감으로 좌절하는 경우가 많다. 칙센트미하이는 이런 현상은 누구에게나 해당되며, 여기에는 이유가 있다고 설명한다. 첫 번째로 문제에 대처하는 '기술'이라는 측면을 생각해야 하고, 두 번째로 당면한 삶의 '도전' 수준을 고려해야 한다. 쉬운 예로 테니스를 처음 배우는 사람이 국가대표 선수와 시합을 한다면 그에게는 즐거움보다 불안감이 클 것이 당연하다. 이와 반대로 초보자와 시합하는 국가대표 선수는 너무 시시해서 도전의식이 생길 리 없다. 금세 따분함을 느낄 것이다. 칙센트미하이는 플로란 이렇게 기술과 도전이라는 두 차원의 균형이 맞아야 함을 강조한다. 즉 기술과 도전을 2차원 좌표상의 두 축이라고 한다면 우리는 이 두 축이 만나는 중간인 45도 선상에서 플로를 경험할 수 있다는 것이다. 초보 테니스 선수는 국가대표 선수와 대결해야 하는 불안을 없애기 위해 도전 수준

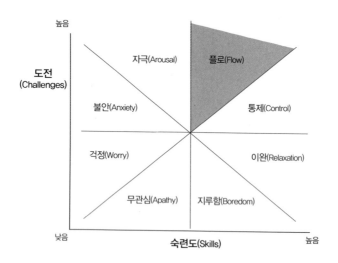

: 미하이 칙센트미하이의 플로(flow) 사분면

을 급격히 떨어뜨리거나 아니면 자신의 대처 기술을 향상시킬 수 있다. 여기에서도 도전과 응전의 법칙이 삶의 질을 달라지게 하는 관건이 된다. 플로에 빠질 것이냐 아니냐는 개인의 선택에 따라 좌우되는 것이다.

이것은 모든 성공한 인라이어들한테서 발견되는 공통점이기도 하다. 창업 초기라는 힘든 시간 동안 이들은 도전을 선택하고, 그 결과 몰입을 경험한다. 몰입의 힘은 강력하며 경험할수록 더 많이 경험하고 싶어지는 중독성이 있다. 몰입의 경험 때문에 이들은 힘들었던 순간에 대해 부정적인 생각을 하지 않는다.

"너무 바빠서 다른 생각을 할 겨를이 없었다."

"일을 하다 보니 시간이 어떻게 가는지도 몰랐다."

"고되고 힘들었지만 말로 표현하기 어려운 환희를 느꼈다."

표현은 각각 다르지만 모두 몰입의 순간을 나타내는 말들이다. 창업 초기 고된 노동을 하면서도 그들의 얼굴이 생기로 빛났던 이유이기도 하다. 그런데 몰입이란 칙센트미하이가 설명하듯이 일정한 조건을 갖춰야만 나타나는 현상이다. 그가 밝혀낸 여러 조건들과 더불어 한 사람이 자신의 인생에 대해 명확한 자기철학을 가졌느냐가 몰입을 위한 가장 중요한 전제조건이 된다. 이것은 인라이어가 어떻게 완성되는가를 밝혀낼 수 있는 비밀의 열쇠이기도 하다.

머리가 아닌 마음이 원하는 것

몇 년 전, 작은 컨설팅 회사의 CEO 하워드 모스코위츠(Howard Moskowitz)는 심각한 고민에 빠졌다. 그는 하버드에서 정신물리학 분야로 박사학위를 받은 후 통계학적인 연구방법을 기반으로 한 '맛'에 대한 컨설팅을 주로 했다. 그의 고객층은 펩시콜라부터 인스턴트 수프로 유명한 캠벨에 이르기까지 다양했다. 그러던 어느 날 커피회사인 네스카페가 사람들이 가장 좋아하는 최고의 커피를 만들고자 그에게 의뢰를 해왔다.

그 무렵 모스코위츠는 펩시의 의뢰로 새로운 다이어트 콜라에 들어갈 아스파탐의 적당한 당도를 찾아내기 위해 실험에 착수하고 있었다. 그는 일반적인 통계조사 방식대로 사람들이 가장 선호하는 적당한 당도를 찾고자 했다. 대개 대부분의 소비자는 8% 이하의 당도는 너무 심심하고, 12% 이상의 당도는 너무 달다고 느낀다. 따라서 등급별로 당도의 함량을 조절한 제품을 소비자에게 시음하게 하고, 가장 많은 소비자가 선택한 제품을 기준으로 콜라에 들어갈 아스파탐의 적정농도를 찾으려고 했다. 그러나 결과는 뒤죽박죽이었다. 사람들의 선호도가 종형곡선을 나타내지 않은 것이다. 도무지 결론을 내릴 수 없는 실험 결과 앞에서 고민하고 있던 그에게 네스카페 역시 같은 질문을 해온 것이다.

"사람들이 원하는 최고의 맛을 어떻게 찾아낼 수 있을까?"

: 마케팅 컨설팅 전문가 하워드 모스코위츠가 찾아낸 최고의 스파게티 소스, 프레고

고민을 거듭한 끝에 모스코위츠는 무엇이 잘못되었는지 깨달았다. 그는 그동안의 실험에서 '잘못된 질문'을 하고 있었던 것이다. 완벽한 펩시, 완벽한 커피는 하나가 아니었다. 여러 개일 수 있었다. 그런데 회사들은 무조건 하나의 완벽한 제품을 찾고 있었다. 사람들의 기호는 생각보다 다양해서 그들은 슈퍼마켓에서 살 수 있는 맛이 아닌 그 이상의 무엇을 원했다. 하지만 기존의 조사 방식으로는 그 맛이 무엇인지를 알아낼 수 없었다.

　모스코위츠는 다른 방식의 실험을 기획했다. 그가 생각하기에 완벽하다고 느끼는 몇 가지 맛을 만들려 하지 않고 상상할 수 있는 모든 방법을 동원해 여러 가지 맛과 농도의 제품들을 만들어 소비자들에게 시식하게 했다. 이렇게 해서 방대한 양의 데이터가 수집되자 특징에 따라 사람들의 선호도를 그룹 지었다. 그 결과 스파게티 소스의 경우 대다수의 미국인이 실험이 이뤄진 1980년대 초에는 존재하지 않았던 덩어리가 많은 소스를 가장 좋아한다는 것을 알아냈다. 스파게티 소스 브랜드인 프레고(Prego)는 재빨리 덩어리가 든 제품 라인을 출시했고 이 제품은 순식간에 스파게티 소스 시장을 점령했다. 그 후 프레고는 10년간 덩어리가 많이 들어간 이 스파게티 소스로 60억 달러를 벌어들였다.

　소비자들이 원하는 커피를 찾아내기 위해 실시한 실험에서도 이런 현상은 두드러지게 나타났다. 대부분의 사람은 "깊고 진하며 풍부한 맛을 가진 커피를 원한다"고 이야기한다. 그런데 실험 결과 진짜로 그런 커피를 원한 것은 25~27%의 사람들뿐이었다. 나머지 사람들은 대부분 우유가 든 연한 커피를 좋아했다. 하지만 어떤 커피를 원하느냐고 물었을 때 우유가 든 연한 커피를 원한다고 대답하는 사람은 없었다.

모스코위츠는 "마음은 혀가 원하는 것을 모른다"는 말을 즐겨 했다. 이것은 인라이어의 세계에서도 진실이다. 사람들은 자신이 무엇을 원하는지 잘 모르고 있는 경우가 많다. 안다고 해도 그것을 말로 표현할 줄 아는 사람은 극소수에 불과하다. 인라이어들의 미래를 내다보는 판단력은 바로 이럴 때 발휘된다. 사람들이 원하는 것, 그들의 가려운 곳을 먼저 알아보고 그것을 제품화해서 내놓는 것이다. 앞에서 살펴본 도전과 응전의 법칙을 기억하는가? 인라이어들은 인생에서 시련이라고 부를 만한 특별한 계기를 통해 사람들이 진정 원하는 것을 찾아내는 시험대에 오른다.

여기에 평범했던 가정주부가 이뤄낸 눈부신 성공의 이야기 또한 그 시작은 같았다. 인생은 마흔부터라는 오래된 격언을 몸소 증명해 보인 이 시골 주부의 이름은 마거릿 러드킨(Margaret Rudkin)으로 유기농 제과기업인 페퍼리지팜(Pepperidge Farm)을 이뤄낸 주인공이다. 마거릿의 이야기는 도전에 응전한 한 평범한 사람의 몰입이 놀라운 성공을 낳고, 그것이 하나의 철학으로 완성되어 인라이어로 거듭나는 과정을 보여주는 좋은 예다.

페퍼리지팜 쿠키의 탄생

빨간머리 앤의 주인공 앤이 책 속에서 걸어 나왔다고 생각될 만큼 눈에 띄게 붉은 머리와 빛나는 녹색 눈동자가 돋보이는 매력적인 여성이었던 마거릿은 뉴욕의 아일랜드계 이민자 가정에서 태어났다. 다섯 형제 중 맏딸이었던 그녀는 열 살도 채 되기 전부터 동생들을 위해 빵을 만들고 쿠키 굽는 법을 배워야 했다. 그녀의 할머니가 손녀에게 아주 어릴 때부터 전통적인 방법에 따라 좋은 재료를 듬뿍 넣은 빵을 만드는 법을 가르쳐주고 싶어 했기 때문이다. 어린 마거릿에게 할머니처럼 빵을 만드는 일은 시련에 가까운 도전이었지만, 이때의 경험은 훗날 그녀에게 엄청난 성공을 가져다준 밑거름이 되었다.

마거릿은 당시의 여느 맏딸들처럼 고등학교를 졸업하자마자 생활 전선에 뛰어들어야 했는데 운 좋게도 시내 한 은행의 회계장부 담당자로 들어갔다. 그리고 다시 은행원으로도 몇 년간 일하다가 31세 무렵에는 성공한 주식중개인이었던 앨버트 러드킨의 비서로 일하게 되어 사랑에 빠졌다. 그 후 앨버트와 결혼해 평범한 가정주부가 되었다. 그때까지도 사업을 하겠다는 야심은 눈곱만큼도 없었다. 부부는 행복한 결혼생활을 꿈꾸며 코네티컷 주의 페어필드에 땅을 사서 영국 튜더 왕조 스타일의 집을 지었다. 그리고 이듬해 그 집으로 이사해서 소유지 안에 있는 오래된 페퍼리지 나무(북미산 층층나무과의 큰 나무)의 이름을 따서 '페퍼리지팜'이라고 이름 붙였다. 그런데 러드킨 부부가 새집으로 옮겨간 1929년은 대공황 시대가 시작된 때이기도 했다. 주식시장은 대공황의 직격탄을 맞았다. 남편의 주식중개업이 여러 번 위기에 처하면서 다른 여느 사람들처럼 러드킨 부부도 힘겨운 나날을 보내야 했다. 그중에서도 부부를 가장 힘들게 한 것은 막내아들 마크를 괴롭혔던 원인 모를 극심한 알레르기와 천식이었다. 담당 의사는 마크가 방부제와 인공첨가물에 대한 알레르기가 있으니 집에서 만든 천연 재료의 빵만 먹이라는 처방을 내렸다.

원래 가족을 위해 빵을 만드는 일은 신석기 시대부터 내려온 여자들의 임무였다. 미국은 한창 산업이 발달하던 새로운 대륙이었고 전 세계의 이민자들은 낡은 대륙이 되어버린 정든 고향을 떠나 새로운 기회를 찾아 미국으로 몰려들었다. 이들은 오래된 땅은 버렸으되 자신들이 즐겨 먹던 음식의 조리법과 향신료만은 버리지 않았다. 하지만 오래지 않아 전 세계의 다양한 인종과 문화가 섞이면서 미국의 음식문화는 그 정체성이 모호해졌다. 이것은 산업화가 급속도로 진행되던 당시 시대 상황과도 관련이 있었다. 미국인들의 주식인 빵 만드는 일 또한 대량생산 체제로 바뀌었다. 근대화에 대한 열망이 미국인들의 자랑이자 행복한 가정의 상징과도 같았던 집에서 만든 영양가 넘치는 빵 맛을 앗아가 버린 것이다.

잘 포장되어 대량으로 공급되는 하얀 빵이 대부분의 가정에 청결하고 편리한 주식으로 공급되었다. 이것은 가정주부들에게는 희소식이기도 했다. 빵을 굽는 수고로움에서 벗어날 수 있었을 뿐 아니라 맛 또한 집에서 만든 빵보다 부드러웠다. 이는 마거릿의 집도 예외가 아니어서 시중에서 파는 빵을 사다 먹었다. 하지만 이제 마거릿은 아들을 위해 생전 처음으로 전통적인 방식을 따르는 홈베이킹을 시도했다. 그녀는 당시를 이렇게 회상한다.

"나는 한 번도 빵을 구워본 적이 없었어요. 이미 마흔 살이었고 경험도 전혀 없었지요. 할 수 없이 『보스턴 요리』라는 책을 사서 그 책에 나온 대로 요리하기 시작했어요. 그런데 어느 날 갑자기 내가 여섯 살 때 할머니가 빵을 구워주시던 일이 기억났어요."

누구나 처음 해보는 일에서 좋은 결과를 기대할 수 없듯이 마거릿이 빵을 굽기 시작한 초기에는 진전이 거의 없었다.

"내가 만든 첫 번째 빵은 구석기 시대의 샘플로 스미소니언박물관에 보내야 할 정도로 바위처럼 딱딱하고 커다랬죠."

훗날 유기농 제과업계의 선도적인 사업가로 하버드 경영대학원은 물론 세계 유수의 기업과 대학에서 열정적인 강연 활동을 펼쳤던 마거릿은 재치 있는 입담으로도 유명하다.

"그래서 나는 그저 또 해보고 또 해보기를 반복했어요. 몇 차례에 걸쳐서 실패를 교훈삼아 다른 방식으로 시도해보고 나서야 빵처럼 보이는 결과물이 나왔죠. 물론 그것도 지금의 페퍼리지팜 제품에 비하면 썩 훌륭한 빵은 못 되었지만요."

마거릿 자신은 그다지 만족하지 못했던 첫 홈베이킹에 대한 가족과 친지들의 반응은 예상외의 것이었다. 효모 대신 첨가물로 부풀린 하얗고 몽실몽실한 빵들이 대량으로 생산되던 시기에 사람들은 집에서 만든 영양가 높은 빵이 맛도 좋으리라고는 기대하지 않았다. 그래서인지 마거릿이 만든 영양 가득하고 원재료의 맛을 그대로 살린 홈베이킹 빵 맛을 보자마자 모두 반해버리고 말았다. 마거릿의 어린 아들조차 엄마가 만들어준 빵을 제일 좋아했다. 아들의 병세가 호전되자 마거릿은 더욱 신이 나서 더 많은 빵을 만들기 시작했다. 어느 날 마거릿이 아들의 병을 치료하는 의사에게 빵 몇 개를 먹어보라고 선물하자 며칠 뒤 그 의사는 다른 환자에게 줄 빵을 좀 더 만들 수 없느냐고 물었다. 그 빵을 먹어본 환자들이 모두 맛이 기가 막히게 좋다고 했기 때문이다.

마거릿에게도 "유레카!"의 순간이 온 것이었다. 그는 자신에게 다가온 기회를 보았다. 자연 곡물을 재료로 써서 옛날 방식으로 만든 빵은 모든 사람들이 원하지만 말로 표현하지 못했던 맛이었다. 마거릿은 그때부터 여분의 빵을 더 만들어서 동네 식료품점에 팔아달라고 부탁했다. 빵은 게 눈 감추듯 팔려나갔고 곧 마거릿은 빵을 더 만들어 다른 가게에도 맡겼다. 오래지 않아 지역의 몇몇 가게에 매일 빵을 대주기 시작하다가 곧 뉴욕의 찰스주식회사에 독점적으로 공급하게 되었다. 점점 더 많이 밀려드는 주문을 다 소화하지 못할 지경에 이르자 그녀는 부엌에서 빵 굽는 일을 도와줄 여성을 몇 명 고용했고, 사업이 점점 커지자 마구간과 창고의 일부를 빵 공장으로 개축했다.

"인생은 마흔부터라고 하는데, 내 경우에는 그 말이 딱 들어맞았어요."

마거릿의 말처럼 대공황으로 어려워진 가정살림과 엎친 데 덮친 격으로 찾아온 아들의 원인 모를 지병이라는 도전이 그녀에게 새로운 기회를 가져다주었다. 누구나 한 번쯤 인생에서 겪는 시련 앞에서 마거릿은 자신에게 빵을 굽는, 개발되지 않은 재능이 있다는 걸 알게 된 것이다. 그녀는 전통 방식을 고수하는 것만이 자신의 아들처럼 대량생산된 빵에 들어가는 첨가물로 고통받는 사람들을 위하는 길이며 근대화가 빠르게 진행되면서 일상에 지쳐가는 사람들을 포근했던 어린 시절로 돌아가게 해주는 일임을 깨달았다. 그래서 표백하지 않은 밀가루, 순도 높은 크림버터와 생우유, 첨가물 대신 이스트를 썼고 물과 소금, 꿀과 사탕수수액을 사용했다. 가공된 쇼트닝 등은 절대 쓰지 않았다. 작은 가마에서 밀가루를 섞고 손으로 직접 반죽해서 먹기 좋게 잘랐다. 미국의 가정에 영양가 넘치면서도 맛좋은 빵을 제공하겠다는 철학을 가지고 자신의 엄격한 기준에 따라 빵 만들기에 몰입한 것이다.

다음 해가 되자 마거릿은 일주일에 4,000개의 빵을 구웠다. 수요가 넘치자 아예 코네티컷 주 노워크의 비어 있는 자동차 정비 공장으로 빵 공장을 옮겼다. 소비자는 질 좋은 상품을 원하고 또 그런 상품에는 기꺼이 돈을 지급한다는 시장의 원리를 이해한 그녀는 새로운 종류의 빵에도 도전하기 시작했다. 얇고 바삭한 토스트와 파운드 케이크를 만들기 시작한 것이다. 쉴 새 없이 밀려드는 주문 때문에 엄청난 이윤이 남을수록 더 좋은 원료를 구하는 데 수입의 대부분을 투자했다. 최상품의 밀을 구하려고 미네소타 주까지 갔고 시골의 방앗간에서 밀가루를 찧기 위해 그 밀을 배로 운송했다. 나중에는 양질의 밀가루를 얻기 위해 자신의 공장 안에 옛날 시골 방식의 방앗간을 세웠다.

마거릿이 만드는 옛날 방식의 빵은 시중에서 팔리는 일반 빵보다 두 배 가까이 비쌌지만 소비자들은 개의치 않았다. 페퍼리지팜의 평균 성장률은 무려 53%를 기록했다. 언론에서도 그녀를 주목했고 당시 국민 잡지였던 《리더스 다이제스트》는 페퍼리지팜에 대한 특집 기사를 실었다.

그러던 중 제2차 세계대전이 발발하면서 페퍼리지팜의 성공 가도에 제동이 걸리기 시작했다. 좋은 원료만을 고집하는 페퍼리지팜의 정신을 고수하기에는 전쟁통의 원료 수급이 원활하지 못했던 것이다. 마거릿의 결단이 필요한 시기였다. 언제쯤 전쟁이 끝날지 모르는 상황이었지만 그녀는 생산량을 줄이더라도 대체원료를 쓰지 않고 진짜 버터와 100% 통곡물 그리고 양질의 우유와 꿀만을 사용해 빵을 만들어야 한다는 원칙을 버리지 않았다. 오히려 더 철저히 양질의 빵을 만드는 데 온갖 노력을 기울였다. 마거릿은 당시 상황을 이렇게 이야기한다.

"전쟁 때문에 상황이 어려워졌지만, 그것이 새로운 기회라고 생각했어요. 처음 페퍼리지팜을 일으켰을 때와 비슷한 상황이라고 생각했죠. 시련은 언제나 새로운 기회와 맞닿아 있다는 걸 알고 있었기 때문이죠. 원료의 원활한 공급이 어려워져 전보다 제품을 적게 생산하면서 그런 여유를 틈타 유럽 국가들을 돌아다니며 전통 쿠키

: 페퍼리지팜의 쿠키들

와 빵 만드는 법을 유심히 살폈어요. 페퍼리지팜이 전통의 홈베이킹
을 현대에 되살려내 주목받고 있듯이 새로운 아이디어는 결코 미래
에만 있는 것이 아니라고 생각했어요. 오히려 옛것을 자꾸 들추어내
고 찾아봄으로써 아이디어를 얻을 수 있었죠. 내게는 옛것을 현대에
맞게 재해석하는 것이야말로 가장 좋은 제품 아이디어를 만들어내
는 방법이죠."

유럽 순방을 마친 마거릿은 미국도 유럽처럼 역사가 오래된 명품
과자를 만들어낼 때가 됐다고 생각했다. 그래서 벨기에를 돌다가 발
견한 유명 과자점인 델라크르 하우스에서 만든 고급과자의 맛을 재
현해보기로 결심했다. 그는 델라크르 하우스와 계약을 맺고 쿠키 굽
는 기술과 특별한 비법의 사용 권리를 얻었다. 유럽에서 굽는 그대

로의 맛을 내기 위해 벨기에에서 거대한 오븐을 수입하기도 했다. 1956년 마거릿은 미국에서 최초로 명품 고급과자의 시장을 열었다.

지금도 미국은 물론 전 세계에서 사랑받는 브러셀, 체스맨, 밀라노 그리고 베로나 스토로베리 등의 쿠키와 비스킷 제품에는 최고급 과자에 대한 마거릿의 열정이 고스란히 녹아 있다. 커피나 홍차에 곁들이면 환상적인 궁합을 자랑하는 바삭한 비스킷은 물론 다크 초콜릿과 통아몬드가 듬뿍 들어간 쿠키는 발매 당시부터 지금까지 페퍼리지팜을 대표하는 스테디셀러가 됐다. 실제로 페퍼리지팜의 숏브레드 쿠키는 맛에서 가장 높은 조화도를 갖췄다고 평가받는다. 피아노를 갓 배운 어린아이와 위대한 피아니스트의 연주가 하늘과 땅 차이인 것처럼 페퍼리지팜의 쿠키는 다른 어떤 쿠키보다도 조화롭다. 소비자들이 입안에서 이루어지는 한 편의 위대한 연주에 감동하게 되는 이유다.

"페퍼리지팜과 함께한 정말 특별했던 나의 여정은 한 편의 동화처럼 환상적이었어요. 내 평생 상상도 못할 만큼 많은 빵을 구웠지만 전혀 힘들지 않았죠. 내가 만든 제품을 맛있게 먹고 건강한 삶을 누리는 사람들의 모습 자체가 행복이었어요. 나는 그런 세상을 꿈꿔왔던 것이죠. 페퍼리지팜이 거둔 놀라운 성공은 세상에서 가장 좋은 빵과 과자를 만드는 가치 있는 기업이 되겠다는 철학에서 탄생했어요."

마거릿이 이야기하는 최고의 제품이 탄생하는 과정은 인라이어들이 공통적으로 얘기하는 몰입의 순간과 쌍둥이처럼 닮아 있다. 무엇이 평범했던 한 사람을 몰입으로 이끄는지에 대한 실마리는 드러났다. 이제 네덜란드의 한 화실로 가서 남아 있는 의문을 확실히 풀어보자.

붉은 터번을 두른 남자

르네상스 시대가 오기 전 북유럽의 예술적 흐름은 중세시대의 종교화에 머물러 있었다. 예술은 교회를 위해 봉사하는 도구로서 존재한다는 의식이 당연하게 받아들여지던 시기였다. 예술가는 기술을 가진 장인에 불과했다. 인물의 얼굴은 무조건 단색으로 처리해야 했기 때문에 밋밋하기 그지없었고, 그 시대의 화가가 그릴 수 있는 주제라고는 종교화 아니면 주로 귀족이나 종교 지도자들의 주문에 따라 그들의 모습을 실제보다 훨씬 아름답고 멋지게 왜곡하는 일거리가 전부였다.

당시 화가들은 작업할 때 머리에 붉은 터번을 두르는 게 보통이었다. 주의를 집중하려는 것이기도 하지만 당시 그저 기술자 신세를 면치 못했던 예술가들의 신분을 나타내는 상징이기도 했다. 미켈란젤로 역시 머리에 붉은 터번을 두른 모습이 초상화로 남아 있는 것을 볼 때 붉은 터번은 예술가라는 직업을 나타내는 복색임이 분명하다. 그런데 똑같은 붉은 터번을 둘렀으되 완전히 다른 생각으로 무

: 얀 반 에이크의 초상화. 「붉은 터번을 두른 남자」

미건조했던 중세시대와 작별을 고한 남자가 있다. 그의 얼굴은 칠흑같은 어둠 속에서도 명확한 자의식으로 빛나며 눈매는 냉혹하리만치 확고한 신념으로 가득하다. 꽉 다문 야무진 입술에서는 결연한 의기가 느껴진다. 인생의 나이테처럼 새겨진 눈가의 주름과 얼굴의 잔 근육들이 그가 헤쳐온 인생의 도전들을 말해주는 듯하다. 그의 눈빛은 이렇게 말하고 있다.

"내가 할 수 있는 최선을 다해 나를 만들었다."

이것은 실제로 지금의 네덜란드 지방에서 활동했던 북유럽 르네상스의 선구자 얀 반 에이크의 초상화에 쓰여 있는 그의 생애 좌우명이다. 「붉은 터번을 두른 남자」라고 불리는 이 초상화는 오늘날까지도 작품을 제작한 당시에 만들어진 액자 그대로 보존되고 있으며, 액자 테두리에 "얀 반 에이크가 1433년 10월에 있다"라는 명문이 새겨져 있어 그림의 주인공이 화가인 얀 반 에이크 자신이라는 짐작을 하게 한다. 그림의 남자는 약간 비스듬히 얼굴을 돌리고 있지만 시선은 똑바로 관찰자를 바라보고 있다. 빛의 섬세한 묘사와 붉은 터번 그리고 피부의 실감나는 표현 덕분에 이 남자가 불쑥 그림에서 걸어 나올 것 같은 착각이 들게 한다.

당시의 인물상은 주로 자신의 사회적 위상을 드러내기 위해 그리는 경우가 대부분이었다. 얀 반 에이크가 자신을 그린 초상화처럼 거친 피부와 얼굴 주름 그리고 드문드문 수염이 보이는 식의 묘사는 인물화뿐 아니라 다른 어느 그림에서도 찾아보기 어려웠다. 그의 초상화는 당시 북유럽의 작품들이 보여주던 양상과는 아주 동떨어진 시도였다.

그나마 르네상스가 가장 먼저 시작된 진보적인 이탈리아 중부 토스카나 지방에서도 회반죽 위에 그리는 프레스코화나 안료에 달걀노른자를 섞어 그리는 템페라가 주로 쓰였다. 이 두 가지 화법 모두 얀 반 에이크의 그림과 비교하면 물에 한 번 푹 적시거나 빨아놓은 종이화처럼 광택 없이 바래 보였다. 르네상스의 선구자로 칭송받는 조토나 마사초, 다빈치와 미켈란젤로 그리고 라파엘로까지도 성당 벽이나 천장에 그린 프레스코화는 얀의 유화와 비교하면 중세의 밋밋한 화풍을 그대로 답습하고 있었음을 알 수 있다.

얀 반 에이크는 르네상스 시대 유화의 창시자라고 평가받는다. 그는 시각적 사실주의를 바탕으로 '새로운 것'을 추구한 사람이다. 자신의 형 후베르트 반 에이크와 함께 완성한 유화기법을 통해 중세 시대의 천편일률적인 그림에서 벗어나 인물의 얼굴에 다양한 색깔을 사용했다. 그런데 실상 이것은 지구상에 없었던 새로운 발견은 아니었다. 얀 반 에이크와 그의 형은 유화물감과 유채화풍의 발견자라기보다는 중흥자에 가까웠다. 유화물감은 이미 오래전에 만들어졌지만 너무 더디 말라서 당시 즐겨 쓰지 않았다. 그 대신 템페라라는 안료를 즐겨 썼는데, 기름 대신 달걀노른자를 사용해 너무 빨리 마른다는 단점이 있었다. 반 에이크 형제는 이 두 가지 안료의 장점을 가져와 안료에 섞는 기름의 종류를 린시드 오일로 대체해 비교적 빨리 마르면서 다양하고 선명한 색깔을 낼 수 있는 현대의 유화풍을 만들어낸 것이다. 이 새로운 매체의 혁명으로 그림물감의 주종은 유화로 바뀌어 현재까지 이어져오고 있다. 그렇다면 얀 반 에이크는 어떤 계기로 시대를 앞서는 그림을 그리게 된 것일까?

그는 지금으로부터 500여 년 전의 사람으로 옛날에는 네덜란드 지역이었지만 지금은 벨기에 땅이 된 플랑드르에 살았던 화가다. 태어난 연도는 대략 1390년으로 추정되며 1441년까지 살았던 것으로 추측되고 있다. 그는 생전에 플랑드르 지방에서 가장 권력이 강했던 부르고뉴 왕국의 필립공을 위해 일하던 궁정화가였다. 다른 화가들에 비해 비교적 여유 있고 풍요롭게 그림을 그릴 수 있었던 셈이다. 그는 주로 공작의 영지들을 돌면서 다양한 그림을 그리거나 성의 장식들을 복원해 새롭게 꾸미는 일을 했다. 그는 공작이 총애하는 신하였고 고객들이 인정하는 화가였으며 도제들이 존경하는 스승이기도 했다. 중세시대의 화가답게 종교화나 초상화 분야에서 큰 업적을 이뤄낸 인물로, 그림뿐 아니라 정치에 관심이 많고 외교 수완이 뛰어나서 다른 나라로 여행할 수 있는 특별한 기회를 누리기도 했다.

얀 반 에이크가 일개 궁정화가를 넘어 당시 가장 유명하고 위대한 화가로 유럽 사람들의 칭송을 한몸에 받게 된 것은 예술에 대한 남다른 철학 때문이었다. 자화상인 「붉은 터번을 두른 남자」에서 볼 수 있듯이 '남들이 가는 길을 그대로 따라가지 않겠다', '내가 할 수 있는 최선을 다해 세상을 바꿔놓겠다'는 의지가 타오르는 불꽃이 되어 그의 예술세계를 더 높은 경지로 이끌었다. 만약 그가 궁정화가로서의 편안한 삶에 안주했더라면 당대는 물론 후세에까지 이름을 떨치는 얀 반 에이크는 존재하지 않았을 것이다. 르네상스 시대의 변혁과 함께 예술의 지향점을 바꿔놓은 유화의 탄생도 몇십 년 더 늦어졌을지도 모를 일이다. 중세의 밋밋하고 정형화된 그림과 차별되는 예술세계를 세상에 보여주겠다는 한 남자의 열망이 새로운 아이디어를 샘솟게 하는 원동력이 된 것이다. 새로운 것은 결코 하늘에서 뚝 떨어지지 않는다. 기존에 있던 것들을 재해석하고 장점과 단점을 파악해 더 나은 것을 만들려는 의지에서 탄생한다. 얀 반 에이크의 유화도 그러했다. 기존에 있었지만 모든 화가들이 외면하던 유화물감은 색깔이 선명하고 아름다우며 다양하게 표현된다는 장점이 있음에도 더디 마른다는 단점 때문에 널리 쓰이지 못했다. 그런데 다른 시각으로 이 문제를 짚어보면 해답이 보였다. 장점은 살리되 더디 마른다는 단점만 해결하면 되는 것이었다. 역발상은 간절히 그 답을 구하는 자에게만 떠오르는 법이다. 그는 "유레카!"의 순간을 맞았다.

당시 화가들이 자신의 모습을 그리는 것은 전례가 없었던 일이다. 하지만 그는 자신이 발견해낸 유화물감으로 그동안 존재하지 않았던 새로운 구도와 사실적인 화법을 통해 붉은 터번을 두른 자신의 모습을 화폭에 담았다. 이는 바로 "더 나은 것을 세상에 선보이겠다"는 결의를 나타낸 것이었다. 그는 거울에 비친 자신의 모습을 보며 자화상을 그렸고 그것이 유럽 근현대 역사상 최초의 자화상이 되었다. 얀 반 에이크 이후의 자화상은 모두 그가 시도한 이 새로운 기법에 따라 그려지고 있음을 볼 때 그의 그림이 동시대 사람들을 얼마나 놀라게 했을지 상상해볼 수 있다. 얀 반 에이크 이후로 유화는 서양화를 그리는 데 가장 적합한 매체로 받아들여져 지금도 사랑받고 있다.

우리 시대의 인라이어들은 모두 현대의 얀 반 에이크다. '기존의 것을 답습하지 않겠다'는 열망으로 더 나은 것, 최고의 것을 만들기 위해 노력한 사람들에게 "유레카!"의 순간은 반드시 온다. 인라이어들은 이런 과정을 거쳐 이전 시대보다 나은 것, 기존에 존재하던 것보다 앞선 것을 만들어낸다. 이들이 각자의 분야에서 만들어낸 '더 나은 세상'은 결코 창조의 영역이 아니다. 기존에 있던 것들을 철저히 분석하고 더 나은 것을 만들어내기 위해 고민한 끝에 만들어지는 것이다. 거무튀튀한 돌덩이에 불과한 원석이 정교한 세공과 연마를 거쳐 다이아몬드로 재탄생하는 것과 같은 과정이다.

사람들은 보편적인 심미안을 가지고 있다. 원석인 돌덩이를 봤을 때 아름다움을 느끼지 못하는 사람도 최고의 기술로 정교하게 세공된 다이아몬드를 보면 "아름답다"는 감탄사를 연발하게 된다.

특별할 것 없는 한 개인이라도 '세상을 바꾸겠다'는 열망으로 최선을 다하는 순간 놀라운 아이디어가 탄생한다. 인라이어들이 완전한 몰입의 순간을 경험하는 것도 이 때문이다. 완전한 몰입 경험의 상당 부분은 자신이 하는 일이 가치 있는 것이며 그에 따른 결과는 어떠할 것이라는 사실을 아는 데서 나온다. 집중하는 강도가 일정 수준을 넘어서면 문득 자신이 하고 있는 일에 깊이 몰입되어 있음을 발견할 수 있다. 따라서 이 단계에 접어들면 무엇을 할지 굳이 생각할 필요 없이 거의 자동적이라 할 정도로 자연스러운 움직임이 가능해진다. 창조적인 아이디어가 샘솟아 나오는 것도 바로 이런 순간이 있기에 가능하다. 남들이 보기에는 고통스러운 순간인데도 인라이어들이 창업 초기의 경험을 긍정적으로 묘사하는 것 또한 인간이 지닌 집중력의 한계를 넘어서는 경험을 했기 때문이다. 환희라는 것은 바로 이럴 때 느껴지는 감정이다.

이런 과정을 거쳐 탄생한 결과물에 대해 우리가 가진 보편적인 심미안은 찬사를 보낸다. 이러한 현상이야말로 진화 과정에서 인간이 계속해서 더 개선된 쪽으로, 더 발전된 문명으로 나아가게 하는 원동력이 되었다.

이것은 예술의 세계에서만 통용되는 발견일까? 이제부터 살펴볼 우리나라의 대표적 외식 전문기업인 놀부의 창업자 김순진 회장의 이야기는 자기 사업을 꿈꿀 때 가장 진입장벽이 낮다고 여기는 음식 사업에서도 '더 나은 것을 만들겠다'는 마음가짐이 얼마나 놀라운 결과를 가져오는지를 잘 보여주는 예다.

온 국민의 입맛을 사로잡은 레시피

할 줄 아는 일이라고는 집에서 키우고 산에서 캔 채소와 나물을 장터에 내다 팔아본 것이 전부였던 열여섯 살 소녀 김순진은 평소 늘 꿈꿔왔던 계획을 실행에 옮기기로 결심했다. 무작정 서울로 가는 완행열차에 몸을 실은 것이다. 나고 자라며 유년기를 보낸 충남 논산 개텃골이 차창 저편으로 멀어져 갔지만 아쉽다는 생각은 들지 않았다. 밭농사와 과수원을 하던 아버지가 사기꾼에게 걸려 집도 땅도 다 날려버린 후, 초등학교 졸업장을 끝으로 가족의 생계를 위해 팔을 걷어붙였던 무거운 짐을 내려놓고 싶었다. 물론 서울에 가봐야 아는 사람이라고는 막내삼촌뿐이었고 무엇을 해서 먹고살아야 할지도 정하지 못했다. 가진 것이라고는 할아버지 심부름하고 받은 돈 약간과 채소 팔던 장의 아주머니들이 쥐여준 돈 200원이 전부였다. 게다가 서울이라고 철석같이 믿었던 막내삼촌댁은 알고 보니 수원이었다. 형편이 좋지 않았던 막내삼촌은 소녀를 서울에 있는 다른 친척집으로 보내주었다. 그 시절 서울로 무작정 상경한 수많은 사람과 마찬가지로 소녀는 차가운 아침 공기에 옷깃을 여미며, 희망을 좇아 난생 처음 서울 거리를 헤매고 다녔다.

일자리를 찾으려고 무작정 거리로 나갔지만 무얼 해야 할지도 몰랐고 엄청난 두려움이 엄습해왔다. 그래도 서울에 왔다는 사실만으로 뿌듯했다. 행상인과 장사치들로 가득한 대도시의 시끌벅적함과 활기가 갓 상경한 시골 소녀의 마음을 설레게 했다. 어렸지만 소녀의 꿈은 야무졌다. 큰물에서 보란 듯이 성공하고 싶었다. 그 모습을 기특하게 여긴 작은어머니의 소개로 과자 공장에 들어간 소녀는 4년 동안 열심히 일했다. 좀더 새로운 경험을 하고 싶어 옷 가게에서 점원 생활을 하기도 했다. 그러면서 점점 시골 소녀는 도시 처녀가 되어갔다.

어느 정도 돈이 모이자, 고향에서 채소를 장에 내다 팔던 경험을 살려 시장에서 옷을 떼다 파는 일을 했다. 채소를 팔 때는 남들보다 조금이라도 더 덤을 얹어주고, 흥정 잘하는 수완 좋은 장사치로 유명했던 그녀지만 낯선 서울에서 경험도 없이 시작한 옷 장사는 생각만큼 이윤이 남지 않았다. 옷 장사는 앞으로 남고 뒤로 밑진다는 말을 실감하며 새롭게 뛰어든 것이 음식 장사였다. 30대 초반에 시작한 음식점은 많은 시련과 피나는 노력 끝에 고객의 소중함을 깨닫게 했다. 어떤 날은 자리가 비좁을 정도로 손님이 많이 들기도 했지만 서빙하는 아줌마와 주방 종업원 인건비가 빠지고 나면 남는 것이 별로 없었다.

게다가 장사를 시작했던 1980년대 초반은 그녀처럼 가진 것 없이 장사하는 사람에게 더욱 불리했던 탓도 있었다. 때는 바야흐로 한창 도시 개발이 시작되던 시절이었다. 어제까지만 해도 활기가 넘쳤던 재래시장이 하루아침에 헐려나가고 급격히 상권이 변하기 일쑤였다. 별 볼 일 없는 조그만 땅덩이 하나 가지고 있다가 돈벼락을 맞는 경우가 생기는가 하면 그녀처럼 가진 게 없는 사람은 장사가 자리 잡을 만하면 일터가 헐리는 일이 다반사였다.

그러다 정착하게 된 관악구 신림동의 다섯 평짜리 식당에서도 장사는 잘될 기미를 보이지 않았다. 메뉴 문제인가 싶은 생각에 부산의 새벽시장까지 가서 사온 싱싱한 먹장어로 요리를 해서 팔아보기도 했지만 가게가 구석진 골목에 자리 잡은 탓인지 좀처럼 손님이 들지 않았다. 훗날 부침이 심한 프랜차이즈 업계에서 대표적인 성공신화의 주인공이 된 그녀는 당시의 심정을 이렇게 이야기한다.

"쌀은 떨어지고 월세는 밀리고 한숨만 나왔지요. 신림동 순대시장 골목에 넘쳐나는 사람들을 보면서 '저 사람들이 내 식당 문을 열고 들어오면 되는데, 저 사람들을 손님으로 만들어야 하는데…'라며 발만 동동 굴렀어요. 손님만이 희망이었죠. 그때 그런 어려움을 겪고 손님이 귀한 존재라는 것을 뼈저리게 느끼지 않았더라면 오늘날의 놀부는 없었을 겁니다."

도전과 응전의 법칙은 김순진 회장에게도 어김없이 적용된 셈이다. 자금이 부족해서 구석지고 목이 좋지 않은 곳에 식당을 열었으니 파리만 날리는 것은 당연했다. 그녀가 다른 식당과는 차별화된 메뉴와 맛으로 승부해야겠다는 다짐을 한 것은 그 때문이었다.

"너무나 절박했어요. 뼈저리게 그동안 내가 해왔던 일들을 돌아보게 되더군요. 그러고 보니 정말 망할 짓만 한 거예요. 그래서 왜 망했는지 역산해보고 어떻게 해야 안 망할까 대안을 하나씩 세워보았죠. 결국 내린 결론은 지금 자리 잡은 신림동 시장 골목에서 팔지 않는 새로운 메뉴를 개발해야 이 구석진 자리에서 그나마 주목을 받을 수 있겠구나 하는 거였죠. 그때부터 모든 손님들이 좋아할 만한 신메뉴를 개발해보겠다고 마음먹었어요. 신림동 시장 골목을 찾는 손님들은 대부분 시장 상인들 아니면 변두리에서 외식하러 나온 가족들, 근처 대학에서 온 대학생들이었어요. 일부는 일용직 근로자로 힘겨운 노동을 하며 어렵게 살아가는 사람들이었지요. 나는 그들과 동병상련의 심정을 느낄 때가 많았어요. 우리 식당에 오는 손님이지만, 그들의 모습에서 내 모습이 겹쳐 보였다고나 할까요. 또 다른 내 모습 같은 그들이 '정말 잘 먹었다', '제대로 대접받고 간다'는 생각을 할 수 있도록 먹음직스러운 메뉴를 개발해 싼 가격에 내놓는 게 급선무라는 결론을 내린 겁니다. 그렇게 마음을 정한 후로 머릿속엔 온통 어떤 메뉴를 만들까 하는 생각만 가득했죠."

김 회장에게 "유레카!"의 순간이 찾아온 것은 바로 그즈음이었다. 그때 시장 골목 음식으로 가장 인기가 좋던 먹장어와 닭발, 돼지갈비를 모두 시도해봤지만 그 메뉴들로 손님들을 만족시킬 자신이 없었다. 그런 음식들을 정말 잘하는 사람을 고용해서 쓰려면 비용 문제가 만만치 않았고 과연 솜씨 좋은 요리사가 구석지고 파리 날리며 주방기구도 제대로 갖춰지지 않은 좁은 식당에서 일할지도 의문이었다. 이렇게 저렇게 생각해봤지만 답이 나오지 않았다.

고민에 빠진 그녀가 여느 때와 마찬가지로 텅 빈 가게에서 먹다 남은 반찬으로 식사를 하는 둥 마는 둥 하던 참이었다. 김치를 손으로 쭉 찢어 물 말은 밥숟가락에 얹으려는데 불현듯 지금 먹고 있는 김치야말로 자신이 가장 잘하는 음식이고 자신 있는 음식이라는 생각이 들었다.

충청도 시골에서 자란 그녀에게 김장하는 날은 그야말로 잔칫날이었다. 어머니가 잘 절인 배춧잎을 한 바구니 가득 떼어놓았다가 싱싱한 굴을 잔뜩 넣고 버무린 빨간 김칫속과 푹 삶아 기름기를 쪽 뺀 돼지고기와 함께 내어주는 김장날이야말로 항상 배를 곯던 집안 식구들 모두 푸짐하게 한 상 잘 차려 먹는 1년 중 가장 호사스러운 날이었다. 그 시절 가난했던 사람들에게 김장날만큼 행복한 날이 또 있었을까? 시골에 동네잔치가 한번 열릴 때도 소를 잡는 일은 흔치 않았다. 그런 날은 돼지 한 마리만 잡아도 동네 경사가 따로 없었다. 그때의 따끈하게 잘 삶아진 돼지고기가 입 안 가득 퍼지던 기억이 그녀에게 "유레카!"의 순간을 가져온 것이다.

"바로 이거다 싶었어요. 당시만 해도 김치가 1년 내내 거의 유일한 반찬이던 시절이었지요. 보쌈이란 음식이 그때도 있었지만 그걸 파는 음식점은 흔치 않았죠. 하지만 보쌈은 우리에게 친숙한 음식이었고 우리가 알게 모르게 매년 김장을 할 때마다 가장 맛있게 먹던 음식이었어요. 또 그 당시는 고기를 풍족히 먹던 시절이 아니었기 때문에 영양 보충으로 최고의 음식이었죠. 나도 그렇지만 누구나 어린 시절 정말 눈물이 날 만큼 맛있게 먹은 음식에 대한 기억이 있잖아요. 두고두고 그 음식이 생각나는 기억 말이죠. 나한테는 그게 보쌈이었어요. 그리고 이런 기억은 우리나라 사람이라면 누구나 가지고 있을 거란 생각이 들었죠. 그때 내가 절박했던 만큼 힘들게 하루하루 살아가는 시장통 손님들에게 그런 맛을 느끼게 해주고 싶었어요. 지금은 이렇게 손님이 안 들지만 이제 한번 보쌈을 제대로 만들어 대접해보겠다, 그래서 내 가게에 찾아오는 손님들을 1년 중 가장 배부르고 행복했던 때로 돌아가게 해주겠다고 결심했어요. 사람이 무슨 일을 하든지 삼시 세끼를 안 먹고 살 수는 없잖아요. 내가 만든 보쌈을 먹은 분들이 우리 가게 문을 나서면서 통통해진 볼로 행복이 가득한 웃음을 짓는 모습이 상상되더군요. 한 상 잘 대접받고 나면 무슨 일을 하든 잘 되지 않겠어요. 이렇게 마음먹으니 두렵다는 생각이 들지 않았어요. 몇 번의 실패에서 얻은 경험을 교훈삼아 이제는 이 보쌈으로 제대로 한번 승부해보자고 결심했죠."

밝고 따스한 아침 햇살로 가득한 다소 조용한 놀부NGB 사옥 회장실에 앉아 놀부의 트레이드마크인 호탕한 웃음을 짓는 김 회장은 손님들 이야기를 할 때면 자기도 모르게 감격에 겨워 눈시울이 붉어지는 사람이다. 자그마한 몸집과 오목조목한 얼굴 생김새 어디에서 이런 큰 기업을 일구고 운영해나가는 힘이 나오는 것인지 보는 사람을 궁금하게 만든다. 하지만 그녀의 모습에서 1987년 보쌈 장사를 처음 시작한 막 서른이 넘은 앳된 시장 뒷골목 음식점 주인의 설렘과 밤잠 설쳐가며 더 맛있는 보쌈 레시피를 개발해보겠노라는 의지를 찾기란 어려운 일이 아니다.

신림극장 뒷골목에 새로 '골목집'이라는 간판을 달고 배, 마늘, 참기름 등 속을 각기 버무려 바가지에 죽 늘어놓고 맛보기를 되풀이한 끝에 만들어진 김순진 표 보쌈은 당시에는 다른 음식점에서 흔히 볼 수 없던 새로운 메뉴였다. 보기만 해도 먹음직스럽고 연하게 잘 삶아진 뜨끈한 돼지고기에 배추와 속을 따로 내는 새로움이 더해졌고, 구수한 우거지 된장국은 몇 그릇씩 다시 시키는 손님들을 배려해 아예 큰 대접에 담아내고 무한대로 리필을 해주었다. 푸짐한 된장국은 일명 대접국이라 불리며 많은 인기를 끌었다. 커다란 원형 접시에 가득 담긴 담백한 돼지 고기와 맛있는 보쌈김치가 20여 년 전 돈으로 2,500원이었다.

밥을 곁들이면 두서너 명이 배부르게 먹을 수 있는 근사한 한 끼식사였고, 저녁에 지친 몸을 이끌고 온 사람들이 찾을 때는 소주 두서너 병은 너끈히 마실 수 있는 든든한 안주가 되었다.

보쌈을 내놓은 지 일주일도 되지 않아 가게는 붐비는 손님으로 매일같이 잔칫날처럼 시끌벅적했다. 저녁 손님들이 밤늦게까지 있는 날이 많아서 잠도 못 이루고 새벽에 가락시장을 가곤 했다. 다른 가게에서 나오는 손님들의 뒷모습을 바라보면서 언제 내 가게에 와줄까 하염없이 보던 적이 엊그제 일 같은데 어느새 가게는 문전성시를 이뤘다.

"나는 그동안 쭉 짝사랑만 해온 여자나 마찬가지였어요. 다른 가게로 들어가는 손님들을 쳐다보며 하염없이 연모의 마음으로 가슴앓이를 했죠. 세 번 연거푸 음식 장사 하던 게 망했는데도 계속 환경 탓, 자본 탓만 하며 손님을 그리워했죠. 그런데 이렇게 내가 마음을 다시 먹고, 원인을 내게서 찾으니 다른 세계가 보이는 거예요. 내가 목이 빠져라 그리워하는 손님들이니, 정말 내 가게에 오는 손님들은 내가 할 수 있는 최선을 다해 행복하게 해주겠다고 결심했어요. 그러자 보쌈이라는 아이디어가 내게 왔어요. 누구보다 맛있게 이 시장 골목의 판도를 바꿔놓을 최고의 보쌈을 만들겠다고 마음먹었어요. 그때부터 자꾸만 새로운 레시피가 개발하고 싶어졌고 골똘히 생각하고 연구하다 보니 더 좋은 결과물이 나왔어요. 그게 정말 재미있고 신기했죠. 내가 조금 더 노력하고 이것저것 바꿀 때마다 손님들이 귀신같이 알고 한마디씩 칭찬의 말을 하는 게 행복이고 오늘날 놀부의 교과서가 되었어요. 이윤이 남으면 남을수록 더 좋은 식재료를 사는 데 투자했어요. '아줌마, 나 배고파, 빨리 밥 줘!'라고 외치며 식당 한편에 턱 걸터앉는 손님이 어찌나 고맙던지요. 나를 믿고 내가 당신을 위해 맛있는 음식을 내줄 거란 걸 한 치도 의심하지 않는 그 투박한 말 한마디에 마냥 행복하고 감격했습니다."

다섯 평짜리 비좁은 골목집 식당에서 보쌈을 개시한 지 두 달 만에 12평 가게로 넓혀가면서 '놀부보쌈'이라는 간판을 처음 달았다. 그리고 1년 후에 '놀부보쌈'은 40평짜리 널찍한 식당으로 자라났다. 신림동 일대를 들썩이게 만든 값싸고 푸짐한 음식점 놀부의 신화는 그렇게 시작되었다. 그녀는 보쌈계의 얀 반 에이크였고, 보쌈이라는 세계에 누구보다 몰입해서 더할 나위 없는 행복을 느낀 사람이다. 오늘날 놀부NGB는 전국에 총 여덟 개의 브랜드, 690여 개의 직영점과 가맹점을 보유한 국내 최대 토종 프랜차이즈이자 한식 놀부 상품을 해외 13개국으로 수출하는 글로벌 기업으로 성장했다. 이렇게 성장한 데는 24년 전, 어느 누구도 시도하지 않았던 보쌈이라는 새롭고 푸짐한 메뉴로 손님들에게 최고의 행복을 주겠다고 결심한 작고 허름한 음식점 주인 김순진의 눈물과 사랑이라고밖에 부를 수 없는 지극한 정성이 있었다.

창의적 아이디어는
어디로부터 오는가

우리는 일반적으로 뛰어난 아이디어는 개인의 천재성과 불가분의 관계에 있다고 생각한다. 또한 젊음의 신선함과 열정에서 뛰어난 창의성이 나온다고 여긴다. 그런데 과연 그럴까? 이제는 국민 기업이 된 놀부보쌈이란 아이디어는 식당일에 서툰 한 평범한 아줌마의 절박함 끝에 탄생했다. 놀부가 체인점이 되기 전 한창 때의 놀부보쌈 집은 신림동 일대를 뒤흔들어놓을 정도로 연일 문전성시를 이루며 이름을 날렸다. 그때를 기억하는 단골손님들이 아직도 많을 정도다. 모두가 부러워하는 성공의 아이디어란 어쩌면 가장 절박한 타이밍과 최악의 환경을 영양분으로 자라는 진흙탕 속에 피어나는 한 송이 연꽃 같은 존재가 아닐까?

이에 대한 해답을 제시해줄 연구가 있다. 몇 년 전, 줄리아 로버츠 주연으로 영화화된 세계적인 베스트셀러 『먹고, 기도하고, 사랑하라 (Eat, Pray, Love)』의 저자 엘리자베스 길버트(Elizabeth Gilbert)는 전업 작가로 살아온 자신을 평생 괴롭혀온 '창의성'에 대해 진지한 고민에 빠졌다. 과연 세상을 뒤흔들 만한 놀라운 아이디어는 어디에서 오는가?

길버트에게 책을 쓰는 것은 직업이기도 하지만 생애 전반에 걸친 열정과 호기심의 대상이었다. 그러던 어느 날 그녀의 작품 중 하나 인『먹고, 기도하고, 사랑하라』가 베스트셀러가 됐고 그녀는 전 세계 적으로 유명해졌다. 그런데 기쁨보다는 더 큰 고민이 밀려왔다. 만나는 사람들마다 그녀에게 이런 질문을 해왔기 때문이다.

"앞으로 이것보다 더 훌륭한 책을 쓴다는 것은 불가능할 텐데 두렵지 않니?"

너무나 큰 성공이 어느 날 갑자기 길버트의 삶에 나타났고, 그녀는 실제로 이보다 더 나은 작품을 앞으로 남은 생애를 통틀어 또 쓸수 있을지 장담할 수 없었다. 이런 아이러니는 그녀가 창의적인 일을 하는 사람들, 다시 말해 기존에 없던 무언가를 새로 발견하고 세상에 자신의 작품을 내놓는 사람들에 대한 연구를 시작하는 계기가되었다. 그들은 자신과 같은 작가거나 예술가일 수도 있고, 김순진 회장처럼 당시에는 거의 팔지 않던 보쌈이라는 메뉴를 개발해 전국적인 프랜차이즈 기업을 만든 기업가일 수도 있다.

길버트는 우선 창의성에 대한 기존의 기록과 연구 결과를 살펴보았다. 작가라는 직업은 그녀에게 무엇이든 그 본질을 연구하려면 그것의 역사를 먼저 훑어보는 것이 가장 현명한 방법임을 다년간에 걸친 경험으로 증명해주었기 때문이다.

그녀의 주목을 끈 것은 고대의 그리스와 로마 사회가 창의성을 다루던 방법이었다. 그 당시 사람들은 창의성이라는 것은 인간한테서 나오는 것이 아니라고 믿었다. 그들은 창의성이란 미지의 어떤 곳에서 어떤 불가사의한 이유로 창의적인 일을 하는 사람을 찾아와서 도와주는 신성한 혼이라고 믿었다. 그리스인들은 이것을 '디먼 (Demon)'이라고 불렀는데 이는 소크라테스로부터 비롯된 사고방식이다. 소크라테스는 먼 거리에서 디먼이 자기에게 지혜의 말을 들려준다고 믿었다. 플라톤이 소크라테스의 사상을 정리한 책인 『대화』를 보면 소크라테스가 사람들과 대화를 나누며 길을 걷다가도 갑자기 멈춰서서 한 시간이 넘게 디먼과 대화를 나눴다는 기록이 여러 차례에 걸쳐 나온다. 소크라테스처럼 평생을 논리적인 사고 위에서 참된 지식과 그 가치를 찾으려고 한 사람이 일종의 정령과도 같은

: 『먹고, 기도하고, 사랑하라』의 작가,
엘리자베스 길버트

디먼의 목소리에 귀를 기울이고 모든 판단의 기준을 디먼에게서 찾았다는 것은 참으로 아이러니한 사실이 아닐 수 없다. 디먼은 과연 실체하는 존재였을까?

디먼이 오늘날 '양심'이라는 말의 어원이 됐음을 볼 때 이는 인간의 육체와 분리된 영적인 존재가 아닌 우리 마음속에서 나오는 양심의 소리라고 보는 것이 맞다. 소크라테스는 모든 사람의 생각, 즉 마음속에는 항상 다른 사람이 존재하고 있다고 설명했다. 우리의 생각 속에 이미 타자가 존재하는 것이다. 실제로 우리가 마음속으로 하는 생각을 한번 살펴보자. 우리는 항상 우리 안에 있는 어떤 존재와 이야기를 나누고 있다. 예를 들어 당신이 오늘 서점에 가기로 마음먹었다고 가정해보자. 혼자 갈 예정이지만 이미 마음속에서는 두 사람이 대화를 나누고 있다.

"오늘 서점에 가서 어떤 책을 볼까?"

"일단 베스트셀러부터 보는 게 좋지 않겠어?"

"아니야, 원래 내가 보려던 책부터 봐야지."

"그래. 항상 베스트셀러 진열대에만 가서 책을 훑어보다가 금세 피로해져서 원래 보려던 책은 못 보고 돌아올 때가 많았지, 참."

"그러니까 오늘은 보려고 목표했던 철학 책부터 보고, 나오는 길에 베스트셀러 진열대를 잠깐 들르는 게 어때?"

이런 식의 마음속 대화는 끝도 없이 이어지곤 한다. 즉 나는 하나지만, 나의 생각은 언제나 하나 속 둘의 대화다. 그래서 금세기 최고의 정치철학자이자 사상가인 해나 아렌트(Hannah Arendt)는 "인간은 단수(man)가 아닌 복수(men)다"라는 위대한 통찰을 남겼다. 사람을 단수로 생각하는 플라톤적인 생각은 잘못됐다는 것이다. "내 속에 내가 너무도 많아"라는 유행가의 한 대목처럼 한 인간의 내면에는 복수의 자아가 웅크리고 있다. 그래서 인간은 자기 자신과 끊임없는 대화를 나누고 무엇이 옳은 일인가에 대해 마지막 숨을 거두는 날까지 끝없는 논쟁을 벌이는 존재다. 소크라테스가 혼자 있을 때도 항상 디먼과 이야기했고, 나머지 시간의 대부분을 제자들과 이야기하거나 시장통에 나와 있는 처음 보는 사람들과 대화를 이어나갔던 이유도 여기에 있다. 그는 인간이 진리를 발견할 수 있는 길은 오직 대화를 통해서뿐이라고 믿었다.

로마인들도 이와 같은 아이디어를 가지고 있었다. 그들은 육체에서 분리된 창의적인 혼을 '지니어스(genius)'라고 불렀다. 오늘날 천재를 가리키는 지니어스라는 단어의 기원이 여기서 비롯된다. 그런데 당시 지니어스는 천재를 의미하는 말이 아니었다. 지니어스는 일종의 집요정 비슷한 것이어서 예술가가 일할 때 몰래 벽에서 나와 그들의 일을 도와주고 그 작품의 결과를 정해주는 존재였다. 소크라테스의 디먼처럼 인간이 생각지 못한 부분을 일깨워주는 존재였으나, 이 또한 인간과 분리된 존재라기보다는 우리 내면의 또 다른 자아를 좀 더 쉽게 설명하기 위해 가져온 개념이라고 이해하면 된다. 지니어스라는 개념 덕분에 이 시대의 예술가들은 과도한 자아도취 같은 것에서 보호되었고 엉터리 작품이 나와도 모든 것이 그 예술가들의 잘못은 아니었다. 단지 지니어스가 좀 게을렀던 탓으로 돌릴 수 있는 여지가 충분히 있었던 것이다. 훌륭한 작품 또한 예술가 개인과는 분리된 별도의 존재인 지니어스가 도와준 것이므로 창의적인 일을 해낸 사람 혼자 모든 칭찬을 다 받을 수 없었다.

그런데 르네상스 시대가 오면서 이런 상황이 급격히 바뀐다. 신이나 신비는 더 이상 숭배하거나 의심 없이 믿어야 하는 영역이 아니었다. 인본주의 시대가 오면서 각 개인을 우주의 중심에 놓는 거창한 아이디어가 생겨났다. 합리적 인본주의의 시작이었고 이때부터 사람들은 창의성이 각 개인한테서 직접 나온다고 믿었다. 그래서 인류 역사상 처음으로 어떤 예술가가 지니어스를 가졌다고 말하지 않고 그 예술가 자신을 지니어스라고 말하기 시작했다.

길버트는 이런 개념에 완전히 반대한다. 하나의 인간에 불과한 어느 한 개인이 모든 신성함과 창의성, 영구한 신비성의 원천이며 또 그러한 정수를 보관하고 있는 원천이라고 기대하는 것은 하나의 연약한 인간에 불과한 그 사람에게 태양을 삼키라고 요구하는 일과 마찬가지라는 것이다. 과학적으로는 어떨지 몰라도 그녀가 내린 결론은 세상 어딘가에 창의적인 활동을 하며 세상에 없는 아이디어를 간절히 구하는 사람을 돕는 지니어스가 실제로 존재하고, 원하는 사람은 모두 그것을 구할 수 있다는 것이다.

작가로서 평생 창의성이 탄생하는 과정을 경험해본 그녀에게 창의성이란 미칠 정도로 변덕스러운 과정이며 결코 합리적이지 않은 느낌이었다. 그녀뿐만이 아니다. 미국의 특출한 시인인 루스 스톤(Ruth Stone)은 길버트와의 만남에서 자신이 평생토록 멋진 시를 쓸 수 있던 순간에 대해 털어놓았다. 루스 스톤은 버지니아의 시골에서 자라며 종종 밭에서 일하곤 했는데 저 지평선으로부터 시가 자신을 향해 달려오고 있다는 것을 온몸으로 느낄 때가 있었다. 그것은 마치 요란한 돌풍과도 같았다. 그 돌풍은 대지 위를 날며 그녀에게 똑바로 달려왔는데 그럴 때는 발밑에 있는 땅이 울리는 것 같았다. 그러면 그 순간 하던 일을 모두 멈추고 그녀의 말마따나 죽자고 뛰어서 재빨리 연필과 종이를 손에 쥐고 시가 천둥소리처럼 자신을 뚫고 지나가는 순간 그 시를 손으로 잡아 재빨리 종이에 옮겨야 했다. 그런데 어떤 때는 죽어라 하고 뛰었는데도 집에 도착하지 못하면 그시는 그냥 그녀를 꿰뚫고 지나가서 시를 놓치게 되고 그녀의 말에 따르면 다시 다른 시인을 찾으려고 돌풍과 같이 날아갔다. 어느 날은 달려가는 시를 거의 놓칠 뻔하다 간신히 집에 도착해 종이를 찾고 있는데 시가 그녀를 막 관통하는 바람에 가까스로 연필을 잡지 않은 반대쪽 손을 뻗어서 겨우 시를 잡은 적도 있었다. 그럴 때는 꼬리 쪽부터 시를 잡는 바람에 한 자도 안 빼고 완벽하게 다 적기는 했지만 시가 완전히 거꾸로 적혀서 마지막 글자부터 시작했다고 한다. 이와 비슷한 경험을 음악가 톰 웨이츠(Tom Waits)도 털어놓았다. 몇 년 전 길버트와 한 인터뷰에서 그는 창의성에 대해 다음과 같이 말했다.

"나도 평생을 음악가로 살면서 창의적 충동을 조절하는 데 애를 먹었습니다. 그런데 나이가 들자 마음이 좀 더 평온해지더군요. 하루는 로스앤젤레스 고속도로에서 운전하다가 기발한 아이디어를 생각해냈지요. 운전 중에 기막힌 멜로디 조각 하나가 갑자기 떠오른 거예요. 갑자기 번쩍했다가 사라지는 영감처럼 눈부시게 멋진 멜로디라는 걸 알 수 있었는데 안타깝게도 그것을 기록할 종이나 녹음기를 가지고 있지 않았죠. 이 멜로디를 놓칠 것 같은데 만약 그렇게 된다면 그것이 평생 나를 따라다니며 괴롭힐 거란 생각이 들었죠. 그래서 그동안 해보지 않았던 아주 기발한 행동을 했습니다. 하늘을 쳐다보면서 이렇게 외친 거죠. '멜로디야! 너는 지금 내가 운전하고 있는 것이 안 보이니? 내가 지금 노래를 받아적을 형편이 된다고 생각해? 네가 정말 존재하고 싶다면 너를 악보에 옮겨 담을 수 있는 좀 더 적절한 시기에 다시 나를 찾아오려무나. 그럴 수 없다면 어디 가서 다른 사람이나 괴롭히지 그러니?' 그러고 나서부터 나는 한결 홀가분해졌어요. 나와 창의성을 분리해서 생각하기 시작했죠. 이제 나는 나 자신이 아닌 내 몸 밖에 사는 어떤 존재와 일종의 대화를 나누며 언제든 내가 원할 때 그 존재를 만나는 괴상하고 이상한 협력을 하고 있지요."

웨이츠는 길버트가 찾아낸 고대의 지니어스를 현대에도 만나고 있는 사람이다. 창의성, 즉 놀라운 아이디어는 어디서든 발견될 수 있다는 것, 결코 자신이 천재이거나 운이 좋아서 창의성을 발휘하는 것이 아니라는 사실을 겸허하게 받아들였다. 그것은 그저 소크라테스의 디먼처럼 내 안에서 속삭이는 존재이며 내가 원할 때 대화가 가능한 내 안의 또 다른 나다.

이 개념은 무척이나 모호하게 들릴 수도 있다. 길버트가 창의성에 대해 말하려는 바는 결국 창의성이란 천재들의 소유물도 아니고, 누구나 발견할 수 있으며, 원한다면 자기 것으로 만들 수 있는 놀랍고도 불가사의한 경지라는 점이다. 창의적인 발견을 한 사람의 특출함은 결코 그 자신들한테서 나오는 것이 아니라는 우리의 상식을 뛰어넘는 주장이다. 그런데 이런 생각은 비단 길버트만의 것이 아니다. 창의성과 천재의 상관관계를 연구하는 일군의 과학자들은 고대의 사람들이 정령이라고 여겼던 '디먼'이나 '지니어스'가 어떻게 나타나는지를 오랜 연구 끝에 현실의 세계로 가져왔다. 다음의 이야기에 주목해보자.

뇌의 불균형이 낳은 레오나르도 다빈치

공상과학 영화에 자주 등장하는 괴짜 과학자 역할이 너무나 잘 어울리는 생김새의 앨런 스나이더(Allan Snyder)는 시드니 국립대학의 정신연구센터 소장으로 일하며 그의 생김새만큼이나 드라마틱한 일들을 만들어내고 있다.

큰 키에 호리호리한 몸매를 가진 스나이더는 넥타이까지 챙겨 맨 정장차림에 야구모자를 빗겨 쓰길 즐기는 사람이다. 스나이더 연구팀은 최근 머리에 쓰고 있는 동안 한시적으로 두뇌 능력을 향상시키는 '생각하는 모자'를 발명했다. 우울증 치료에도 효과적인 것으로 알려진 경두개 자기 자극방법을 이용한 이 신기한 모자는 바로 뇌의 특정 부위에 자기 파장을 전달해 신경세포를 활성화해주는 장치다.

이들의 엉뚱하고도 기발한 연구 결과는《타임스》,《데일리 메일》 등에 보도되어 세간의 관심을 받았다. 과연 뇌의 특정 부위에 전기 자극을 주는 모자를 씀으로써 보통 사람도 뇌 안의 숨겨진 능력을 끌어낼 수 있을까? 스나이더의 말을 들어보자.

"우리는 모두 범상치 않은 예술적 감각, 기억력 등을 지니고 있지만 일상생활을 유지해나가느라 그 능력을 의식하지 못하고 있지요. 우리 연구팀은 그동안 특정한 사고 분야에서 뛰어난 능력을 보여주는 자폐증 환자 연구 기술을 이용해 이 모자를 개발했습니다. 실제로 이 '생각하는 모자'를 쓰면 쓰기 전에는 없었던 숨겨진 능력들을

: 앨런 스나이더의 '생각하는 모자'

발전시킬 수 있습니다."

실제로 모자를 착용한 사람들 중 약 40%가 모자를 쓰기 전보다 훨씬 세밀한 묘사로 자연스러운 그림을 그려냈으며, 20%가량은 그 전에 읽은 문서에서 미처 발견하지 못한 오자를 찾아내는 등 평소에는 없던 능력을 발휘했다. 안타까운 것은 이 생각하는 모자의 효과가 한 시간 정도만 지속된다는 사실이다.

스나이더 연구팀이 마치 공상과학 소설의 한 대목처럼 보이는 이 연구를 지속하는 데는 남다른 사연이 있다. 스나이더는 원래 수년간 섬유광학에 빠져 빛이 어떤 과정을 거쳐 길을 찾아가는지 연구하던 물리학도였다. 그러던 중 빛이 인간의 망막에 도달해 어떤 경로로 변환되어 뇌에서 이미지로 인식되는지를 연구하면서 자폐증 환자들의 사례를 알게 되었고, 곧 이들이 보여주는 놀라운 능력에 매료되고 말았다.

스나이더가 만난 '서번트'라고 불리는 소수의 자폐증 환자들은 언어능력을 포함한 사회적 능력이 일반인에 비해 현저히 떨어지는 대신 음악이나 수학, 공간 인지능력 등 우리가 천재적 재능이라고 찬사를 보내 마지않는 부분에서 탁월한 재능을 보였다.

영화 「레인맨」에서 더스틴 호프먼이 연기한 서번트증후군을 앓는 자폐아의 실제 모델인 킴 픽이라는 남성이 그 좋은 예다. 킴 픽은 운전이나 식사 등 일상생활을 하는 것조차 어려움을 겪었으나 역사, 문학 등 15개 부문에서 '메가 서번트'라는 찬사를 들을 정도로 천재성을 보인 서번트증후군 환자였다. 「레인맨」은 일상생활이나 상식

: 영화 「레인맨」의 실제 모델로 유명한 킴 픽. 킴 픽은
16개월부터 책과 신문을 읽었고 하루도 빼놓지 않고
도서관을 드나들며 읽은 책을 모두 암기했다.

적인 태도를 유지하는 데는 어려움을 겪지만 숫자나 언어 등의 암기
에서는 천부적 재능을 가진 자폐증 환자를 주인공으로 하여 서번트
증후군을 일반인들에게 널리 알린 영화가 되었다. 스나이더가 만난
서번트 환자들 가운데 어떤 사람은 "숫자 1,234,567,980을 만들려
면 어떤 수와 어떤 수를 곱해야 하지?" 같은 질문에 1초도 걸리지 않
고 정답을 말했다. 트레버라는 여섯 살 난 아이는 어느 날 형이 피아
노 치는 것을 한 번 듣고 바로 피아노 앞에 앉아 형보다 더 훌륭하게
연주를 해냈다. 또한 태어날 때는 모든 것이 정상이었던 나디아라는
소녀는 두 살쯤 되던 해부터 엄마와 눈 마주치기를 피하고 말을 걸
거나 웃어주어도 반응을 보이지 않기 시작했다. 심지어 엄마를 알아
보지 못하는 상황까지 벌어졌다. 커갈수록 아이는 의사표현을 제대
로 하지 못했으며 또래에 비해 굼뜨고 온종일 종이를 찢는 놀이를

반복했다.

그렇게 세 살 반이 되던 무렵부터 나디아는 펜을 잡고 그림을 그리기 시작했다. 되는 대로 끼적거리는 아이 수준의 그림이 아니었다. 어떤 교육도 받지 않았지만 나디아는 미술 교육을 꾸준히 받은 성인들이 그릴 수 있는 수준으로 말이 질주하는 모습을 스케치해냈다. 대부분의 사람이 윤곽을 먼저 그리면서 그려나가는 것과 달리 나디아는 어떤 부분이건 생각나는 대로 그려내는 차이를 보였다. 말의 부분부분을 자세히 묘사한 뒤 최종적으로 이 부분들을 연결해 말의 모습을 완성해냈다. 아이는 자폐성 천재, 즉 서번트증후군을 앓고 있었던 것이다. 지금도 스나이더의 연구실에는 나디아가 그린 질주하는 말의 모습이 액자에 걸려 있다. 나디아는 세 살 무렵에 레오나르도 다빈치 수준의 말 그림을 그릴 줄 알았다. 하지만 그 능력을 발휘하는 대가를 치르기라도 하듯 언어발달이 또래에 비해 현저하게 늦었다. 그런데 아이가 치료를 통해 또래들과 비슷한 수준으로 언어능력을 개발해나가기 시작하자 다시 놀라운 현상이 나타났다. 나디아가 발휘했던 그림 그리기 실력이 그 나이 또래 수준으로 퇴보해버린 것이다.

더욱 놀라운 사실은 이런 현상이 나디아와 같은 서번트증후군을 앓는 사람들에게서만 나타나는 것이 아니라는 점이다. 토미 매퀸이라는 리버풀에 사는 건축업자는 5년 전까지만 해도 붓을 들어본 적이 없었다. 그런데 어느 날 토미의 부인이 화장실에서 얼굴이 잿빛으로 변한 채로 쓰러져 있는 남편을 발견하고 병원으로 옮겼지만 치명적인 뇌손상을 입고 말았다. 뇌를 돌고 있던 피가 맥류에서 새어나온 것이다. 토미의 뇌에서 창작을 담당하는 부분에 손상을 준 이 혈류는 그때부터 그에게 한시도 쉬지 않고 여느 예술가 뺨칠 만한 수준의 그림들을 쏟아내게 만들었다. 평생 그림이라고는 그려본 적이 없는 토미에게서 주체하기 힘들 만큼의 창작 욕구가 마구 솟아나기 시작한 것이다. 치료를 받으면서 토미가 밤을 새워 그림을 그려대는 일은 줄어들었지만, 지금도 그의 그림 실력은 수준급이다. 그는 살면서 그림을 그리는 법에 대해 어떤 교육도 받은 적이 없다. 이런 현상은 올랜도 세렐이라는 소년에게서도 나타났다. 세렐은 열 살 때 야구공에 머리를 맞고 나서 몇 달 후 차의 번호판, 장문의 시, 일기예보 등을 줄줄이 외우는 능력을 보이게 됐다.

스나이더는 서번트증후군을 앓는 사람들은 물론 평범한 사람들에게도 어느 날 갑자기 찾아온 천재적인 능력에 대한 의문의 답을 찾기 시작했다. 그는 과학자들 대부분이 이런 비상한 재능에 대해 '강박적인 학습'이라는 간단한 설명을 내놓는 데 반기를 들었다. 그의 말을 들어보자.

"모든 사람은 내부에 이러한 천재성을 지니고 있습니다. 그러나 대부분의 사람에게 이러한 것들은 무의식 속에 잠겨 있지요."

스나이더는 자폐아들과 사고로 천재적인 능력이 생긴 일반인들을 연구하며 천재란 두뇌가 가진 뛰어난 처리능력에 쉽게 접근할 수 있는 사람이라는 결론을 내렸다. 사람들이 다른 사람의 얼굴을 인식할 때 뇌는 즉각 양쪽 망막에 맺힌 두 개의 상 사이에서 미묘한 차이

점을 분석해 물체까지의 거리를 계산해낸다. 이것을 컴퓨터로 재현해내려면 막대한 속도의 메모리와 빠른 연산처리장치가 필요하다. 우리가 매일같이 쉽게 하는 이런 행동 하나에도 엄청난 뇌의 작용이 숨어 있는 셈이다. 그런데 스나이더에 따르면 자폐성 천재들은 뇌의 작용 과정 중 가장 윗부분, 즉 개념적 사고와 결론 처리 능력이 어떤 경로나 유전적 요인 등으로 없어져 버린 사람들이다. 그들은 이 윗부분이 없기 때문에 정확한 세부 사항을 기억해내고, 빛의 속도와 같은 빠르기로 계산할 수 있으며, 엄청나게 숙련된 예술가만이 할 수 있는 노련한 수준의 그림을 그리는 등 다양한 작품을 만들어낸다.

스나이더가 '생각하는 모자'를 발명해낸 원리도 이와 같다. 그는 천재적인 능력을 발휘하게 된 사람들이 보통 사람들도 모두 가지고 있는 자신의 '기억창고'에서 남들보다 탁월하게 필요한 정보를 잘 찾아내고 끄집어낸다고 여긴다. 그리고 그런 능력이 생기게 된 것은 선천적이든 후천적이든 간에 뇌의 일부분, 특히 언어능력과 사회성을 담당하는 부분의 능력이 둔해지면서 나타난 현상이다. 우리가 사회를 살아나가는 능력, 즉 언어능력이나 사회적인 스킬을 익힘에 따라 애초에 타고난 잠재능력을 퇴보시키는 결과를 가져온다는 것이다. 다시 말해 성장과 동시에 인생을 살아가는 보다 정교한 능력들을 습득하면서 그 대가로 우리의 타고난 뇌의 창조 영역을 막아버리는 결과를 낳는지도 모른다는 것이 스나이더의 생각이다.

"우리는 아주 작은 정보들을 받아들여서 이것을 분류해 하나의 개념으로 만듭니다. 이 개념들이 틀로 굳어져서 큰 그림만 보고 이를 이루는 작은 부분들은 보지 못하는 거죠. 우리 뇌는 일부러 이 작은 부분들에 대한 작용을 억제합니다."

스나이더는 누구든 뇌를 발달 이전의 초기 상태로 돌리면 그들이 태초부터 가지고 있는 창조적 재능이 열린다고 본다. 앞서 살펴본 나디아라는 소녀의 경우도 레오나르도 다빈치 뺨칠 만한 그림 실력이 왜, 어떻게 나왔느냐가 중요한 것이 아니다. 그가 중요하게 여기는 것은 왜 보통 사람들은 할 수 없으며, 정상적인 뇌에서는 안 되는데 뭔가 부족하고 장애가 있는 뇌에서는 가능한가이다. 연구에 연구를 거듭한 끝에 스나이더는 머리에 일시적인 자기파를 줌으로써 뇌의 일부분을 일시적으로 정지시켜 가려진 잠재력을 인위적으로 일깨우는 모자를 생각해냈다. 이 모자는 사용자가 정보를 있는 그대로 저차원적으로 수용할 수 있게 도와준다. 즉 언어능력과 사회적 활동을 담당하는 좌뇌의 활동을 억제함으로써 창조를 관장하는 우뇌를 자유롭게 풀어주는 원리다. 스나이더의 연구에 동조하는 샌프란시스코대학의 신경학자 브루스 밀러(Bruce Miller)는 50~60대의 치매 환자들을 연구하면서 이 중 일부가 어느 날 갑자기 음악과 미술에 재능을 보인다는 것을 알았다. 이들의 뇌를 촬영해본 결과 좌뇌의 혈압이 낮고 신진대사도 비정상적으로 늦다는 사실이 밝혀졌다. 밀러는 이렇게 말한다.

"이 치매환자들은 사물의 언어학적 의미를 상실합니다. 특히 측두엽 이상으로 생기는 치매는 사물의 이름을 기억하는 뇌의 뒤편에 손상을 일으키죠. 이 환자들은 사물의 이름을 정확하게 기억하지는 못하지만 사물을 매우 아름답게 그려낼 수 있는 능력을 얻습니다."

밀러는 천재적 자폐아나 사고로 뇌손상을 입은 사람들 그리고 치매환자 중 일부에게서 유사점이 있음을 발견했다. 저주인지 축복인지 모르게 이들에게는 우뇌의 장점을 마음껏 발휘할 기회가 주어졌다. 그 결과 평생토록 배운 적도, 원해본 적도 없는 능력들이 생겨났다. 이들에게 찾아온 것은 '디먼'이나 '지니어스'가 아니었다. 극단적으로 장애를 겪는 사람들의 경우에서도 천재적이라고 불릴 만한 창조력은 오로지 그 사람 자신에게서 나왔다. 우리 뇌는 그만큼 모든 것이 가능한 신비의 영역이자 불가능이란 존재하지 않는 미지의 영역이다. 우리는 살면서 수많은 것을 접하고 그런 정보들을 무심코 흘려보내지만, 우리 무의식의 어딘가에는 세상의 모든 정보와 지식이 압축돼 저장되고 있는 것이다.

우리가 알아야 할 것은 어떻게 그 정보들을 꺼내 새로운 조합을 만들고, 사용하느냐다. 천재가 되기 위해 일부러 뇌에 손상을 줄 수는 없는 일이다. 또한 이처럼 뇌손상이 생긴 사람들은 자신들이 왜 천재적 능력을 발휘하는지 이해하지 못하며 그것을 즐길 줄도 모르면서 무작정 해내고 있는 경우가 대부분이다. 우리가 스나이더의 연구를 통해 얻어야 할 유일한 교훈은 우리 뇌가 무한한 가능성을 지니고 있다는 점이다. 우리는 모두 우리가 원한다면 얼마든지 발휘할 수 있는 천재적 능력을 늘 어깨 위에 얹고 다니는 이 작은 머릿속에 무한대로 담고 있다.

당나귀처럼 뒤뚱거리며
올레를 외쳐라

이제 다시 엘리자베스 길버트가 찾아낸 창의성의 실체에 대한 이야기로 돌아가 보자. 그녀는 디먼과 지니어스에 대한 또 다른 예로 오늘날 우리들이 흥겨울 때 쓰는 감탄사로 빠지지 않는 '올레'라는 단어의 기원에 대해 설명한다. 이 말은 여러 세기 전 북아프리카의 사막에 살던 사람들이 달빛 아래 모두 모여서 밤새도록 종교 댄스와 음악을 즐긴 데서 비롯되었다. 이러한 광경은 그다음 날 새벽까지 계속되었고 댄서들의 실력도 뛰어났기 때문에 굉장히 멋있었다.

그런데 아주 가끔가다, 어쩌다 한 번씩 신기한 일이 생기곤 했다. 춤추는 댄서 중 한 명이 초월 상태로 들어가는 놀라운 광경이 벌어진 것이다. 앞서 설명한 몰입의 순간처럼 마치 시간이 정지하며 그 댄서가 일종의 관문 같은 것을 통과해서 어떤 경지에 도달하는 것처럼 보였다. 그 댄서 자신은 전에 1,000번도 넘게 췄던 똑같은 춤을 추고 있었지만 어쩐지 평소와는 좀 다르다는 느낌이 드는가 하더니 갑자기 그 댄서가 단순한 인간처럼 보이지 않는 것이다. 즉 그의 몸과 다리가 마치 몸의 내부에서 타오르는 신성한 불꽃으로 빛나는 것처럼 보이는 순간이 있다. 그럴 때면 당시 북아프리카 사람들은 그들 앞에서 신성한 일이 일어나고 있음을 알고 두 손을 모아 신을 찬양했다.

"알라, 알라, 알라, 신이여, 신이여, 신이여, 저건 분명 신이 하시는 일입니다!"

여기서 흥미로운 역사적 사실은 무어족이 남부 스페인을 점령했을 때 이러한 풍습을 스페인으로 가져갔는데 수백 년의 세월이 지나며 발음이 "알라, 알라, 알라"에서 "올레, 올레, 올레"로 변했다는 것이다. 이 말은 이제 투우나 플라멩코 댄스를 할 때 들을 수 있는 감탄사가 되었다. 또한 전 세계적으로 감탄을 금치 못하는 훌륭한 공연이나 장면을 볼 때도 사람들은 덩달아 "올레"를 외치곤 한다.

문제는 신의 경지를 보여주며 "올레"라는 극찬을 받았던 댄서가 눈을 뜬 그다음 날 아침이다. 해가 중천에 뜬 지는 오래고 댄서에게 어젯밤의 기억은 꿈인지 생시인지 몽롱하다. 자신은 그저 무릎에 문제가 있는 한 인간에 불과하며, 언제 다시 그렇게 멋진 공연을 펼칠 수 있을지도 모르고, 이제 아무도 "올레"라는 찬사를 보내지 않을지도 모른다. 이런 걱정에서 자유로운 사람은 아무도 없을 것이다.

그런데 고대인들이 그러했듯이 창의적인 재능이란 그저 신으로부터, 아니면 어떤 초월적인 존재로부터 일시적으로 대여된 것이며, 일단 일이 끝난 다음에는 다시 다른 사람에게 전해줘야 한다고 믿는다면 만사가 달라진다.

길버트는 창의성의 역사를 돌아보다가 깨달음을 얻었다. 그녀는 터무니없게 성공한 자신의 책을 뛰어넘는 작품을 평생 쓰지 못할지도 모른다. 지니어스가 더는 그녀를 찾지 않을지도 모르기 때문이다. 그럼에도 그녀는 매일같이 당나귀처럼 뒤뚱거리며 자세를 바로 잡고 한 줄 한 줄 글을 써나가야 한다. 작가라는 직업이 가진 아이러니는 한순간도 떠나지 않는 두려움을 다스려야 한다는 점이다. 그녀는 자신이 쓰고 있는 책이 큰 실패작이 될 것이며 인류 역사상 가장 쓰레기 같은 책이 될 수도 있다는 사실을 겸허히 받아들여야 한다. 그러니 그냥 글쓰기를 포기하는 게 어떨지 고민하게 되는 순간이 매번 찾아온다.

하지만 길버트는 오랜 고민 끝에 이런 현실을 무서워하지 말고 위압당하지도 말고 그냥 자기 일을 묵묵히 하는 것만이 자신이 할 수 있는 최선이자 다시 한 번 지니어스를 맞이하는 길임을 깨달았다. 이것은 비단 그녀에게만 해당되는 이야기가 아니다. 세상엔 어쩌면 창의적인 직업이 아니라 창의적인 삶의 태도만이 있을 뿐일지도 모른다. 직장인이건 프리랜서건 예술가건 알고 보면 다 비슷한 일상의 반복이다. 그녀는 말한다.

"당신이 하는 일이 무엇이든지 계속해서 당신 몫을 하러 나가라. 당신의 직업이 춤추는 것이면 춤을 춰라. 만약 당신이 하는 일이나 작품을 위해 하늘이 내려준 괴상하게 생긴 지니어스가 단 한 번만이라도 경이로운 순간을 보여준다면 더 말할 것 없이 '올레'이고 그렇지 않더라도 당신의 춤을 춰라. 그리고 어쨌든 스스로에게 '올레'라고 외쳐라."

길버트는 오늘도 이 말을 생각하며 다른 사람들에게도 계속 가르쳐줘야 한다고 믿는다. 그녀는 자신이 당나귀처럼 뒤뚱거리며 하루도 거르지 않고 힘겨운 글쓰기를 하는 만큼 세상 모든 사람이 더없는 인간적인 사랑과 고집을 가지고 계속 일하러 나오는 것에 대해 "올레"를 보내는 사람이다.

길버트가 이야기하는 창의성을 바라보는 새로운 시각은 그녀의 고통스러웠던 경험에서 나온 감동적인 결론일 뿐 아니라 전혀 천재적이지 않은 대부분의 사람들 누구에게나 언제든 창의성이 발현될 수 있다는 희망과 용기를 북돋아준다.

그녀가 이야기하는 지니어스의 정체는 사실 우리가 살면서 쌓아온 여러 가지 선입견과 편견, 그리고 기존의 상식을 걷어내고 순수하고 참된 내면의 나에게 귀를 기울이는 방법이다. 앞서 살펴본 스나이더가 개발해낸 생각하는 모자의 원리와도 같다. 기존의 습관화된 뇌 활동을 멈춰보는 것이다. 서번트나 치매환자 그리고 갑작스러운 사고로 좌뇌와 우뇌가 균형적으로 움직이지 않게 된 사람들에게 나타나는 현상도 마찬가지다. 이들은 본의 아니게 좌뇌의 활동이 억압되었고 그 결과 천재에 가까운 창조력을 얻었다. 이것은 마치 지니어스 요정이 잠시 다녀간 것과 같은 현상이다. 지니어스를 개인과 분리시켜 생각한 것은 인간의 내면 깊숙한 곳의 자아가 그만큼 천진난만한 존재이기 때문이다.

어린아이들이 어른이 하지 못하는 생각을 하고 무한대로 창의적인 것처럼 우리 마음속에는 그렇게 순수하고 창의적인 자아가 숨어 있다. 하지만 이를 끄집어내기란 어려운 일이어서 사고를 당하거나 장애가 있는 경우를 제외하고는 오로지 자신의 세계에 깊이 몰입할 때만 가능하다.

서양 근대 철학을 종합한 학자로 평가받는 칸트가 자신의 역작 〈판단력 비판〉에서 이해관계가 얽히지 않은 순수한 사고의 틀로 봤을 때만이 반성적 판단, 즉 인류의 보편적인 심미안을 만족시키는 판단이 가능하다고 설명한 것도 같은 원리다. 앞날을 내다보는 것 같은 놀라운 판단력은 창의성의 발현과 같은 원리에서 나온다. 이해관계를 떠난 순수한 마음의 눈에서 나온다는 공통점을 가지고 있는 것이다.

그렇다면 우리가 천재라 극찬해 마지않는 사람들은 어떨까? 그들도 내면 깊숙한 곳의 지니어스 요정과 같은 자아를 만났던 것일까? 공포 소설의 천재 스티븐 킹은 불후의 역작 『미저리』를 쓴 배경을 이렇게 이야기한다.

"비행기를 타고 영국에 가던 중이었죠. 깜빡 잠이 들었는데 꿈속에서 여성 테러범이 나타났어요. 그 여성은 한 작가를 인질로 잡더니 금방 죽여버리고는 탑승객들이 보는 앞에서 칼을 꺼내 죽인 작가의 피부를 모두 벗겨내는 것이었어요. 그러더니 시체를 돼지한테 집어던져 아귀아귀 씹어 먹게 하고, 벗겨낸 피부로는 책을 장정하는 데 썼죠. 나는 잠에서 깨고 나서 그 장면을 얼른 메모해뒀다가 『미저리』를 완성했습니다."

『보물섬』이란 걸작을 쓴 영국 작가 로버트 스티븐슨 또한 새로운 책을 구상할 때마다 의도적으로 꿈을 활용했다. 그의 출세작인 『지킬 박사와 하이드』는 바로 그렇게 탄생한 걸작이다. 그의 아들 오스번은 아버지를 다음과 같이 회상한다.

"아버지가 꿈을 꾸지 않았더라면 『지킬 박사와 하이드』는 세상에 나오지 못했을 겁니다. 아버지는 꿈에서 깨어나자마자 서재로 달려가셨거든요. 혹시 줄거리를 잊을까 봐 허겁지겁 써대셨어요. 초고를 쓰는 데 겨우 사흘밖에 안 걸렸죠."

스티븐슨은 실제로 잠들기 전에 손가락으로 머리를 가리키며 이런 주문을 외우는 버릇이 있었다.

"머리야, 똑똑히 들어라. 아주 흥미진진한 이야깃거리를 들려다오. 많은 사람이 읽고 싶어 안달할 이야기를 말이야."

이것은 비단 창의성의 극단을 달리는 작가들만의 이야기가 아니다. 과학사에 길이 남은 천재 뉴턴은 아침에 일어나자마자 침대에 쪼그리고 앉아 밤사이 잠재의식이 떠올려준 생각들을 반추하곤 했다. 식사하라는 소리도 못 듣고 친구들이 방문한 것도 잊어버리기 일쑤였지만 생각을 멈출 수 없었기 때문이다. 뉴턴은 깊은 몰입 상태에 빠져 자기 내면의 지니어스를 만났던 게 아닐까? 뉴턴은 이렇게 말했다.

"난 아이디어를 얻을 때 몇 시간이든 며칠이든 줄곧 그 생각만 해. 그러다 보면 아이디어의 싹이 돋거든. 그 싹이 자라서 가지를 치고 꽃을 피울 때까지 계속 그 생각만 하는 거야."

우리 시대의 천재들이 들려주는 아이디어의 원천은 더욱 다양하다. 「좋은 놈, 나쁜 놈, 이상한 놈」으로 유명한 김지운 감독은 고속도로 휴게실에 붙어 있던 메모에서 영감을 얻어 「달콤한 인생」의 주인공 이병헌의 멋진 내레이션을 완성했다. 독특한 스타일과 연출력으로 마니아층을 형성한 천재 중 한 명인 류승완 감독의 맛깔 넘치는 대사들은 대부분 현장에 있던 프로듀서나 배우들 그리고 감독 스스로 그때그때 발견한 아이디어들에서 나온 것이라고 한다. 그의 톡톡 튀는 창의성을 경외심을 가지고 바라보는 사람들에게 그가 들려주는 창의력의 비밀은 다음과 같다.

"아이디어는 어디에나 널려 있고 그것을 발견하는 자의 몫이다."

놀부 김순진 회장이 온 나라를 사로잡은 보쌈 레시피를 개발해낸 것도 마찬가지 원리다. 그녀는 하루하루 스스로 이루어갈 꿈에 "올레"를 외치며 꾸역꾸역 힘든 노동을 마다하지 않았다. 자신의 음식점을 방문해주는 모든 사람들의 입에서 "올레"를 듣고 싶었던 열망은 그녀의 지니어스 요정을 불러내는 결과를 낳았다. 손님들에게 한 끼 식사로 최고의 만족을 주어 그들을 기쁘게 하겠다는 순수한 마음이 그녀 내면 깊은 곳의 창의적인 자아를 불러낸 것이다. 오늘날 전 국민이 "올레"를 외치게 된 놀부 보쌈, 놀부 항아리 갈비, 놀부 부대찌개 등 놀부를 대표하는 음식들은 결코 놀라운 천재가 만들어낸 작품이 아니다. 오늘날의 놀부를 있게 한 보쌈 자체도 어디에나 널려 있던 아이디어였다. 이미 모든 가정집에서 먹고 있는 음식이었지만 그 누구도 김순진 회장처럼 그것을 대중적 음식으로 만들겠다는 생각을 하지 못했다.

지니어스 요정은 꾸역꾸역 자신의 일을 해내는 사람이 간절한 마음으로 소망을 품었을 때 그의 귀에 조용히 속삭이는 창의성의 다른 이름일지도 모른다. 파리 날리는 가게에 앉아 머릿속은 앞으로 개발할 메뉴에 대한 생각으로 가득한 채 김치 한쪽을 쭉 찢어서 한 입 베어 물려던 김 순진 회장에게 찾아온 것은 바로 그런 순간이었다.

성공이란 하나의 생각에서 나온 열매다. '내가 할 수 있는 최선을 다해 세상을 바꾸겠다'는 철학을 가진 사람만이 누구도 발견하지 못한 창의적인 아이디어를 생각해낸다. 자신이 주관적으로 연마해온 사고의 틀로 보편적인 사람들을 만족시킬 수 있는 사업 아이템을 발견해내는 것이다. 이것이 바로 미래를 내다보는 판단력의 힘이며 '내가 최고가 되겠다', '더 나은 세상을 내가 만들어보겠다'는 철학을 가진 사람만이 열어나갈 수 있는 세계다.

이 책에서 살펴본 인라이어들의 이야기는 우리에게 자수성가를 생각하는 방식을 바꿀 것을 요구한다. 이들은 생각으로 세상을 바꾼 사람들이다. 우리 이웃에서 흔히 볼 수 있는 사람들이지만 한 세대쯤의 시간이 지난 뒤에는 모두가 불가능하다고 하던 일을 이뤄낸 사람들이다. 자수성가란 결코 환경과 기회의 완벽한 조합에서 탄생하는 게 아니라는 것을 가르쳐준다. 물론 자수성가는 한 개인의 노력만으로 좌우되는 것도 아니다.

자수성가를 이룬다는 것은 그동안 우리가 알고 있던 것만큼 간단하지 않다. 우리가 이야기하는 모든 성공 스토리는 그 결과를 가지고 재구성된 것이기에 사실상 무엇이 원인이고 무엇이 결과인지를 뒤섞어버리기 쉽다. 그래서 성공한 사람들은 아웃라이어, 즉 기존의 통계치를 벗어난 특별한 사례였다는 결론에 도달할 만큼 한 사람의 자수성가를 좌우하는 변수는 너무나 다양하며 셀 수 없을 정도로 많다. 하지만 지금까지 살펴봤듯이 복잡한 자수성가의 세계를 지배하는 불변의 법칙들이 존재하는 것 또한 부인할 수 없는 사실이다.

놀라운 것은 이것이 자수성가의 세계뿐 아니라 우리가 살고 있는 세계의 모든 분야에 걸쳐서 증명되고 있다는 점이다. 자수성가를 지배하는 불변의 법칙들은 다음 장에서 살펴보기로 하자.

6

자수성가의 법칙

6

자수성가에서 발견되는 프랙탈 구조

북경에서 나비 한 마리가 날갯짓을 하면 그 영향으로 뉴욕에 폭풍우가 몰아친다는 이론은 잘 알려진 나비효과 이론이다. 너무 극단적이고 드라마틱해서 그저 이론 중 하나로만 생각하기 쉽지만 우리는 실제로 혼돈, 즉 카오스의 세계에 살고 있다. 세상은 아주 작은 변수의 차이가 결과적으로는 엄청난 파장을 불러일으킬 수 있을 만큼 복잡하다. 우주는 혼란 그 자체이며 대표적 현상으로 날씨의 변화, 담배 연기의 흩어짐, 사람의 심장박동, 주가의 변동, 우주 별들의 분포 등이 있다. 날씨 변화만 봐도 기온, 기압, 습도, 구름의 양, 바람, 수륙의 분포, 도시화 정도 등 많은 것을 고려해야 하므로 3차원적으로는 해결이 불가능하다. 그래서 100% 정확한 일기예보란 있을 수가 없으며 오늘도 기상청은 빗나간 일기예보 때문에 골치를 앓고 있다. 근본적으로 일기예보란 인간의 힘으로는 계산할 수 없는 현상이며 오직 컴퓨터의 힘을 빌려 대략 예측할 수 있을 뿐이다.

수학 공식만 해도 3차원 이상 넘어가면 일반적인 답을 구할 수가 없다. 그런데 이렇게 복잡하고 불안정하며 너무나도 다양한 변수가 존재하는 카오스의 세계, 즉 복잡계에 의외로 간단한 규칙이 숨어 있다는 것을 아는가?

나비효과로 대표되는 카오스는 복잡하고 무질서하지만 그 속에는 나름의 질서가 숨어 있고 또 그 질서에 의하여 새로운 혼돈이 초래되는 것이 복잡계의 특징이다.

프랑스 출신의 수학자인 브누아 만델브로(Benoit Mandelbrot)는 너무나 복잡해서 도저히 규칙을 찾을 수 없는 것처럼 보이는 자연현상 속에 숨어 있는 미묘한 규칙성을 찾아낸 주인공이다. 키가 훌쩍 크고 과체중인 탓에 얼굴도 통통해서 앳돼 보이지만 생김새와는 다르게 그의 발견이 우리 사회 전반에 끼친 영향은 실로 지대하다. 그가 발견해낸 자연의 불규칙한 모양에 대한 혁신적 이론은 물리와 생물, 수학 관련 분야를 넘어 사회 전반에 깊은 영향을 미치고 있다. 오늘날 자연과 사회는 그의 언어로 새롭게 쓰이고 있다고 해도 과언이 아니다.

안타깝게도 2011년 1월에 지병인 췌장암으로 세상을 뜨기까지 생존한 수학자 가운데 가장 유명한 사람이었던 만델브로는 1924년 폴란드 바르샤바에서 태어났다. 그의 부모는 리투아니아 유태계 출신으로 1936년 나치를 피해 프랑스 파리로 이주했고 제2차 세계대전이 터지면서 다시 남프랑스인 툴레로 피난했다. 그래서 만델브로는 프랑스에서 어린 시절을 보냈고 제2차 세계대전 동안은 농장에서 노동자로 일했다. 종전 후에는 미국 칼텍에서 항공학으로 석사과정을 마친 뒤 다시 프랑스로 돌아와 파리대학에서 수리과학으로 박사학위를 받고 수학자의 길을 걷게 되었다.

기하학을 좋아했던 만델브로는 대부분의 시간을 정통 수학자들은 눈길도 주기를 꺼리는 비주류 분야의 논문을 읽는 데 썼다. 그는 수학계의 영원한 아웃사이더라는 별칭을 얻을 만큼 주류의 학문보다는 '별 걸 다 연구했네'라는 생각이 드는 논문만을 골라 읽고 연구하는 것을 즐기는 사람이었다. 그러던 어느 날 유독 만델브로의 관심을 끈 논문이 한 편 있었다. 바로 영국의 과학자 루이스 리처드슨(Lewis Richardson)의 논문이었다. 1962년에 발표된 이 논문은 영국의 해안선 길이에 대한 것으로 리처드슨은 측정하는 자의 길이에 따라 해안선의 길이가 달라지는 현상을 기술했다. 리처드슨에 따르면 지도를 펼쳐놓고 해안선 길이를 잴 때 3km 단위의 자로 재는 것보다 1.5km 단위의 자로 잴 때 더 길었다. 어찌 보면 당연하기까지 한 이 결과 앞에서 만델브로는 그가 수년 전부터 고민해오던 현상에 대한 답을 찾았다. "유레카!"의 순간이 온 것이다.

만델브로는 우리가 현대수학과 과학 체계의 기본으로 여기고 있는 삼각형, 사각형, 원과 그 밖의 기하학적 개념들이 자연에서는 발견되지 않는다는 점에 주목했다. 자연이라는 관점에서 기하학은 허구의 학문이었다. 자연의 어디에도 기하학은 존재하지 않기 때문이다. 산은 삼각형도 아니고 피라미드도 아니다. 나무는 원이 아니며 직선은 그 어디에서도 찾아볼 수 없다. 해안선도 마찬가지다. 해안선의 길이는 우리 통념과는 달리 측정 불가능한 것이었다. 1년 동안의 주가 변화나 하루 동안의 주가 변화를 그래프만 보고 구분할 수 없는 것처럼 해안선도 그런 패턴을 보였다. 그렇다면 자연에는 어떠한 규칙도 존재하지 않는 것일까? 우리가 사는 세상은 예측이 불가능한 카오스에 의해 지배되고 있는 것일까?

리처드슨의 논문에서 힌트를 얻은 만델브로는 1967년 영국의 과학잡지 《사이언스(Scienc)》에 「영국을 둘러싸고 있는 해안선의 총 길이는 얼마인가(How long is the coast of Britain)?」라는 논문을 발표해 혼돈 속의 규칙에 대한 해답을 내놓았다. 영국의 해안선 길이는 어떤 단위로 재느냐에 따라 얼마든지 달라질 수 있는 '프랙탈(Fractal)'의 세계임을 증명해낸 것이다. 해안선의 길이는 측정 불가능한 것이었지만 여기에는 숨은 규칙이 있다.

울퉁불퉁한 바위로 이뤄진 해안선의 길이를 재기 위해 바위를 단계적으로 확대해 들여다보자 마치 나뭇가지처럼 비슷한 모양이 계속 반복되었다. 구불구불한 해안선에서 일부 지역을 확대하면 전체 해안선과 유사한 모습이 관찰되었다. 그는 이처럼 같은 모양이 반복되는 구조를 프랙탈이라고 부르기 시작했다. 만델브로가 프랙탈 구조를 이용해 계산한 해안선의 길이는 놀랍게도 '무한대'였다. 이것은 공간이 정수라는 기존 수학의 개념을 철저히 부숴버린 발견이었다. 프랙탈은 '부서진'이라는 뜻의 라틴어 '프랙투스(Fractus)'에서 따온 신조어로 공간의 개념을 재정의한 만델브로가 정수가 아닌 카오

: 만델브로가 창시한 프랙탈 이론. 언제나 부분이 전체를 닮는 '자기 유사성'과 무한 반복의 '순환성'을 특징으로 갖는 형상을 일컫는다.

스 차원의 세계를 설명하기 위해 만든 말이다.

프랙탈은 혼돈, 즉 카오스에 내재한 질서 구조이자 그것을 묘사할 수 있는 언어였다. 카오스가 복잡하면서도 그 속에 하나의 질서를 지니는 것은 프랙탈이 있기 때문이다. 프랙탈은 고사리와 같은 양치류 식물에서 볼 수 있듯, 부분이 전체를 닮은 모양을 하고 있으면서 이런 과정을 끊임없이 반복하는 특징을 지니고 있다. 정리하자면 카오스의 세계를 풀어내는 단서는 다음의 두 가지인 셈이었다.

첫째, 자기 유사성(자기와 비슷한 것을 만든다)
둘째, 순환성(위의 일을 계속 반복한다)

만델브로는 이 두 가지 성질을 만족하는 복소수(Complex Number, 실수와 허수의 집합으로 이뤄지는 수)를 컴퓨터를 이용해 계산해보았다. 그러자 컴퓨터 화면 가득히 풍뎅이와 비슷한 모양이 나타났다. 그 풍뎅이를 수십 배 확대했더니 여러 모양이 나타나다가 다시 풍뎅이 모양이 나타났다. 다시 수십 배 확대하자 풍뎅이 모양이 또 나타났다. 부분을 확대했더니 전체가 나타난 것이다. 작은 부분 하나를 확대해보면 전체의 모양을 담고 있는 현상은 해변은 물론 섬 같은 지형을 비롯해 성게나 공룡 등에도 적용되었다. 다시 말해 우주 삼라만상의 모습이 이와 같았던 것이다. 자연의 모든 부분 속에는 전체가 담겨 있었다. 실례로 나무를 형성하고 있는 나뭇가지들 중 어느 부분을 선택해 확대해도 전체 나무 모양과 같은 모양을 얻을 수 있다. 이러한 성질이 '자기유사성'이며 전체 나뭇가지에 걸쳐 이것이 무한히 반복되고 있는 '순환성'을 가진다. 아름다운 눈송이의 구조나 우주의 신비스러운 모습, 하천의 흐름, 산맥의 지형, 너울이 밀려오는 해안선의 모습 그리고 새하얀 뭉게구름의 형상 등 우리 주변의 모든 것들 속에 프랙탈 구조가 들어 있는 것이다.

이런 현상은 'Z = Z² + C'라는 아주 간단한 수학식에서 출발한다. 여기서 Z와 C는 복소수다. 광활한 우주와 아무도 상상할 수 없었던 기상천외한 많은 것이 이 간단한 수식으로 설명되는 것이다. 만델브로는 컴퓨터를 이용해 이것을 만델브로 집합이라는 그림으로 만들었고 앞서 설명했듯이 납작하게 눌린 벌레의 가장자리에 수많은 촉수가 달린 풍뎅이와 같은 모습이었다. 정사각형이나 정삼각형, 원

같은 순수한 기하학적 형태와는 거리가 먼, 뚜렷한 유기적 형태였다. 만델브로가 대단한 것은 프랙탈이란 개념만 밝혀낸 것이 아니라 이 개념이 적용될 수많은 분야를 개척한 선구자이기 때문이다. 경제학, 정보과학, 물리학, 생리학, 컴퓨터 그래픽 등 순수 수학을 벗어난 여러 곳에 프랙탈을 적용했으며 '만델브로 집합' 등에서 보이는 패턴은 포스트모던 예술에도 큰 영향을 미쳤다. 프랙탈 구조는 자연물뿐 아니라 수학적 분석, 생태학적 계산, 위상공간에 나타나는 운동 모형 등 곳곳에서 발견되어 자연이 가지는 기본적인 구조라는 사실도 깨닫게 되었다.

만델브로는 프랙탈 구조를 적용해 불규칙하며 혼란스러워 보이는 현상을 배후에서 지배하는 규칙을 찾아낸 것이다. 이제 프랙탈 구조는 혼란스러워 보이는 현상을 설명하는 새로운 언어로 등장하게 되었다.

불규칙해서 측정이 불가능하다고 여기는 사람의 심장박동에서도 프랙탈이 나타났다. 일반적인 생각과 달리 건강한 심장일수록 일정한 시간 간격으로 뛰지 않고 불규칙적으로 박동한다. 다양한 환경에 대응해 온몸에 혈액을 공급하는 속도를 그때그때 조절하는 본능적인 보호 작용인 셈인데 이것 또한 프랙탈적인 규칙에 지배되고 있다. 인간의 몸 자체도 프랙탈로서 뇌를 비롯한 인체의 모든 부위가 프랙탈적인 구조로 되어 있다. 우리 몸의 작은 세포 속에 있는 DNA에는 우리 몸 전체의 정보가 저장되어 있어 자신과 닮은 2세가 태어나는 것도 같은 이치다. 태양계에서 지구가 태양을 중심으로 공전하는 것처럼 원자의 세계로 들어가면 원자핵 주위로 전자가 도는 것과 같은 현상이다. 작은 부분에 전체가 숨어 있는 것이다.

놀라운 것은 프랙탈 이론을 제창한 만델브로가 이런 업적을 이뤘음에도 수학계의 경멸스러운 이단아로 취급받았다는 사실이다. 만델브로는 너무나 단순한 아이디어로 기존의 수학과 기하학이 만들어낸 정통 관념을 뒤엎고 전 우주의 모든 설계를 설명했다. 이것은 단순히 생물학적 설계뿐 아니라 인간이 관계된 모든 설계에 해당되었다. 프랑스 수학자들은 만델브로의 발견에 등골이 서늘해졌지만 주류에서 소외당하던 비주류 수학자의 이론을 순순히 받아들이지 않았다. 만델브로는 결국 프랑스를 떠나 뉴욕 IBM 연구소에서 지적 망명자로 세월을 보내야 했다. 부분적으로는 돈 때문이기도 했지만, 무엇보다 IBM은 만델브로가 무엇을 하든 원하는 대로 연구하도록 두었다.

프랙탈 이론의 진가가 세상에 알려진 것은 25년 전 만델브로가 집필한 『자연의 프랙탈 기하학(The Fractal Geomatry of nature)』이 출간되면서부터다. 예술가들에게 이 책이 널리 알려지면서 미학이나 건축 혹은 산업계 종사자들 사이에서도 연구 모임이 생겨났다. 인간의 모든 장기와 DNA를 설명하는 데도 적용되었기 때문인지 만델브로에게 의학교수 자리를 제의하는 일까지 생겼다. 때마침 도래한 컴퓨터 시대가 만델브로의 원리를 갖가지로 응용해 보이면서 상아탑에서 외면받던 만델브로는 역사상 가장 영향력 있는 수학자의 반열에 올랐다.

만델브로의 프랙탈은 이 책이 궁극적으로 밝혀내고자 하는 자수성가의 비밀과도 맞닿아 있다. 평범했던 한 사람이 인라이어가 되기까지는 수많은 변수가 존재한다. 성공은 복잡계 속의 혼돈이라는 어머니가 낳은 자식이다. 그래서 결과를 놓고 이유를 따져보면 성공한 사람은 그 자체로도 평범하지 않았으며 수많은 변수 가운데 운 좋게도 적절한 타이밍과 환경이라는 변수를 만난 아웃라이어였다는 결론을 내릴 수도 있다. 그런데 프랙탈 구조가 혼돈 속의 질서를 찾아냈듯이 성공이라는 현상 그 자체에서 나타나는 공통적인 요소 중에서 가장 본질적인 공통의 요소를 발전시켜보면 어떨까?

인라이어가 된다는 것은 우리가 삼각형과 사각형 그리고 원을 통해 세상을 이해하려는 시도를 버리고 이 세상에 세 면이 똑같은 삼각형 따위는 존재하지 않음을 깨달아가는 과정이다. 만델브로가 공간이 정수라는 기존의 관념을 프랙탈을 통해 철저히 부숴버렸듯이 성공한 사람들에게는 특별한 기회가 주어졌다는 기존의 성공 공식은 이제 부서져야 할(fractus) 것이다.

결론은 변수에 의해 좌우되지 않는다

오늘날 자수성가는 전혀 다른 각도에서 논의되어야 한다. 자수성가는 복잡한 변수가 존재하는 혼돈의 세계에서 공통적으로 나타나는 프랙탈의 다른 이름인 것이다. 혼돈의 세계는 '언제 어디서 태어났는가' 같은 변수에 의해 좌우되기도 하지만 그렇다고 해서 결과가 바뀌는 것은 아니다. 작은 변수 몇 가지가 결과를 좌우했다는 생각은 결과를 놓고 원인을 찾기 때문에 일어나는 착각에 지나지 않는다. 그 좋은 예로《네이처》,《뉴사이언티스트》의 편집장을 역임한 과학 전문 기자이자 네트워크 과학을 선도하는 대표적인 물리학자 중 한 사람인 마크 뷰캐넌(Mark Buchanan)은 『세상은 생각보다 단순하다(Ubiquity)』에서 제1차 세계대전을 일으킨 아주 작은 역사적 사건을 이론물리학적 통찰로 풀어냈다. '역사상 가장 유명한 최악의 점화'라고 불리는 이 사건은 1914년 6월 28일 오전 11시, 화창한 여름날 아침에 일어났다.

승객 두 사람이 탄 자동차가 길을 잘못 드는 바람에 비좁은 통로를 지나 막다른 골목을 만났다. 복잡한 도심에서 흔히 벌어질 수 있는 대수롭지 않은 실수였다. 그런데 이날 이 자동차 운전사가 저지른 실수는 수천만 명의 목숨을 앗아갔고, 세계사의 진로를 바꿔놓았다. 북경에 있는 나비의 날갯짓 한 번이 뉴욕에 쓰나미를 몰고 온다는 '나비효과'가 그 실체를 드러내는 순간이었다. 이 자동차는 불행하게도 열아홉 살의 세르비아계 보스니아 학생 가브릴로 프린시프 앞에 멈춰 섰고, 세르비아 테러 조직 '검은 손'에 소속되어 있던 프린시프는 눈앞에 다가온 행운을 놓치지 않았다. 그는 호주머니에서 작은 권총을 꺼내 방아쇠를 두 번 당겼고, 차 안에 있던 오스트리

: 세르비아 황태자 부부 암살

아-헝가리 제국의 프란츠 페르디난트 대공과 소피 대공비가 30분 만에 숨졌다. 이후에 벌어진 일들은 우리가 알고 있는 대로다. 오스트리아는 이 암살 사건을 세르비아 침공의 빌미로 삼았고 독일이 오스트리아 편에 서자 세르비아의 보호를 공언하고 있던 러시아도 가만히 있을 수 없게 되었다. 단 30일 만에 국가들 사이에 실타래처럼 얽힌 위협과 동맹의 연쇄 반응으로 거대한 군대가 동원되었다. 그리고 오스트리아, 러시아, 독일, 프랑스, 영국, 터키는 죽음의 매듭으로 엉켜버렸다. 이것이 제1차 세계대전이 시작된 이유이며 5년 뒤 1,000만 명의 목숨이 사라진 뒤에야 이 전쟁은 끝이 났다. 그 후 유럽은 잠시 불안한 평화를 유지하다가 30년 뒤에 또다시 제2차 세계대전이 터졌고 3,000만 명의 목숨이 사라졌다. 마크 뷰캐넌은 단 30년 만에 세계의 모든 것이 침몰하는 파국이 온 것에 대해 의문을 제기한다. 왜 그랬을까? 이것이 모두 운전사 한 사람의 실수 때문이란 말인가?

제1차 세계대전의 발발 원인을 설명하는 학설들은 이 문제를 연구하는 역사가의 수보다 결코 적지 않다는 것이 뷰캐넌의 설명이다. 오늘날까지도 새롭고 중요한 연구 결과들이 속속 나오고 있다. 뷰캐넌은 결과를 좌우한 변수에 대해 설명하는 것이 무의미하다는 결론을 내렸다. 중요한 것은 우리가 인류 역사의 자연적인 리듬을 얼마나 잘 이해하고 있느냐다. 또한 우리가 미래에 대해 대충의 윤곽이나마 파악할 능력이 있는가를 생각해봐야 한다. 유럽 역사에서 1914년 이전은 길고 평화로운 오후 같은 시대였음을 상기할 필요가 있다. 제1차 세계대전의 발발은 그 시대의 역사가들에게는 마치 구름 한 점 없는 하늘에서 설명할 수 없는 무시무시한 폭풍우가 몰아닥친 것과 비슷한 경험이었다. 오늘날의 역사가들이 한참의 시간이 지난 뒤에 제1차 세계대전이 어떤 변수들에 의해 좌우되었는지를 체계적으로 설명해내는 것과는 정반대의 상황이었다. 이것은 모든 인간사가 일이 벌어지고 난 뒤에만 설명이 가능함을 보여준다. 즉 인간사에는 어떤 단순하고 이해 가능한 규칙성이 없다는 반증이다. 그런데 과연 그럴까?

뷰캐넌은 지진과 화재 그리고 주가의 대폭락 또한 제1차 세계대전의 발발처럼 예고 없이 찾아오고, 시간이 지난 뒤에 분석해보면 아주 작은 변수에 의해 좌우됐다고 해석할 수 있음을 밝혀냈다. 역사상 그 어떤 지진과 화재도 예측 가능했던 적은 없다. 현대과학은 엄청난 발전을 거듭하고 있지만 아직도 내일 일어날 지진이나 화재를 예측해내지 못한다는 것이다. 그런데 지진이나 화재, 주가가 폭락한 과거의 예를 가지고 그 리듬을 살펴보면 만델브로가 밝혀낸 프랙탈 구조와 같은 숨겨진 법칙이 보였다. 복잡한 변수에 좌우되고 있는 자연현상이나 역사적 변동 그리고 주가의 움직임은 높이 쌓아 올린 모랫더미의 어딘가에 모래알 한 알이 더해지면 그 모랫더미가 무너져내리는 현상과 같았다. 모래알을 한 알씩 더해가면서 어느 순간에 모랫더미가 무너져내리는지를 실험해봤더니 무너지는 모래알의 수가 두 배로 되면, 사태는 두 배쯤 드물게 일어난다는 법칙이 밝혀졌다. 다시 말해 두 배 큰 사태가 일어날 가능성은 2.14배로 줄어들었다는 것이다. 여기서 모랫더미를 무너뜨린 결정적인 한 알의 모래알을 변수라고 본다면 모랫더미는 그 모래알에 의해 무너진 것이 아니라, 그 모래알과는 상관없이 일정한 리듬을 가지고 무너지는 일을 반복하고 있는 것이다. 결과를 가지고 분석하면 한 알의 모래알이 모랫더미를 무너뜨린 꼴이 되지만, 그 근본원인을 살펴보면 모랫더미는 한 알의 모래알과는 상관없이 일정한 리듬을 가지고 무너지고 있었다. 이는 프랙탈 구조가 우주의 삼라만상에 적용되는 원리와 같다. 우리가 습관처럼 가지고 있는 관점을 바꿔 생각하면 이상하게만 여겨졌던 비밀의 문이 열린다. 문제는 우리가 가진 사고의 틀이었던 것이다. 작은 변수 하나에 의해 움직이는 세상을 이상하게 볼 일이 아니다. 오히려 우리가 가진 인식의 틀이 이상한 것은 아닌지 항상 의심해봐야 한다.

자수성가를 지배하는 기본법칙도 이와 같다. 맨손으로 이뤄낸 모든 성공의 이면에는 기본적으로 프랙탈과 같은 자수성가의 기본법칙이 있어 끝없는 자기복제와 순환을 반복하고 있다. 결코 어디서 태어났으며, 어떤 환경에서 자랐는지 같은 작은 변수들이 한 사람의 성공을 좌우하지는 못한다. 한 사람이 품은 생각, 그가 살면서 연마해온 사고의 틀과 철학, 미래를 내다보는 판단력만이 성공의 세계를 지배하는 근본적인 법칙이다. 이것이 우리가 사는 세상이 복잡하면서도 그 속에 하나의 질서를 지니고 있는 이유다.

이제 자수성가의 비밀은 어느 정도 그 베일을 벗었다. 모두가 불가능하다고 여기는 일을 누군가는 맨손으로 시작한다. 도전에 맞서 응전에 나서는 것이다. 불가능을 넘어 꿈이 이뤄지는 이유는 그 사람이 품은 하나의 생각에서 비롯되며, 그것이 프랙탈 구조처럼 끊임없는 자기복제를 이루는 과정에서 미래를 내다보는 판단력이 연마된다. 이것이 인라이어가 탄생하는 과정이며 이 과정을 통해 인라이어들은 다른 사람들과 차별화되는 자기만의 철학을 세운다. 한 치 앞을 내다보기 어려울 만큼 수많은 변수가 존재하는 복잡계일지라도 인생의 기준을 스스로 설정한 사람들은 이미 자신의 삶에서 주인이 된 셈이다. 이들의 시작은 미약했을지 몰라도 그 끝은 창대해진다. 인라이어들이 자수성가를 이뤄내는 이유는 사실상 간단하다. 마크 뷰캐넌의 통찰대로 세상이 생각보다 단순하다는 것이다. 또 다른 단순한 사실 하나는 바로 사람은 자신이 설계한 게임에서는 좀처럼 패배자가 되지 않는 법이라는 점이다.

따라서 남들이 생각하는 방식의 성공을 이루지 못했다고 좌절할 필요가 없다. 대기업에 취업하거나 세상이 마련해놓은 그럴듯한 일자리를 잡는 것만이 성공은 아니다. 그런 성공은 남들의 생각을 추종했을 때만 유효하며 너무나 다양하고 복잡한 변수에 의해 지배된다. 인라이어가 된다는 것은 경쟁의 질서 안이나 바깥에 머무는 것이 아니다. 오히려 그 위에 서서 스스로 룰을 만드는 것이다.

다음으로 살펴볼 고영테크놀러지의 고광일 대표가 바로 그런 사람이다. 그는 전 세계 기술자들이 불가능하다고 손을 놓고 있던 분야를 맨손으로 개척해낸 또 한 명의 인라이어이다.

모두가 불가능하다고 하는
일이 이뤄지는 이유

우리나라가 한창 기술개발에 박차를 가하던 1980년, 로봇 연구를 시작한 사람이 있었다. 고광일 대표가 그 주인공이다. 당시 국내에는 로봇에 대한 지식은 물론 기술 자체가 전무하던 시기였다. 청년 고광일은 로봇을 연구해보겠다는 일념으로 금성사(현 LG전자) 로봇 연구팀에 입사했지만 막상 연구소에는 과장도 부장도 로봇에 대해 아는 사람이 없었다. 아는 사람도, 가르칠 사람도 없는 상황에서 매일 자체 세미나를 통해 하나둘씩 로봇에 대해 알아나가는 것이 그가 맡은 일이었다. 그런데 이런 척박한 환경이 오히려 그의 의지를 불타오르게 하는 원동력이 되었다. 그 결과 당시 기술로는 획기적인 '5관절 로봇'을 개발해냈고, 이 소식이 청와대까지 전해져서 당시 대통령의 부름을 받았다.

청와대가 깜짝 놀랄 만한 것을 보여주고 싶었던 그는 밤새 고민을 거듭했다. 한참 고민하던 중 무릎을 탁 치는 아이디어가 떠올랐다. 당시 정권의 캐치프레이즈였던 '선진한국'을 로봇이 붓으로 써보이는 것이었다. 예상은 적중했다. 대통령은 붓글씨 쓰는 로봇을 보고는 크게 감탄했다. 그러나 기쁨도 잠시였다. 산업화가 급속도로 이뤄지던 한국은 국가적인 차원에서 신기술에 대한 지원을 아끼지 않았지만 로봇 기술을 산업화하기 위한 기반은 전무했다. 자체적으로 연구하기에는 한계가 금방 드러났다. 그는 '누군가 해야 할 일이라면 내가 나서서 선진문물을 배워오겠다'는 각오로 과감하게 사표를 던지고 유학길에 올랐다.

그는 미국 피츠버그대학에서 공학박사 과정을 공부하며 한국에서 그토록 목말라했던 로봇에 대한 지식과 선진국의 노하우를 배우며 많은 경험을 쌓았다. 하지만 학위를 받고 나자 미국에 머물기보다는 다시 한국으로 돌아가야겠다는 생각이 절실해졌다. 미국에 정착한다면 좀 더 편안하고 안정된 삶을 영위할 수 있겠지만 그는 로봇 기술이 척박한 우리나라에 조금이라도 도움이 되고 싶었다. 그래서 다시 한국으로 돌아와 LG산전(현 LS산전)의 산업기계 개발부서에 들어갔다.

"당시엔 일본과의 기술 격차를 줄이는 데 온 힘을 다했습니다. 팀원들과 밤새도록 일하며 가장 개발이 어렵다고 알려진 마운터(전자부품 자동 장착기)에 도전했는데 우리 기술로는 불가능하다고 여겼던 분야였어요. 하지만 팀원들의 노력 끝에 일본에서 제품이 나오면 1~2년 안에 유사제품을 선보이는 수준까지 끌어올릴 수 있었죠."

복병은 다른 데 있었다. 연구팀에서 아무리 기술수준을 높여봐도 사업부에서 막혀 번번이 좌절되었다. 엎친 데 덮친 격으로 해당 사업 분야에 대한 지원이 끊겨 벤처회사인 미래산업으로 직장을 옮겼다. 그렇게 제2의 로봇 개발 인생이 시작되었다.

우여곡절 끝에 자리 잡은 새 직장은 정문술 회장이 이끌던 우리나라 첨단산업의 본거지이자 그와 같은 연구원에게는 천국과도 같은 곳이었다. 정문술 회장은 그의 연구개발을 모든 분야에서 전적으로 지원해주었다. 그 결과 당시 130명까지 늘어난 연구소 인원들이 개발에 전념했고 일본의 마운터에 비해 부피는 5분의 1로 줄이면서 시간당 작업 횟수는 비슷한 제품을 개발하는 눈부신 성과를 이뤘다. 그런데 이것은 또 다른 시련의 시작이 되었다.

"그때 개발한 마운터 제품이 아직 팔리지도 않은 상태에서 세계적 권위가 있는 '비전 어워드 2000년 최고의 제품상'까지 받았습니다. 미래산업이 마운터 업계의 트렌드를 바꿔버렸다고 평가받을 정도로 뛰어난 업적이었죠. 제품 출시 첫해에 750대가량이 판매돼 세계 4위까지 오르기도 했어요. 그런데 기술에만 치중했던 게 잘못이었다는 것을 뒤늦게 알았습니다. 사용자 기술이 너무 앞서 가는 장비었기 때문에 시장이 이를 따라오지 못하는 상황이 벌어졌어요. 초기 시장에 너무 빠르게 치고 나가다가 위기에 봉착하고 만 것이죠."

엔지니어로서 연구만 하던 그의 한계가 드러난 것이다. 시장이 무엇을 원하는지 무심했을 뿐 아니라 고객의 요구에 귀 기울이는 법도 몰랐던 것이다. 그때가 마흔을 훌쩍 넘은 나이였지만 그는 새로운 도전을 하기로 결심했다. 지금이야말로 내 사업을 할 때라는 생각이 들었다. 그래서 또다시 사고를 쳤다. 남들이 보기에 안정된 직장을 박차고 나와 금성사와 LG산전 시절부터 인연을 맺은 동지들과 뜻을 모아 2002년 고영테크놀러지를 세웠다.

'내 손으로 세계 최고의 기술을 가진 세계 일류 기업을 만들어보겠다'는 생각 끝에 내린 결정이었다. 시작은 그야말로 미약한 수준이었다. 최소한의 자본금을 가지고 기획, 재무, 영업 등을 맡을 동료 세 명과 함께한 작은 회사에 불과했다. 더욱 놀라운 것은 아이템을 정하지 않고 사업을 시작했다는 점이다. 고 대표가 오늘날의 고영테크놀러지를 세계 1위의 기업으로 우뚝 세운 사업 아이템을 개발해낸 과정은 십수 년간 연구원 생활을 하며 쌓은 노하우가 고스란히 배어 있다.

"머릿속에 창업 아이템으로 하면 좋겠다 싶은 분야가 아주 없었던 건 아니었어요. 그렇지만 연구원으로서의 오랜 경험이 오히려 독이 되는 게 아닐까 조심스러웠죠. 미래산업에서처럼 시장을 고려하지 않고 기술만 앞서 가는 제품을 만들어낼 위험을 항상 경계해야 했으니까요. 그래서 처음엔 연구원 생활을 하면서 인연을 맺은 대기업 담당자를 3개월 동안 찾아다니며 어떤 제품을 원하는지 조사에 들어갔죠. 만나는 대기업 담당자들마다 'PCB(인쇄회로기판)의 납땜 불량을 제대로 검사할 수 있는 장비가 나오면 언제라도 사겠다'는 이야기를 하더군요. 시장에서는 사용이 편리하고 오차범위가 적은 납땜 불량 검사장비를 절실히 원하고 있음을 알았습니다. 모든 전자 제품에서 납땜을 제대로 하지 못하면 제품에 치명적인 불량이 발생하기 때문이죠. PCB 내부에는 수없이 많은 회로가 거미줄처럼 얽혀 있는데 이 회로들이 나오는 구멍마다 좁쌀 크기의 납땜이 되어 있지요. 이 납땜이 PCB 내 회로와 반도체 칩을 연결해주는 구실을 해요. 그래서 납이 적지도 많지도 않게 적절히 발라졌느냐가 중요합니다. 이 작업이 잘못되면 반도체 칩과 연결이 안 되거나 전기가 잘 흐르지 않아 제품 불량의 원인이 되거든요. 당시 PCB 납땜을 검사하는 데 사용된 것은 2차원(2D) 장비들이었어요. 2D 검사장비는 납땜의 면적만으로 납땜 양의 적정성 여부를 검사합니다. 측정시간이 오래 걸릴 뿐 아니라 오차가 심할 수밖에 없었죠. '바로 이거다!' 싶더군요. 3D 방식으로 납땜의 면적과 높이를 측정할 수 있는 장비를 개발하기로 마음먹었습니다."

일단 사업 아이템이 정해지고 나자 엔지니어 11명이 모여들었다. 그때부터 고 대표는 기술 개발에는 누구에게도 지지 않겠다는 자신감으로 그를 믿고 따라온 최고급 엔지니어들과 함께 7개월 동안 밤을 새워가며 3D PCB 검사장비 개발에 매달렸다. 기존 장비의 문제점으로 지적되던 그림자 문제가 처음으로 부딪힌 기술적 난관이었다. 그림자 문제란 입체 구조물에 빛을 쪼였을 때 그림자가 발생해 측정 데이터와 실제 값에 오차가 발생하는 현상이다. 그때까지만 해도 이에 대한 해결 방안은 없는 것으로 알려져 있었다. 의욕에 넘쳐 3D 검사장비를 만드는 데 착수한 동료 엔지니어들조차 100% 해결은 어렵다며 난색을 표했다. 하지만 그는 '불가능'이라는 생각 자체를 하지 않았다. 그는 연구원 시절에도 모두가 안 된다고 하는 문제들만 도맡아 했던 사람이다. 그의 머릿속에는 이미 미래를 내다보는 판단을 할 수 있도록 체계적인 정신근육이 만들어진 지 오래였다. 그런 그에게 지금까지 불가능은 없었다. 문제를 하나하나 해결해나가고자 매달리다 보면 마침내 방법이 보였다.

2003년 2월 마침내 탄생한 제품이 바로 KY-3030이다. 세계적으로 PCB 납땜 3D 검사장비를 개발한 회사가 몇 곳 안 되는데 고영테크놀러지가 고작 7개월 만에 이 기술을 개발한 것이다.

"당시 이 분야에서 국내외시장을 장악한 세계 1위 기업은 미국의 사이버옵틱스였습니다. 그런데 고영이 단기간에 개발해낸 제품은 사이버옵틱스의 검사장비가 가진 단점들을 보완한 것이었죠. 무엇보다 품질에 대한 확신이 있었기에 국내시장부터 공략하기 시작했죠. 국내 유수의 대기업들이 사이버옵틱스와 고영의 제품을 생산라인에 직접 배치해 성능을 시험해본 뒤 고영의 제품을 선택했어요. 한 대 가격이 2억 원 안팎인 고가의 장비였지만 주문이 물밀듯이 밀려들기 시작했죠. 이에 힘입어 곧바로 세계시장 공략에 나섰는데 결과는 생각만큼 좋지 않았어요."

문제는 제품이 우수한 데 비해 막 창업을 한 고영테크놀러지의 인지도가 너무 낮다는 데 있었다. 한국의 신생 벤처기업이 만든 제품이 당시 1위 업체인 미국 사이버옵틱스의 장비보다 월등히 우수하다는 사실을 해외 업체들이 직접 보고도 믿지 못하는 상황이 벌어진 것이다. 부푼 가슴을 안고 2003년 열린 대만 전시회에 참가했던 고영테크놀러지가 예상외의 고배를 마신 이유였다. 하지만 시련은 오래가지 않았다. 곧이어 2003년 11월 독일 뮌헨에서 열린 전시회에서 고영테크놀러지의 기술력을 알아본 유럽 최대의 전자제품 회사가 제품을 주문했다. 그 덕분에 이 전시회에서 수십 대를 한꺼번에 수주하는 성과를 올렸다. 유럽 시장을 석권하고 나니 미국 시장 공략은 한결 쉬웠다. 미국의 사이버옵틱스가 제품 가격을 낮추면서까지 고객사들을 잡으려 애썼지만 그들이 원한 것은 가격보다는 높은 성능이었다. 가격이 20% 정도 싼 사이버옵틱스 대신 고영테크놀러지의 장비를 주문하는 기업이 줄을 잇기 시작했다.

"이제 고영은 사이버옵틱스를 제치고 이 분야에서 세계 1위의 기업이 되었습니다. 현재 세계 휴대전화 제조업체 가운데 네 곳과 세계 5대 자동차 전자부품 제조업체 가운데 네 곳 그리고 세계 최대 PC 제조업체 등이 고영테크놀러지의 고객사가 되었어요. 생산성과 직결되는 제품이다 보니 장비를 구매하는 기업들이 이를 회사 기밀로 삼고 있기 때문에 계약서상에도 '장비 구매 사실을 외부에 알리지 않는다'는 조항이 들어갑니다. 그래서 자세히 밝힐 수는 없지만 이름만 대면 알 만한 글로벌 기업들이 모두 고영의 고객이 된 지 오래입니다. 앞으로 PCB 납땜 3D 검사장비 시장의 잠재 규모를 10조 원으로 보고 있는 점을 감안하면 고영의 성장 잠재력은 무궁무진하죠."

그가 내다보는 고영테크놀러지의 미래는 눈이 부실 만큼 밝다. 우선 전 세계에 있는 2D 검사장비를 모두 3D로 바꾸는 것이 1차 목표이며 의료영상장비 시장에도 진출해 세계 1위를 하는 꿈을 꾸고 있다.

의심할 여지 없이 고 대표는 인라이어다. 그런데 이것은 고 대표 한 사람에게만 해당되는 이야기가 아니다. 고영테크놀러지 전체가 주인의식으로 똘똘 뭉친 인라이어 집단이다. 만델브로의 프랙탈 이론은 고영테크놀러지에도 적용된다. 고영의 직원 하나하나가 회사 전체의 축소판이며 끊임없는 자기복제와 순환을 통해 회사를 세계 초일류 기업으로 키워나가고 있다. 실제로 고영에서는 직원 한 명이 혼자 장비 한 대를 처음부터 끝까지 책임지고 제작한다. 직원 한 명 한 명이 대표이사와 같은 책임감과 주인의식을 가지고 같은 꿈을 꾸며 세계 초일류 기업을 향한 여정을 함께하고 있는 것이다. 글로벌 대기업들을 무릎 꿇게 할 최고의 제품을 만들어보겠다는 철학과 주인의식으로 뭉친 사람들이기 때문에 모두가 불가능하다고 여겼던 일을 현실로 이뤄냈다. 자수성가를 지배하는 네 가지 법칙은 고영테크놀러지에서도 빛을 발한 셈이다. 그들은 남들이 하는 대로 따라가기를 거부하고 스스로 사업의 기준을 세웠다. 그 결과 자신이 설계한 게임의 승자가 되었다.

성공에 대한 최고의 역설

가진 것이라고는 코피가 나도록 달리는 의지와 앞날을 내다보는 판단력뿐이었던 영업사원이 우리나라에서 가장 영업이익률이 높은 제약회사를 만들어냈고, 곤경에 빠진 어머니를 도와 허허벌판에 휴게소 사업을 일으킨 한 젊은이는 우리나라에 존재하지 않던 온라인 쇼핑의 세계를 열어 벤처 신화의 주인공이 되었다. 그뿐 아니라 수입품을 들여와 팔며 쌓은 안목으로 시작한 작은 주방용기 업체는 오늘날 타파웨어나 러버메이드 같은 글로벌 기업과 어깨를 나란히 하는 세계적인 기업이 되었다. 그 누구도 팔아본 적 없는 '날씨'를 팔겠다고 나선 한 공학도의 꿈은 당시엔 비웃음거리였지만 이제는 더 나은 세상을 만들어가는 선도적인 산업으로 자리 잡았다. 주인의식으로 똘똘 뭉쳐 더 가치 있는 일을 꿈꾸었던 한 영업사원은 코스메슈티컬 산업이 전무했던 우리나라에 최초로 제약과 화장품이 결합된 새로운 세계를 열었고, 누구도 잘 될 거라 생각지 않았던 구석진 시장 골목의 한 식당은 오늘날 대표적인 국민 음식점 프랜차이즈가 되었다. 모두 불가능하다고 포기했던 3D 검사장비를 상상을 초월하는 초일류 수준으로 만들어낸 주인공은 불가능을 믿지 않았던 작고 이름 없는 중소기업이었다.

우리는 이 책을 통해 영화나 드라마의 단골 소재로 쓰일 법한 기적 같은 이야기들에 몇 가지 공통점이 있음을 배웠다.

첫 번째로 성공한 사람들에게는 '그릿'이 있었다. 목표를 향한 꾸준한 정진 없이 성공한 사람은 없다. 이 원칙은 자수성가는 물론 모든 성공한 사람들에게서 발견되는 기본적인 전제조건이다. 꿈은 그것이 나와는 상관없다고 마음먹는 순간부터 한낱 백일몽으로 그치고 만다. 내 생각대로 나와는 거리가 먼 이야기가 되어버리는 것이다. 그러나 꾸준히 포기하지 않고 한 분야에 매진한 사람에게 그 꿈은 어느 순간 생생한 현실로 바뀐다. 골프 황제 타이거 우즈를 꺾은 것은 제주도 출신의 우직한 섬 사람 양용은의 포기를 모르는 꾸준한 정진이었다.

두 번째 공통점은 시련이다. 태초의 인류부터 현대에 이르기까지 성공은 결코 환경과 기회의 완벽한 조합 속에서 탄생하지 않았다. 오히려 흙탕물로 범벅이 된 진흙 속에서만 눈부신 연꽃이 피어났다. 새로운 역사는 언제나 도전에 응전하는 사람들의 몫이었음을 기억하자. 인라이어들은 응전을 통해 성공의 문을 힘차게 열어젖혔다.

이때 필요한 것이 세 번째 공통점인 미래를 내다보는 판단력이다. 이것은 배워서 되는 것도 아니고, 노력의 산물만이라고도 할 수 없는 속성을 지닌다. 인라이어들은 도전에 응전하는 과정에서 기회를 발견했다. 성공이란 누구에게나 주어지는 기회의 다른 이름이다. 똑같은 정보가 주어지는데도 누군가는 성공의 기회를 발견하며 다른 누군가는 평생토록 아무것도 눈치 채지 못한다. 전 세계에서 발견되는 아르키메데스의 후예들은 바로 그 기회를 발견한 사람들이다. 연봉 100만 달러가 넘는 직장을 박차고 나와 이 세상에 존재하지 않던 온라인 서점을 만든 아마존의 제프 베조스가 그랬고, 당시엔 잘나가던 공학도의 헛발차기로밖에 보이지 않았던 날씨정보 산업을 시작한 케이웨더의 김동식 대표가 그랬다. 사람들이 원하는 것은 '잠그고 또 잠글 수 있는' 완벽한 밀폐용기임을 알아본 락앤락의 김준일 대표도 마찬가지다. 이들은 무엇이 성공으로 가는 기회인가를 알아볼 수 있는 잣대인 미래를 내다보는 판단력을 연마해낸 사람들이었다. 이는 공부를 하듯 배울 수는 없지만 끊임없는 모방과 체계적인 훈련을 통해서 연마할 수는 있는 능력이다.

여성으로서는 세계 최초로 체스 그랜드 마스터가 된 수전 폴가가 그 좋은 예다. 폴가는 남성들만의 세계로 여겨지던 체스계에서 기록적인 우승을 거머쥐었다. 오늘의 그녀를 만든 것은 여섯 살 때부터 시작된 체스 훈련이었다. 폴가는 보통 사람들이 상대방의 얼굴을 인식할 때 쓰는 뇌의 부위를 사용해 수십만 가지의 체스 수를 인식한다. 우리 시대의 인라이어들이 마치 타임머신을 타고 미래에 다녀온 것 같은 판단력으로 승승장구하며 회사를 이끌어나가는 원동력도 마찬가지다. 일반인들에게 케이블 수준의 인터넷 연결망이 탑재돼 있다고 가정한다면 그들의 머릿속에는 초고속 광케이블이 전용선으로 깔려 있는 셈이다. 맨손으로 창업한 인라이어들이 비교적 단기간에 자기 분야에서 세계 최고가 되는 이유도 바로 여기에서 찾을 수 있다.

또한 인라이어들은 하나같이 남다른 자기철학을 가지고 사는 사람들이다. 앞서 살펴봤듯이 거듭된 모방과 문제해결 훈련을 통해 쌓은 주관적 사고의 틀로, 사람들이 가진 보편적인 욕구를 만족시킬 만한 결과물을 만들어내기 위해서 가장 필요한 요소가 바로 자기철학이다. 자기철학이 바로 서 있는 사람만이 이해타산이나 당장의 실리 추구에서 벗어나 인류의 보편적 심미안을 충족시키는 최고의 결과물을 만들어낼 수 있다. 이것은 창의성과도 연관되는 진실이다. '내가 할 수 있는 최선을 다해서 더 나은 것을 만들겠다'는 철학이 없이는 우리 내면의 지니어스 요정과 만날 수 없다.

여기서 얻을 수 있는 교훈은 매우 단순하다. 하지만 놀라우리만치 간과되고 있는 것이기도 하다. 바로 성공을 이뤄낸 사람들은 그 자체로 아웃라이어인 동시에 인라이어라는 점이다.

2007년 『블랙 스완』이라는 저서를 통해 서브프라임 모기지 사태로 야기된 사상 초유의 연쇄적 경제위기를 예언한 탈레브의 이야기를 들어보자. 그의 혜안은 비단 주식시장이나 경제적인 문제에만 머무르지 않는다. 그는 『블랙 스완』에서 우리가 이야기하는 성공의 대다수가 운에 좌우됨을 밝혀냈다. 탈레브에 따르면 성공이란 복권에 당첨되는 원리와 같은 것이다. 운은 준비된 사람에게 유리하게 작용한다. 열심히 일하고, 시간을 잘 지키며, 끈기와 인내를 발휘하는 전통적 방식을 따르면 성공에 도움이 된다. 그러나 이런 요소들이 반드시 성공을 보장하지는 않는다. 이것은 복권에 당첨되려면 기본적으로 부지런히 복권을 사러 나가서 가능한 한 많은 양의 복권을 정기적으로 사야 하는 것과 같은 이치다. 전통적 방식이 필요한 것이다. 하지만 복권방에 가서 복권을 사는 행위 자체가 복권 당첨을 의미하지는 않는다. 행운은 무작위로 당첨자를 만들어낸다. 복권을 사러 나가는 것은 성공의 관점에서 볼 때는 필요조건에 불과하다. 그 행위 자체가 복권에 당첨되기 위한 충분조건은 될 수 없는 것이다. 그래서 성공한 사람들은 아웃라이어였다는 분석이 가능해진다. 성공한 사람들은 정기적으로 복권을 사러 나갈 만큼 부지런했다. 하지만 그것이 전부다. 복권 당첨의 기회는 가장 부지런한 사람이 독차지하는 것이 아니다. 복권을 살 만큼의 부지런함만 있다면 행운은 확률에 따라 분배된다. 복권에 당첨된 사람이 왜 자신이 당첨됐는지를 제대로 설명할 수 없는 것처럼 성공한 사람들도 왜 자신이 성공했는지를 제대로 설명할 수 없다.

우리가 생각하는 것과 달리 성공은 노동의 양과 비례하지 않는다. 신문의 1면을 장식하는 성공한 사람들이 제빵사나 치과의사와 같이 노동한 만큼 수입을 얻게 되는 직업에 종사하는 경우는 없다. 이들의 직업은 주로 아이디어를 파는 것이다. 해리포터의 작가 조앤 롤링처럼 무명작가가 하루아침에 수백만 부의 책을 팔아치우는 일이 생긴다. 이 경우 작가는 독자 한 사람 한 사람을 위해 똑같은 책을 써서 바칠 필요가 없다. 한 권의 책으로 추가적인 노동 없이 열 배, 백 배, 수천 배의 수입을 올리게 된다. 우리 시대 최고의 부자이면서 성공한 사람인 워런 버핏과 빌 게이츠도 마찬가지다. 그들의 노동은 그들이 벌어들이는 수익과 비례하지 않는다. 주식 트레이더나 벤처 사업가들의 경우도 마찬가지다. 오늘도 신문 1면에는 기발한 아이디어로 수백억 원을 벌어들인 사람들의 기사가 실린다. 그들은 모두 노동의 양과 비례하지 않는 성공을 거둔 사람들이다.

우선 적절한 시기에 태어나야 하고, 자신의 재능에 걸맞은 꿈을 가지고 노력해야 하며, 주변 사람들이 어떻게 보든지 신경 쓰지 않고 실패를 거듭하더라도 자신이 원하는 것을 밀고 나갈 줄 알아야 한다. 이외에도 수많은 사회적 변수, 시대와 경제 상황 등이 복합적으로 작용하게 된다.

탈레브가 이런 생각을 하게 된 것은 그가 젊은 시절 투자은행 퍼스트보스턴(First Boston)에서 일하면서 확률과 위험에 대해 배웠기 때문이다. 월스트리트의 수많은 트레이더 중 한 명이었던 그의 주변에는 백만장자들이 넘쳐났다. 월스트리트는 벼락부자들을 찍어내는 공장과도 같았다. 그 반면 탈레브는 비록 눈앞에 이득이 뻔히 보일지라도 하루 만에 큰돈을 벌 수 있는 투자전략은 지양하는 사람이었다. 이런 성향은 그의 개인적인 경험에서 나왔다. 그는 평생 담배를 피우지 않았는데도 10만 분의 1의 확률로 후두암에 걸렸던 경험이 있다. 후두암은 담배를 피우는 사람들이 주로 걸리는 병이다. 다행히 완치되었지만 탈레브에게 그 경험은 뇌리 깊숙이 각인된 경고와도 같았다. 게다가 탈레브는 어린 시절에 조국인 레바논이 6개월 만에 천국에서 지옥으로 변하는 모습을 똑똑히 목격한 사람이다. 그의 가족은 한때 레바논 북부에 커다란 땅을 소유하고 있었지만, 전쟁으로 어느 날 느닷없이 모든 것을 잃고 말았다. 레바논의 부총리를 지낸 그의 할아버지는 말년을 아테네의 누추한 아파트에서 보내야 했다. 흰 백조들만 있던 세상에 홀연히 나타난 한 마리 검은 백조처럼 전혀 상상치 못했던 파국이 어느 날 예고도 없이 닥칠 수 있는 것이 인생이었다. 탈레브는 그 교훈을 자신의 직업인 주식 트레이딩에도 적용했다. 그는 예측하지 못한 시장을 뒤흔드는 무작위적인 사건, 즉 블랙 스완이 존재한다는 가정 아래 투자 철학을 세웠다. 그래서 그에게는 워런 버핏만큼의 자신감이 없다. 그 대신 양방향 매수로 시장이 오르고 내릴 가능성에 돈을 모두 건다. 탈레브의 조심스러운 행보는 결코 영웅적으로 보이지 않는다. 그런데 월스트리트에 홀연히 블랙 스완이 나타난 금융위기 당시에 탈레브 주변의 백만장자들은 하루아침에 길거리로 나앉은 신세가 됐지만 그는 엄청난 수익을 거뒀다. 만반의 대비를 하고 모든 가능성에 배팅을 하고 있던 탈레브에게 블랙 스완은 행운의 길조였던 셈이다.

탈레브의 이야기처럼 성공을 이해하려면 우리는 무엇보다 우선적으로 성공이 그 나름의 대단히 특이하고도 상식을 벗어난 기이한 속성을 가지고 있다는 점을 알아야 한다. 다양한 변수가 존재하는 카오스적인 세상에서 성공은 복권에 당첨되는 것처럼 우리의 행동이나 믿음만으로는 이뤄낼 수 없는 부분이 분명 존재한다. 그 반면 프랙탈 구조에서 볼 수 있듯이 여기에도 공통적인 규칙은 있다. 궁극적으로 맨손으로 일궈낸 성공, 즉 자수성가의 토대가 되는 것은 불굴의 의지인 그릿이며 도전에 응전할 줄 아는 자세다. 이것이 기본이 되어 성공의 불씨가 타오르게 된다. 그런데 그 불씨를 더욱 크고 아름답게 키우기 위해서는 이것만으로는 부족하다. 우리 시대 인라이어들의 이야기는 '미래를 내다보는 판단력'과 '자기철학'이 결합되면 그 어떤 불리한 변수라도 마법처럼 바꿔놓을 수 있음을 보여준다. 평범한 주부였지만 더 나은 세상을 꿈꿨던 마거릿 러드킨, 손님은 한 명도 들지 않고 파리만 날리던 구석진 식당에서도 '내가 할 수 있는 최선을 다해 세상을 바꾸겠다'는 생각을 품었던 놀부의 김순진 회장, 모두가 불가능하다고 했던 기술을 최단 시간에 성공시킨 고영테크놀러지 고광일 대표의 이야기는 한 사람이 품게 된 가치 있는 생각을 꺾을 수 있는 어떤 변수도 존재하지 않음을 깨닫게 한다.

대부분의 사람들은 자기 자신을 평범한 존재라고 생각한다. 그래서 자신의 한계를 스스로 긋고 너무 쉽게 포기한다. 급격한 변화를 맞이하는 것 자체를 무척이나 꺼리며 엄청난 도전 앞에서는 응전을 거부한다. 우리는 모두 살면서 성공을 이루고 싶어 하지만 이것은 우리가 자기 자신이나 서로에 대해 가지고 있는 뿌리 깊은 가정과는 상충되는 일이다. 그래서 성공은 운과 환경의 완벽한 조합이었다는 해석을 덧붙인다. 우리는 환경에 의해 좌우되는 성향이 강하며, 이 세상은 너무나 복잡하고 다양하기 때문이다. 그 결과 인라이어의 존재를 은연중에 무시한다. 자수성가는 아웃라이어의 몫임을 순순히 받아들인다. 그런데 놀라운 사실은 우리가 모두 어떤 의미에서는 아웃라이어라는 점이다. 우리는 사실상 태어날 때부터 행운의 복권에 당첨된 사람들이다. 우리 시대의 가장 성공한 사람 가운데 한 명인 진정한 아웃라이어 워런 버핏이 즐겨 하는 이야기인 '행운의 복권'

에 귀 기울여 보자. 버핏은 이렇게 말한다.

"현재 지구상에는 약 60억 명의 사람들이 살고 있지요. 만약 이들이 모두 한 장씩 복권을 뽑아야 한다고 가정해봅시다. 복권에는 각자 평생 어떤 조건에서 살게 되는지 인쇄돼 있다고 해보죠. 거기엔 성별, 인종, 출생 지역, 태어날 국가, 부모의 이름과 수입 수준 그리고 직업이 적혀 있을 거예요. 그뿐 아니죠. 지능이며 키, 몸무게, 머리카락 색깔은 물론 건강 상태까지 정해져 있죠. 나는 우리가 실제로 이런 복권을 한 장씩 뽑아 들고 태어난 사람들이라고 생각합니다. 당신이 자유로운 나라의 먹고 싶은 것을 먹는 게 어렵지 않은 곳에서 평균적인 지능을 가지고 큰 병에 걸리지 않은 상태로 무난한 부모 밑에서 사랑을 받으며 살 수 있는 조건으로 태어날 확률은 상상을 초월할 만큼 희박합니다. 아시다시피 많은 사람이 행운의 복권을 갖지 못하지요. 우리가 당연히 여기는 조건들은 사실상 굉장한 행운입니다."

버핏의 이야기처럼 이 책을 읽고 있는 독자들 또한 행운의 복권을 한 장씩 뽑은 사람들이다. 세상은 확률에 의해 지배되기 때문에 기회가 있는 동시에 우리를 두렵게 하는 실패의 가능성이 존재한다. 하지만 근본적으로 우리가 자유로운 세상에서 살아 숨 쉬고 있다는 사실이야말로 행운이고 희귀 사건이며 엄청나게 희박한 확률의 사건이자 그 자체로 아웃라이어다. 평생을 블랙 스완을 조심하는 데 바치고 있는 월가의 현자 탈레브도 비슷한 이야기를 한다.

"지구보다 수십억 배 큰 행성에 묻어 있는 한 점 먼지를 생각해보세요. 이 먼지 한 점이 우리가 태어난 확률과 같습니다."

그러니 복잡한 세상 탓, 환경 탓, 운 탓을 하지 말고 우리 한 사람 한 사람이 검은 백조라는 사실을 명심하라고 조언한다. 우리는 모두 태어난 순간부터 검은 백조이자 아웃라이어이기 때문이다. 복잡한 카오스 세계의 변수들도 어쩌지 못하는 유일한 대상이 바로 당신이다. 기회와 환경이 중요한가? 당신에게는 이미 부인할 수 없을 만큼 충분한 자수성가의 토대가 주어져 있다.

'도전과 응전의 법칙'을 기억하는가? 시련은 어떻게 응전하느냐에 따라 그 자체로 축복이 된다. 좌절을 불러오는 것이 아니라 오히려 아웃라이어인 당신이 인라이어로 거듭날 수 있는 기회를 제공한다. 이것은 살아 있는 생명체들에게 필연적으로 해당하는 사실이기도 하다. 우리 몸을 구성하는 모든 세포가 매분 매초마다 외부 환경에 맞서며 영양분의 공급이라는 엄청난 도전에 응전한 결과 생명을 유지하고 있는 것이 인간이라는 존재다. 도전에 대한 응전이 없다면 생명 자체가 유지되지 않는다. 세포가 도전에 응전하기를 멈추고 안정을 찾는 순간은 죽음이 찾아왔을 때뿐이다.

그러니 모든 것은 당신에게 달렸다. 어차피 도전에 맞서야 하는 것이 인생이라면 자신이 살아갈 세상의 룰은 스스로 정하라. 인생의 주인이 되어 스스로 설계한 세상에서 마음껏 꿈을 펼치는 인라이어가 되어보는 것은 어떤가. 당신 안의 지니어스 요정은 바로 그럴 때 당신을 찾아올 것이다.

지금의 내가 그때의 나에게

우리 시대의 인라이어 7명이 젊은 날의 자신에게 보내는 편지글

> **" 사업가는 아무나 될 수 있어도
> 기업가는 아무나 할 수 없다 "**

_경동제약 류덕희 회장

덕희에게

어렸을 때 어른들은 너에게 "커서 무엇이 되고 싶니?"라는 질문을 자주 했지. 너는 대부분 대통령이 되고 싶다고 했고 훌륭한 과학자나 교수가 되겠노라 대답한 적도 많았어. 재미있는 것은 네가 한 번도 "나는 커서 기업가가 되겠다"고 말한 적이 없다는 거야. 그런데 지금의 너를 봐. 당장은 작고 보잘것없을지 몰라도 언젠가는 창대해질 제약기업을 이루기 위해 동분서주하며 노력하고 있어. 무엇이 너를 그토록 열정적으로 만들었는지 너 스스로도 놀라울 때가 많을 거야.

너는 왜 기업가가 되기로 결심한 것일까? 그것은 언제부터였으며 무엇때문에 지금까지도 계속되고 있는 것일까? 앞으로 뼈저리게 깨달을 테지만 지금 미리 말해두고 싶은 것은 기업가로 살아간다는 것은 결코 녹록한 일이 아니라는 사실이야. 어느 정도 돈을 벌고 나면 이제부터는 굳이 기업가로 살 필요는 없겠다는 생각이 들 수 있어. 더는 위험을 감수하며 도전하고 싶지 않고 무거운 짐을 내려놓고 싶은 날이 올지도 몰라. 네가 일궈놓은 기업을 비싼 값을 주고 사가겠다는 다국적기업 등 대기업들의 제안을 받게 될 날도 올 거야. 그럴 때를 대비해 너에게 해주고 싶은 말은 '기업가 정신'을 되새기라는 거야.

기업가는 평범한 일과는 어울리지 않는 사람들이야. 기업가 정신을 가진 사람일수록 다른 사람 밑에서 일하는 것은 불가능해. 왜냐면 너도 잘 알듯이 우리 같은 사람들은 고집이 셀뿐더러 남들이 하지 않는 일을 나서서 하려고 들거든. 기업가는 사업가와는 본질적으로 달라. 우리는 무엇을 하든 그 속에서 가치를 발견할 수 있는 일을 해야만 직성이 풀리는 사람들이야. 주인의식을 가지고 일할 수 없다면 천만금을 준다고 해도 하지 않을 사람들이지. 기업가들은 사람들이 불가능하다고 생각했던 많은 것을 가능하게 만드는 사람들이야. 우리는 개개인이 변화를 만들어낼 수 있는 힘을 가지고 있다는 것을 믿기 때문이지. 왜냐고?

우리는 그런 시대를 살아왔고, 우리 스스로도 그런 일들을 해왔거든. 우리 부모님들, 우리 선조들을 생각해봐. 그들은 가지고 있는 것이 아주 적었어. 무(無)에서 시작했다고 해도 과언이 아니지. 하지만 불가능을 넘어설 수 있다고 믿었고 정말 열심히, 어떻게 하면 더 나은 삶을 살지를 고민했어. 모두를 위해 지금은 많이 힘들지라도 이러한 시련들이 더 나은 성과를 만들고, 보다 많은 사람에게 좋은 일거리를 제공해줄 것임을 알았지. 우리는 새롭게 일할 수 있는 방법을 찾는 사람들이야. 사람들의 생각처럼 돈만을 위해 일하는 사람이 아니야. 만약 그런 목적만 가지고 있었다면 기업을 꾸려나갈 생각은 하지 않았을 거야.

기업가가 되기 위해서는 다양한 자질을 갈고 닦아야 해. 리더십은 물론이고 인내력, 판단력, 협동심, 의지력, 비판을 수용하되 비판에 흔들려서는 안 되며, 언제나 공부하는 자세로 끝없이 배워야 하지. 무엇보다 기업가가 평생을 바쳐 찾아 헤매는 가치는 발전이야. 우리 경제를 더 부강하게 만들고, 발전된 사회를 위해 새로운 방법을 찾아내지. 우리 국민뿐아니라 인류가 더 건강하고 행복해질 수 있는 방법들을 말이야.

그러니 덕희야, 비록 지금은 어려울지라도 너의 꿈을 펼쳐나가는 것을 멈추지 마. 네가 항상 원해왔던 그 일을 시작하게 됐으니 더 높은 이상을 가져. 남들 하는 대로 따라 하지 말고 기업가 정신을 발휘해. 더 많은 사람이 경동제약의 가치를 인정하고 경동제약으로 말미암아 인류가 행복해질 수 있도록, 너의 후손들이 더 가치 있는 삶을 살 수 있도록, 언젠가 아이들이 "나는 커서 기업가가 될 거야"라는 말을 자랑스럽게 할 수 있도록 사회에 봉사하며 좋은 기업을 만들어나가길.

애정을 담아,
덕희로부터

66 새로운 것은 친숙하게,
친숙한 것은 새롭게 99

_원어데이 이준희 대표

준희야!

아직은 다락방과 별 다를 바 없는, 컴퓨터 몇 대밖에 없는 사무실에서 사업구상을 하느라 씨름하고 있을 너를 생각하니 왜 이렇게 웃음이 나오는지 모르겠어. 절대 비웃는 건 아니야. 나는 앞으로 네 눈앞에 얼마나 놀라운 세상이 펼쳐질지 누구보다 잘 알고 있으니까. 그저 젊은 날의 너를 떠올리니 기분이 좋아져서 웃음이 나올 뿐이야. 그러니 "카르페 디엠!" 현재를 즐기렴. 마음껏 상상력을 발휘해서 '쇼핑'이라는 일상적인 행위를 더욱 효율적이고 편리하게 바꿔줄 다양한 사용자 인터페이스를 만들어봐. 사람들이 온라인 쇼핑으로 물건을 사고팔면서 그동안은 미처 깨닫지 못했던 다양한 가치를 누리고, 개발해나가도록 새로운 세상을 열어봐.

아직은 가정마다 인터넷이 잘 보급되지 않았을 테니 네가 만들어가고 있는 인터넷 쇼핑몰의 발전 속도가 다소 느리긴 할 거야. 주변에서는 도대체 누가 인터넷으로 물건을 사겠느냐며 너를 가망 없는 일에 매달리는 사람 취급을 할지도 몰라. 그런데 그거 아니? 새로운 것을 소개해서 친숙하게 만들고자 노력한 선구자들은 언제나 그런 도전과 맞서왔다는 것을.

가장 오래된 사람은 아마 프러시아의 프리드리히 대제일거야. 그는 독일 사람들이 감자를 농산물로 경작해서 밀과 버금가는 주식으로 삼기를 아주 간절히 원했지. 탄수화물을 섭취할 경로가 밀과 감자 두 가지로 늘어나면 빵 가격이 폭등할 염려가 줄고 따라서 기아가 발생할 확률도 줄어들기 때문이었어. 주식으로 삼을 곡물을 다양화하는 것이야말로 더 풍요로운 세상을 만드는 길이었지.

그런데 문제가 있었어. 당시 독일 사람들에게 감자는 너무나 낯선 먹을거리였다는 거야. 그저 괴상하게 생긴 새로운 것일 뿐이었지. 그 투박한 생김새 때문에라도 결코 친숙해지고 싶지 않았던 거야. 18세기 사람들은 당시에 채소라는 것을 거의 안 먹었다고 해. 그래서 프리드리히 대제는 처음엔 감자의 소비를 강제했다지. 그러자 프러시아 농민들로부터 "이 망할 놈의 것은 개한테 줘도 안 먹는데 아무짝에도 쓸모없는 걸 어쩌라고!"라는 대답이 돌아왔대. 결국엔 감자 재배를 거부해 사형당하는 사람까지 생겨났어. 프리드리히 대제는 어떻게 했을까?

놀랍게도 그는 농민들에게 감자를 강제하는 법을 철회하고 감자가 왕실 채소이기 때문에 왕족들만 먹을 수 있다는 선포령을 내렸어. 그러고는 왕실 전용 농장에다 감자를 심은 다음 경비병들에게 몰래 지시를 내렸지. "밤낮으로 감자를 지키되 너무 열심히 지키지는 마라"는 명령을 말이야. 결과는 상상이 되지? 얼마 되지 않아서 독일에는 감자를 재배하는 거대한 규모의 지하경제가 우후죽순처럼 생겨났고, 감자는 오늘날까지 식탁에서 빠지지 않는 탄수화물의 공급원이 되고 있지.

더 놀라운 이야기도 있어. 터키의 근대화를 이끈 케말 아타튀르크(Kemal Atatürk)에 얽힌 일화야. 그는 사람들이 친숙하게 여기는 일을 새롭게 바꾸고 싶었어. 이슬람의 전통에 따라 여자들이 베일을 쓰는 일을 말이야. 보통 사람 같으면 "베일을 쓸 것을 금지하노라" 정도로 시작했을 테지. 그런데 우리나라에서 조선 말기에 단발령이 내려졌던 것을 생각해 봐. 목숨은 내놓되 머리카락만은 절대 자를 수 없다고 자살한 사람까지 있었잖아. 아타튀르크도 그와 비슷하거나 더 심한 반대에 부딪힐 것이 자명한 일이었어. 그는 어떻게 했을까? 놀라지 마. 그는 '창녀들은 꼭 베일을 써야 한다'는 법을 만들었대. 터키가 왜 이슬람의 영향을 받은 국가 중에서 가장 성공적으로 근대화를 이뤄냈다고 평가받는지 이제 알 것 같지?

준희 네가 앞으로 하려는 일도 이와 비슷할 거야. 너는 쇼핑이라는 친근한 일을 온라인 쇼핑이라는 새로운 세계로 가져와야 해. 동시에 온라인 쇼핑이라는 새로운 것을 오프라인 쇼핑에만 익숙한 사람들에게 친근한 것으로 만들어야 하지. 이렇게 이야기하고 보니 무척이나 어려운 일인 것 같지만, 너는 충분히 해낼 수 있을 거야. 프리드리히 대제나 아타튀르크 같은 사람들처럼 누군가는 항상 그런 일을 앞장서서 해왔지. 그렇게 더 나은 세상을 만들고 새로운 가치를 창출해냈어.

한 가지 명심할 것은 모든 일은 사람들이 가진 사물을 보는 관점을 살짝만 바꿔놓는 데서 시작한다는 거야. 변화는 결코 강제하거나 억지로 움직여서 생기는 게 아니기 때문이지.

머지않아 너의 회사 옥션은 사람들에게 새로운 물건을 받아들이는 것을 돕는 동시에 이미 존재하는 물건들을 더 잘 이해하고 더 높은 가치를 부여할 수 있도록 만들 거야. 너로 말미암아 수많은 사람이 인터넷 쇼핑이라는 새로운 세계에 도전하고 또 많은 것을 얻어가겠지. 네가 옥션에서 성공을 이루고 나면 또 다른 도전이 기다리고 있음도 명심해. 너는 또 한번 사람들이 친숙하게 생각하는 것을 새로운 것으로 만드는 동시에 새로운 것을 친숙하게 만드는 일에 도전하게 될 거야. 미리 말해두자면 '원어데이'라는 아이디어인데 각양각색의 물건을 파는 기존 인터넷 쇼핑몰에서 벗어나 하루에 오직 한 가지 품목의 가치 있는 물건만을 판매하는 새로운 형태의 쇼핑몰이지. 그것도 상상을 초월하는 저렴한 가격에 말이야. 원어데이도 옥션만큼이나 우리나라 인터넷 쇼핑몰의 새로운 역사를 써나가게 될 거야. 앞으로 네 삶에 펼쳐질 일들에 경의를 표해. 끝으로 시간은 누구한테나 공평하게 주어진 자본금이라는 말이 있어. 그러니 하루하루를 소중히 살아가기 바라.

너의 친구,
준희로부터

꿈만 꾸지 말고 꿈을 설계하는 사람이 돼라!

_락앤락 김준일 회장

준일에게

너는 지금 기존의 상식을 깨고 한국에서 만든 제품을 중국에 판매할 전략을 짜고 있을 거야. 중국에 진출하는 대부분의 기업이 중국의 값싼 노동력을 이용해 '메이드 인 차이나' 제품을 만들어내는 데 혈안이 돼 있는 것과는 정반대의 일이지. 엄청난 결단이 필요한 일일 테지만 네가 내린 판단을 의심하지 말기 바란다.

중국이라는 거대한 대륙에 진출하고자 마음먹었을 때부터 너는 많은 고민을 했지. 국내시장에서 이미 충분히 잘나가고 있는데 굳이 중국이라는 새로운 시장을 개척하겠다고 나선 것부터가 새로운 도전이었어. 하지만 너는 결코 섣불리 앞서 가려 하지 않았어. 조심스럽게 한 발 한 발 내디디면서 이미 충분한 시장조사와 연구를 했지. 그동안 네가 락앤락을 세워 운영하면서 쌓아온 경험과 축적된 노하우만이 네 판단의 잣대가 될 수 있어. 너 자신을 믿고 너와 같은 꿈을 향해 노력하고 있는 사람들을 믿도록 해.

물론 이런 사정을 잘 알지 못하는 주변 사람들은 "저러다 곧 망할 거다"라는 저주 아닌 저주를 퍼붓고 있겠지. 회사 내 경영진 회의에서도 일부 직원들이 "물류비만 더 드는 행위를 이해할 수 없다"며 불만을 쏟아낼 게 뻔해. 그렇더라도 네 생각이 맞아. 지금은 '한국에서 만든 제품은 한국에 파는 것이다'라는 너무나 당연한 상식을 깨는 게 필요한 때야. 다른 사람들이 하는 대로 그들이 설계한 룰을 따라가는 것이야말로 가장 위험한 일이기 때문이지. 네가 가야 할 목적지는 너 스스로 가장 잘 알고 있잖아?

남들이 뭐라고 하든 간에 확신이 섰다면 흔들리지 마.

중국 시장에 락앤락의 품질과 우수성을 알리려면 중국 사람들이 가진 상식부터 깨야 해. 네가 계획하고 있는 한류 열풍을 이용한 마케팅과 상하이의 청담동으로 불리는 화이하이루에 락앤락 직영 1호점을 내는 일 등을 현실로 만들려면 많은 반대에 부딪힐 테고 너 스스로도 흔들릴 때가 있겠지. 하지만 걱정하는 사람들의 예상을 뒤엎고 중국에 락앤락 열풍을 불러오는 불씨가 되어줄 거야.

넌 이미 락앤락을 아무나 만들 수 있는 밀폐용기가 아닌, 누구나 쉽게 사용할 수 있는 완벽한 밀폐력을 가진 주방 필수품으로 만들어냈잖아. 그것 또한 밀폐용기는 성능이 떨어지고 사용도 불편하므로 있으나 마나 한 물건이라고 여겼던 사람들의 상식을 뒤엎어버린 발견이었어. 그러니 당장은 무모하다는 소리를 들을지라도 네가 내리는 판단이 옳다는 것을 믿기 바라.

꿈을 꾸는 사람은 많아도 그 꿈을 현실이 되도록 설계할 줄 아는 사람은 많지 않아. 왜냐면 꿈을 설계하는 일은 그 자체로 상식에 어긋날 때가 많기 때문이야. 꿈을 설계하는 일은 사람들에게 더 좋은 것, 더 가치 있는 것, 그리고 더 편리한 삶을 제공하기 위해 끊임없이 연구하는 사람들의 몫이지.

준일아! 그러니 네 꿈을 설계하는 일을 멈추지 말기 바라. 맨주먹으로 시작한 락앤락이지만 이제 너에게는 락앤락이 세계로 뻗어나가는 꿈을 같이 설계해줄 믿음직한 직원들이 있다는 것을 잊지 마.

락앤락이 중국은 물론 베트남, 태국, 인도, 인도네시아, 캄보디아 등 세계 곳곳에서 타파웨어나 러버메이드 같은 글로벌 기업을 제치고 세계적인 종합주방생활용품 브랜드로 거듭날 그날이 머지않았어. 그야말로 꿈같은 일이지만, 결코 꿈에서 그치지 않을 거야. 네가 열어갈 미래만큼 빛나는 것이 또 있을까? 건승하기를!

잘할 수 있을 거야.

준일로부터

" 남들이 좋다고 하는 일이 아니라
가슴 뛰는 일을 찾아라 "

_케이웨더 김동식 대표

동식에게

너는 지금 무척이나 두렵고 무엇부터 시작해야 할지 갈팡질팡할 거야. 하지만 두려움의 크기만큼이나 아무도 하지 않은 일을 시작한다는 것 자체에 가슴 설레고 있겠지. 안정적인 삶이 보장돼 있다고 할지라도 그 길이 네 길이 아니라면 과감히 중단하고 나오는 게 맞아. 네 가슴이 원하는 대로 그렇게 치열하게 살기로 결정한 것에 박수를 보낸다.

앞으로 사람들은 네가 "날씨를 팔겠다"고 할 때마다 너를 사기꾼 취급할 거야. 네가 봉이 김선달이란 별명으로 불리게 될 날이 머지않았구나. 네가 창업 초기에 생각했던 1~2년 정도의 기간보다 훨씬 많은 시간과 노력이 케이웨더를 이뤄가는 데 필요하겠지. 사실 지금의 나는 네가 앞으로 얼마나 고생할지에 대해 자세히 말해주고 싶지 않아. 하지만 이것만은 확실히 말할 수 있어. 지금의 나에게 창업 초기의 나로 돌아가라고 해도 나는 그렇게 할 거란 사실을 말이야. 무척이나 힘들고 어려운 시기를 넘어가야 하지만 또다시 같은 결정을 내릴 거야. 왜냐고?

나는 남들이 좋다고 선망하는 일이 아닌, 때론 힘들 수도 있겠지만 내가 가장 잘할 수 있고, 나를 가장 잘 표현할 수 있는 일을 찾았기 때문이지. 내가 하는 일로 말미암아 사람들이 날씨에 대한 체계적인 정보를 얻음으로써 세상을 이롭게 할 수 있기 때문이야. 어떤 일을 좋아서 한다는 것은 결코 그 일이 편하기 때문이 아니야. 순간순간 힘들고 눈앞이 캄캄할 때도 있지만, 좋아하는 일에 푹 빠져보고 그 과정 자체를 즐기는 거야.

바로 그랬을 때 성공이라는 부산물이 필연적으로 따라오게 되더군.

　　동식이 네가 남들이 좋다고 하는 일에만 계속 매달렸더라면 지금쯤 유명 대학의 연구실에 있거나, 제자들의 존경을 받는 교수님이 되어 있을지도 모르지. 하지만 그것이 과연 행복하고 성공적인 삶이 될 수 있을지는 의문이야. 내가 이만큼 한 기업을 일구며 나이를 먹어가면서 깨달은 사실은 성공과 행복이란 자신이 하는 일을 진정으로 좋아하는 사람에게만 삶이 주는 선물이란 점이야.

　　그러니 동식아! 네가 지금 가고 있는 길은 좀 더 편리하고 나은 세상을 만들어가는 소중한 과정임을 잊지 말기 바란다. 힘든 일도 많이 생기겠지만, 분명 보람과 행복을 느낄 때가 더 많을 거야. 그것만은 너에게 약속할 수 있어. 그리고 한 가지 부탁할 것은 눈코 뜰 새 없이 바쁘고 여유가 없겠지만, 그래도 자투리 시간이라도 내서 소중한 가족과 함께하라는 거야. 지나간 시간은 되돌릴 수 없는 것이니까. 마지막으로 이 말은 어느 소설가의 책 제목과 비슷하기도 한데 말이야. 네가 무슨 일을 하든 나는 너를 응원할 거야. 나는 너의 가장 열렬한 팬이야!

애정을 듬뿍 담아,
동식으로부터

> **열심히 노력해도 안 될 때는**
> **'위장된 축복'임을 명심하라**

_이지함화장품 김영선 대표

안녕 영선아,

너는 지금 잘나가던 마케팅 매니저 자리를 박차고 나와서 새롭게 시작하는 이지함화장품 론칭 준비로 여념이 없겠지. 네가 CEO가 되기를 꿈꾸었던 건 아니란 것을 알아. 그저 지금보다 '조금 더 나은 삶'을 위해 부족한 부분을 채워가고, 그에 필요한 작은 노력들을 꾸준히 쌓아왔을 뿐이지. 그런데 그것이 뜻하지 않게 너에게 CEO가 되는 기회를 가져다줬어.

물론 지금은 아주 작게 시작한 회사일 뿐이고 회사가 자리 잡기까지 네가 생각한 것보다 훨씬 긴 시간을 투자해야 할 거야. 하지만 그렇더라도 겁먹을 필요는 없어. 지금 네가 하는 일이야말로 우리나라 화장품 업계에 새로운 바람을 몰고 올 테니까. 얼마의 시간이 흐르고 나면 너를 따라 하려는 코스메슈티컬 브랜드들이 우후죽순처럼 생겨날 정도로 이지함화장품은 세계로 뻗어나가는 가치 있는 기업이 될 거야.

그러니 이것 하나만 꼭 기억해. 앞으로 네가 이지함화장품을 키워나가며 겪게 되는 모든 일은 나중에 돌아보면 '위장된 축복'이라는 것을 말이야. 최선을 다했지만 일이 뜻대로 풀리지 않는다면 그건 더 잘되기 위한 과정일 뿐이라는 뜻이야. 당장은 너에게 고난일지 몰라도 어느 정도 시간이 흐른 뒤에는 그것이 고난으로 위장한 '축복'이었음을 스스로 깨닫게 되는 날이 오더라. 그러니 너무 마음 아파하지 말기를.

이지함화장품이 막 걸음마를 뗀 기업에서 시작해 어느 정도 성장해나가는 데는 제품의 우수성만큼 중요한 게 없을 거야. 약에서 얻을 수 있는 장점과 화장품에서 얻고자 하는 장점들이 결합된 이지함화장품 특유의 정체성이 중요해. 그러니 제품에 내실을 기하느라 홍보가 부족해서 당장은 사람들이 알아보지 못하더라도 꾸준히 지금처럼 제품 개발에만 매진하길 바라. 곧 뛰어난 기술력으로 벤처 인증도 받게 될 거고, 이지함화장품을 써본 의사들과 고객들 한 명 한 명이 홍보대사를 자청하게 될 날이 올 거야.

이 편지를 쓰려고 서재를 뒤적이다가 운 좋게 메리 하트먼의 「인생은 작은 것들로 이뤄졌네」라는 시를 찾았어. 그래서 내가 가장 좋아하는 이 시의 한 구절을 적어보는 것으로 글을 마치려고 해.

"마음 아파하는 것은 그것이 오고 가는 동안의
위장된 축복에 지나지 않는다.
시간이 인생의 장을 넘기면
우리에게 커다란 놀라움을 보여줄 것이므로."

사랑을 담아,
영선으로부터

66 가장 큰 재산은
사람이다! 99

_놀부 김순진 회장

순진에게

오늘도 너는 돼지고기는 어떻게 삶아내야 더 맛이 있을지, 김치 양념
은 어떻게 해야 삶은 돼지고기와 가장 잘 어울릴지 알아내기 위해 밤을
새워가며 매달리고 있겠지. 밤낮으로 문전성시를 이루는 손님들 대접하
느라 정작 네 입에는 밥 들어갈 시간도 없이 바쁠 거야. 그래도 네가 무척
이나 행복해하고 있으리란 것을 난 잘 알아. 손님들이 맛있게 잘 먹었다
는 인사를 하며 가게 문을 나설 때마다 말로 형언하기 어려운 보람과 기
쁨을 느낄 테니까. 너는 그동안 음식 장사를 하며 경험했던 몇 번의 실패
덕분에 손님 한 분 한 분이 얼마나 소중한 존재인지를 절실히 깨달았지.
그러니 모든 종류의 시련은 더 나은 내일을 위해 거쳐 가는 통과의례일
뿐임을 명심해. 그 속에서 네가 무엇이든 배울 수 있다면 시련은 돈을 주
고도 사기 어려운 성장의 기회가 될 거야.

요즘은 입소문을 듣고 찾아와 자신도 놀부 보쌈집을 열고 싶다는 사람
들이 많아졌을 거야. 너는 무척이나 당황스러워하고 있겠지. 애초부터 너
에게는 그저 깨끗하고 따뜻한 아랫목이 있는 온돌방을 갖춘 크고 멋진 점
포를 갖고 싶다는 소박한 꿈이 있었을 뿐이잖아. 프랜차이즈 시스템이란
게 존재하지도 않던 시절인 만큼 어리둥절한 생각만 들 거야.

그래도 순진아, 그 사람들에게 네가 기회를 주기 바라. 너에게도 보쌈
집은 마지막 보루이자 희망이었듯이 인생의 어려움을 겪고 있는 사람들
에게 너의 노하우를 전수해주고 음식점 사업으로 재기할 수 있도록 도와
주는 것은 무척이나 가치 있는 일이 될 거야.

음식점 사업만큼 시작하기는 쉬울지 몰라도 성공하기 위해서는 뼈를 깎는 노력이 필요한 분야도 드물 거야. 너는 이미 내가 무얼 말하고 싶은 건지 잘 알고 있겠지?

지금 하고 있는 것처럼 이윤이 남을수록 보쌈에 굴 하나라도 더, 밤 하나라도 더 얹어서 정성을 다하는 게 중요해. 고객을 가족이라고 생각하고 손님의 마음을 얻기 위한 노력을 게을리 하지 마. 그리고 돈만 좇는 장사가 아닌 고객과의 '신용'을 중시하는 초심을 잊지 않도록 해. 앞으로 어려운 일이 닥치더라도 포기하지 말고 현재의 모습을 잃지 않도록 해. 현재 너는 잘하고 있는 거야.

음식점을 하면서 뼈저리게 느낀 사실은 결국 모든 일이 사람에 의해 이뤄진다는 거야. 사람만큼 가치 있는 재산이 없더구나. 신림동에서 시작한 작은 보쌈집 때부터 '생일날이면 엄마 손잡고 와서 보쌈을 먹었다'던 가난한 서울대 법대생이 이제는 부장검사가 되어 그때 그 맛이 그립다며 나를 찾아왔던 적도 있어. 대학 시절 항상 배가 고팠는데 놀부보쌈집에만 오면 가벼운 주머니 걱정 안 하고도 푸짐하고 맛있게 먹을 수 있었다며 고마웠다는 말을 전하는 손님들도 있었지. 그분들이 네가 상상하지도 못하는 미래를 만들어줄 거야. 작은 식당에서 뿌린 '정성과 사랑'이란 씨앗이 얼마나 큰 나무로 자라는지 알게 되면 훗날 너는 깜짝 놀랄 거야. 또한 네 모습을 보고 널 닮으려는 사람들에게 너의 신념을 알려주고 같은 꿈을 꾸게끔 희망을 심어주기 바라. 그들이 너에게 또 다른 가치 있는 재산이 될 테니 말이야.

사업이 점점 더 커 나갈수록 순진이 네가 짊어져야 할 짐의 무게도 엄청나게 불어나겠지. 가끔은 무거운 짐을 내려놓고 쉬고 싶다는 생각도 들 거야. 그저 손님들이 볼이 터져라 맛있게 보쌈을 먹고 가는 모습에 행복해했던 놀부보쌈집 사장 시절로 돌아가고도 싶겠지. 하지만 그럴 때마다 김순진이라는 사람을 통해 수많은 사람이 꿈과 희망을 가꿔가고 있다는 사실을 명심해.

  순진아! 너의 생각보다 훨씬 많은 사람이 놀부를 통해 삶의 기쁨을 느끼게 될 거야. 그 길이 마냥 순탄하지만은 않겠지만, 그 어떤 재산보다 너의 삶을 풍요롭고 가치 있게 만들어줄 것임을 내가 보장할게. 더 힘을 내기 바란다.

애정을 담아,

24년 후의 순진으로부터

> **"꿈을 가진 사람들과 함께하는 한 두려울 것이 없다"**
>
> _고영테크놀러지 고광일 대표

광일에게

　창업을 앞두고 어떤 아이템으로 시작할지 미리부터 정하지 않은 것은 잘한 일이야.

　사실 돈을 벌려고 든다면 할 수 있는 일은 도처에 널려 있지. 그동안의 연구원 경력을 살려 대기업들이 주는 프로젝트들만 도맡아 해도 그럭저럭 회사를 꾸려나갈 수 있을 거야. 하지만 네가 그저 '중소기업이니까 이 정도면 되겠지' 하는 수준에 머물려고 잘 다니던 연구소를 나와 마흔이 넘은 나이에 창업한 것은 아닐 거야. 오히려 그런 길을 걷는 것이야말로 네가 가장 경계해야 할 유혹이야. 앞으로 아무리 힘든 일이 생기더라도 너의 사업을 돈을 벌기 위한 수단으로 삼지는 마.

　일단 주력사업이 정해지고 나면 무엇을 하든 세계 최고의 기술로 최고의 제품만을 만들어보자. 아무도 알아주지 않는 회사라고 두려워할 필요는 전혀 없어. 글로벌 시장에서는 기술력과 품질이야말로 기업의 얼굴이니까. 그것이야말로 벤처정신이고 네가 안정된 직장을 나와 창업한 이유이기도 해. 벤처기업도 충분히 세계 유수의 기업들과 어깨를 나란히 하고 또 넘어설 수도 있다는 것을 세상에 보여주자. 그래서 후배들은 물론 너와 같은 꿈을 가지고 있는 사람들에게 하나의 이정표가 됐으면 좋겠다.

　너는 엔지니어로서는 최선을 다해 살았지만 아직 경영자로서의 경험은 부족한 것이 사실이야. 그럴수록 너와 같은 꿈을 꾸기로 결심하고 밤을 새워 일하는 것도 마다하지 않는 직원들과 힘을 합치고 지혜를 모으기 바란다. 많은 벤처기업이 기술 개발에만 몰두하다가 시장이 원하는 것을 잡아내지 못하는 캐즘(협곡)에 빠지기도 해. 과거의 경험을 거울삼아 조심스럽게 고객들이 원하는 것이 무엇인가를 먼저 알아내길 바라. 시장을 너무 앞서 가서는 안 돼. 언제나 적절한 타이밍이 중요해. 제품 개발은 고객의 요구에 맞게 이뤄져야 해.

고객의 필요에 맞추다 보면 도저히 이뤄내기 힘들다고 생각되는 기술을 개발해야 할 때가 많을 거야. 그럴 때일수록 불가능하다는 사람들의 말은 그냥 무시해버려. 너와 같은 꿈을 가진 사람들이 모여 그 꿈을 향해 모든 것을 거는 열정이 있는 한 불가능한 일 따위는 없어. 계속 연구하고 노력하다 보면 언젠가는 길이 보일 거야. 판매 1등을 하기는 쉬울지 몰라도 시장이 원하는 기술에서 1등을 하는 것은 쉬운 일이 아니지. 하지만 그것이야말로 벤처정신이야. 더 나은 기술과 경쟁력으로 더 나은 세상을 만들어가는 이들이야말로 벤처기업가라는 명칭이 어울리는 사람들이야. 고영테크놀러지야말로 그런 기업이 될 것임을 믿어 의심치 말기 바라며, 끝으로 네가 사업을 이끌어나가면서 가슴속에 품고 있으면 좋을 만한 몇 가지 규칙을 일러줄게.

첫째, 사람을 비용으로 인식하지 말기를.

직원들 하나하나가 고영테크놀러지를 대표하는 얼굴이야. 그들은 절대 비용으로 계산될 수 없어.

둘째, 직원은 최고경영자와 꿈을 같이하는 동반자라는 것을 명심해.

꿈을 같이하는 사람들에게 불가능이나 두려움이란 한낱 단어에 지나지 않아.

셋째, 회사의 이익은 구성원과 철저히 나눠가져야 해.

돈을 많이 벌고 싶었다면 굳이 벤처기업을 세우진 않았겠지. 하지만 그런 너의 신념 덕분에 너와 구성원들은 엄청난 돈을 벌게 될 거야. 그러니 철저하게 나눠갖도록 해.

넷째, 인간적인 회사, 신바람 나는 회사만이 성공한다는 것을 잊지 마.

좋아하는 일을 찾아 계속하다 보면 잘할 수밖에 없어. 우리 삶의 3분의 1을 보내는 회사가 즐거운 곳이 아니라면 그보다 비참한 일은 없을 거야. 늦게까지 야근한 직원이라면 아침에 좀 늦게 나오는 것이 아무렇지도 않은 회사, 직원들 스스로 주인의식을 가지고 이끌어나가는 신바람 나는 회사를 만들자.

다섯째, 위험을 두려워하지 마.

앞으로 고영테크놀러지가 해낼 일들은 모두 두려움 없이 불가능이란 말을 개의치 않는 데서 나오게 될 거야. 돈을 구하려고 남들도 다 하는 시장에 뛰어든다면 절대 이길 수 없어.

여섯째, 때로는 무모한 도전도 필요해.

글쎄, 무모하다는 말을 새롭게 정의할 필요가 있을 것 같아. 남들이 보기에 무모할 뿐이지 고영테크놀러지에는 언제나 새로운 기회일 뿐이니까.

확신을 담아,

10년 후의 광일로부터

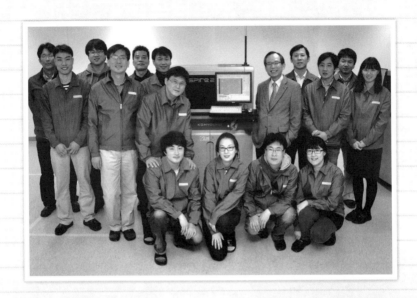

한국 경제의 에너지

참고문헌

[프롤로그]

1. 웨스트포인트 사관학교에 대한 더 자세한 정보는 조셉 P. 프랭클린(Joseph P. Franklin)의 『타고난 리더는 없다』(타임스퀘어, 2009)를 참고.

2. 2009년 《포브스》 대학순위 평가에 대한 자크 스타인버그(Jacques Steinberg)의 《뉴욕타임스》 기사 'As Forbes sees it, West Point beats princeton(and Harvard, too)'의 전문을 웹사이트 http://thechoice.blogs.nytimes.com/2009/08/06 /westpoint에서 볼 수 있다.

[1 성공지수를 측정하는 그릿Grit 테스트]

1. 그릿 연구에 대한 논문은 안젤라 리 덕워스와 크리스토퍼 피터슨(Christopher Peterson)의 'Grit : Perseverance and Passion for Long-Term Goals', 《Journal of Personality and Social Psychology》 92, no.6(2007)를 참고.

2. 말콤 글래드웰의 자수성가에 대한 새로운 시각은 『아웃라이어』(김영사, 2009)를 참고.

3. 불확실성에 의해 지배받는 현대 사회에 대한 이야기는 나심 니콜라스 탈레브 의『블랙 스완』(동녘사이언스, 2008)의 내용 전반을 참고.

4. 프랜시스 골턴의 성공에 대한 연구는 그의 저서 『Hereditary Genius An Inquiry Into Its Law and Consequences』(Honolulu, Hawaii : University Press of the Pacific, 2001)를 참고.

5. 루이스 터먼의 터마이트 연구에 대한 자세한 논의는 루이스 터먼과 멜리타 오덴(Melita Oden)이 자신들의 25년간의 연구를 담은 『The Gifted Child Grows Up : Twenty-five Years Follow-up of a Superior Group (Genetic Studies of Genius, Volume 4)』(Stanford, CA : Stanford University Press, 1947)를 참고.

6. 그릿과 지능 테스트의 상관관계에 대한 제임스 헤크먼의 주장은 조나 레러 (Jonah Lehrer)의 《보스턴 글로브(Boston Glove)》 2009년 8월 2일자 기사 'The Truth about Grit'을 참고.

7. 양용은과 타이거 우즈에 대한 미국 사회의 시각은 래리 도먼(Larry Dorman) 의 《뉴욕타임스》 2009년 8월 16일자 기사 'Y. E. Yang Shocks Woods to Win at P.G.A.'를 참고. 《뉴욕타임스》의 웹사이트 http://www.nytimes. com/2009/08/17/sports/golf/17pga.html에서 볼 수 있다.

8. 캐롤 드웩 교수의 성공과 노력의 상관관계에 대한 더 많은 연구와 정보는 그녀의 저서 『성공의 심리학』(부글북스,2006)을 참고.

9. 1만 시간의 법칙에 대한 더 자세한 논의는 다니엘 레비틴의 『This is Your Brain on Music : The Science of a Human Obsession』(New York: Dutton, 2006)을 참고.

10. 에릭슨의 다방면에 걸친 전문가들의 우수한 기량이 어디에서 나오는가 에 대한 연구는 『The Road To Excellence : the Acquisition of Expert Performance in the Arts and Sciences, Sports, and Games』(Cambridge,

UK : Psychology Press, 1996)를 참고.

11. 타이거 우즈에 대한 이야기는 그의 아버지 얼 우즈와 피트 맥대니얼(Pete
Mcdaniel)이 쓴 『Training a Tiger : A Father's Guide to Raising a
Winner』(New York : William Morrow, 1997)의 내용을 참고.

12. 모차르트에 대한 이야기는 마이클 호위의 『Genius Explained』(Cambridge
: Cambridge University Press, 1999)를 참고.

[2 도전과 응전의 법칙]

1. 마쓰시타 고노스케 회장의 이야기는 자서전 『영원한 청춘』(거름, 2003)을 참고.

2. 도전과 응전의 법칙을 비롯한 역사 전반에 걸친 방대한 연구 결과를 토인비의
기념비적인 저서 『역사의 연구』(동서문화사, 2007)에서 만나볼 수 있다.

3. 스티브 김 회장에 대한 더 많은 이야기는 그의 자서전 『꿈, 희망, 미래』(21세기
북스, 2009)를 참고.

4. 칼 덩커의 촛불 문제와 댄 애리얼리의 MIT 학생들을 대상으로 한 보상에 관한
연구는 정지훈의 『제4의 불』(열음사, 2010) 125~127쪽 참고.

5. 스포츠 분야는 물론 예술 분야에서 공통적으로 나타나는 놀라운 성취의 비밀
에 대한 더 자세한 이야기는 대니얼 코일의 『탤런트 코드』(웅진지식하우스,
2009)를 참고.

6. 유명인이 된 고아에 대한 마빈 아이젠스타트의 연구는 『Parental Loss and
Achievemnet』(Madison, Conn. : International Universities Press, 1989)를
참고.

[3 아르키메데스의 후예들]

1. 수전 폴가에 대한 더 많은 이야기는 매슈 사이드(Matthew Syed)의 『베스트
플레이어』(행성:B웨이브, 2010) 131~138쪽과 내셔널 지오그래픽 다큐멘터

리 「Genius」 중 1편 '당신도 천재가 될 수 있다'를 참고.

2. 아드리안 드 그루트의 체스 연구는 그의 저서 『Thought and Choice in Chess』(The Hague, Netherlands : Mouton, 1965)를 참고.

3. 조지 바트조키스(George Bartzokis)의 미엘린 연구에 대한 더 많은 이야기가 궁금하다면 『탤런트 코드』에 소개된 그의 인터뷰를 참고. 또한 그가 몸담고 있는 UCLA의 Brain Research Institute 홈페이지 http://www.bri.ucla.edu/bri_who/index.asp를 방문해볼 것.

[4 작심삼일의 뇌와 장기목표 세우기]

1. 손정의 회장에 대한 더 자세한 이야기는 미키 다케노부의 『손정의 성공법』(넥서스BIZ, 2008)을 참고.

2. 고트먼의 커플 연구에 대한 실제 사례는 말콤 글래드웰의 『블링크』(2005)의 1장 내용 전반을 참고. 또한 고트먼의 The Gottman Institute의 웹페이지 http://www.gottman.com/about/john_gottman/에는 부부와 연인들에게 도움이 되는 중요한 정보가 많다.

3. 야망을 달성한 사람들의 공통점에 대한 연구는 리처드 와이즈먼의 『59초』(웅진지식하우스, 2009) 62~71쪽 참고.

4. 우리 뇌의 작업흥분 현상을 비롯한 여러 가지 흥미로운 뇌에 대한 이야기는 이케가야 유지의 『교양으로 읽는 뇌과학』(은행나무, 2005)을 참고.

5. 석유기업 셸의 가상 시나리오 관련 이야기는 바우터 텐 하베(Wouter ten Have)의 『경영의 지혜』(비즈니스맵, 2000) 243쪽 참고.

[5 세상을 움직이는 자기철학의 힘]

1. F1 경기 및 아일톤 세나에 관한 더 많은 이야기는 마이클 볼러(Michael Bowler), 주세페 구차르디(MGiuseppe Guzzardi) 그리고 엔초 리초(Enzo

Rizzo)가 공저한『자동차의 역사』(예담, 2007)를 참고.

2. 몰입에 대한 자세한 논의는 미하이 칙센트미하이의『몰입, 미치도록 행복한 나를 만나다』(한울림, 2004)를 참고.

3. 사람들이 깨닫지 못했던 맛을 찾아낸 하워드 모스코위츠의 제품 개발 경험은 하워드 모스코위츠와 알렉스 고프먼(Alex Gofman)의『Selling Blue Elephants』(NJ : Wharton School Publishing, 2007)를 참고.

4. 마거릿 러드킨에 대한 더 많은 이야기는 페퍼리지팜의 웹사이트 http://www.pepperidgefarm.com/margaretrudkin.aspx를 참고.

5. 얀 반 에이크에 대한 이야기는 김상근의『르네상스 창조경영』(21세기북스, 2008)》 57~62쪽과 츠베탕 토도로프(Tzvetan Todorov)의『개인의 탄생』(기파랑, 2006) 4, 11, 17쪽 참고.

6. 창조성에 대한 엘리자베스 길버트의 연구는 TED에서 제공하는 동영상 강의에서 인용했다. TED 웹사이트 http://www.ted.com/talks/lang/eng/elizabeth_gilbert_on_genius.html에서 엘리자베스 길버트의 강의를 직접 들을 수 있다.

7. 소크라테스의 디먼에 대한 더 자세한 이야기는 서정욱의『철학의 고전들』(함께읽는책, 2009)을 참고.

8. 앨런 스나이더의 생각하는 모자에 대한 최신 기사를 캐나다의 일간지《The Gazette》의 웹사이트 http://www.montrealgazette.com/technology/Thinking+sends+electricity+through+brain/4256959/story.html?id=4256959에서 볼 수 있다.

9. 서번트 천재인 킴 픽에 대한 더 자세한 이야기와 서번트와 관련된 더 많은 궁금증에 대한 해답을 대럴드 트레퍼트(Darold Treffert)의『서번트신드롬』(홍익출판사, 2006)에서 만날 수 있다.

[6 자수성가의 법칙]

1. 만델브로의 프랙탈 연구는 그의 기념비적인 저서 『The Fractal Geomatry of Nature』(San Francisco : W. H. Freeman, 1982)를 참고.

2. 세르비아 황태자 부부 암살 사건을 비롯해 지진이나 화재, 그리고 주가 폭락에 얽힌 숨겨진 법칙에 대한 더 자세한 이야기는 마크 뷰캐넌의 『세상은 생각보다 단순하다』(지호, 2004)를 참고.

인라이어

1판 1쇄 발행 2011년 5월 20일
1판 2쇄 발행 2011년 8월 2일

지은이 헬렌 S. 정

발행인 양원석
총편집인 이헌상
편집장 김은영
책임편집 민지혜
교정·교열 나무의자
영업마케팅 임충진, 김형식, 최준수, 주상우, 김혜연, 정상미, 최종문, 권민혁

펴낸 곳 랜덤하우스코리아(주)
주소 서울시 금천구 가산동 345-90 한라시그마밸리 20층
편집문의 02-6443-8842 **구입문의** 02-6443-8838
홈페이지 www.randombooks.co.kr
등록 2004년 1월 15일 등록 제2-3726호

ISBN 978-89-255-4262-1(03320)